100세 시대의

노년기 건강

김혜경 백경원 공저

신정

머리말

보건 · 의료기술의 발달과 저출산 등의 영향을 받아 급격한 인구고령화를 맞이한 우리 사회에서 '어떻게 하면 건강하게 오래 살 것인가' 하는 질문에 대한 관심이 증폭되었다. 한편으로 최근 성공적 노화(Successful Aging)라는 개념이 자주 사용되고 있는데 성공적 노화의 구성요소로 경제적 안정, 사회적 관계망의 유지와 더불어 건강유지가 핵심적 조건이라 할 수 있다. 이 책에서는 100세 시대를 앞두고 있는 우리나라에서 성공적 노화를 맞이하는 데 가장 중요한 요소에 해당하는 노년기 건강과 관련된 내용을 망라하였다.

이 책은 사회복지학을 전공하거나 노인복지학을 전공하는 학생들을 주 타깃으로 하여 노인의 건강에 대한 전반적인 이해를 돕기 위해 집필되었다. 노인을 이해하는 데 필요한 노인상담, 노인사례관리 등과 같은 교과목은 다양하게 개발되어 있지만 노인의 건강을 이해하기에 도움이 되는 체계적인 전문교재가 절대적으로 부족한 상황에서 학생 교육을 위해 집필되었다. 이 서적을 통해 노년기 건강과 관련된 다양한 측면을 이해하는 데 도움이 되길 바라는 마음이다. 또한 사회복지 전공자뿐 아니라 노년기 건강에 관심이 있는 일반 독자에게도 널리 활용될 수 있기를 바란다.

책의 구성은 다섯 파트로 이루어져 있다. 첫 번째는 노인건강을 둘러싼 환경과 윤리의 문제를 다루었으며, 최근 관심이 고조되고 있는 윤리적 부분에 대해 새롭게 접할 수 있을 것이다. 두 번째 파트에서는 건강유지와 행태의 이슈를 다루었다. 특히 평소 생활습관에 해당하는 건강행태는 중년기 이후부터 노년기에 이르기까지 건강을 좌우하는 매우 중요한 요소라 할 수 있다. 세 번째 파트에서는 문제음주, 운전과 같은 건강취약요인을 어떻게 관리할 것인가의 내용을 다루었으며, 네 번째 파트는 우울증, 자살, 치매와 같은 정신건강의 문제를 살펴보았다. 마지막으로 다섯 번째 파트는 신체건강상의 문제를 어떻게 관리할 것인가에 대해 다루었는데, 이 파트에서는 우선 신체적 노화의 이해를 돕는 장을 다루었고, 이어 각 계통별 질환에 대한 내용을 망라하였다.

여러 차례의 검토를 하였지만 여전히 미흡한 점이 많은 책인 것 같다. 앞으로 계속해서 수정보완을 위해 노력할 것이며, 독자들의 많은 피드백을 필요로 하는 책이다. 마지막으로 유난히 더웠던 여름, 책 출간을 위해 애써 준 신정출판사의 관계자 여러분께 깊은 감사의 뜻을 전한다.

2018년 8월
저자 일동

차례

PART 05 신체건강문제 관리

Chapter 13 근골격계 질환_ 299

Chapter 14 심혈관계 질환_ 315

PART 01 노인건강관리의 환경과 윤리

CHAPTER

01 인구고령화와 노인건강 실태

학습목차

1. 인구고령화
2. 노인건강의 실태

CHAPTER

01

HEALTH MANAGEMENT FOR THE AGED IN THE ERA OF HOMO-HUNDRED

인구고령화와 노인건강 실태

1. 인구고령화

1) 노인인구의 증가

우리나라는 1960년대 이후 빠른 경제성장에 힘입어 식생활 개선, 보건의료기술의 발전, 건강에 대한 관심 증가 등으로 평균수명이 늘어나고 있다. 동시에 출산율은 지속적으로 감소하여 총인구의 65세 이상 노인인구가 차지하는 비율이 2000년에는 7.2%를 넘어서면서 UN에서 규정하는 고령화사회(aging society)로 접어들었다(박차상 외, 2009).

노인인구의 증가에 직접적으로 영향을 미친 것은 평균수명의 연장이다. 우리나라 평균수명은 20세기 초까지만 해도 30세에 미치지 못했고, 평균수명 50세를 넘긴 것도 1960년대 가까이 되어서였다. 그 후 1960년대 산업화과정을 거치면서 평균수명은 지속적으로 상승하여 〈표 1-1〉에서 보듯이 1960년에 남녀 평균수명 52.4세였던 것이 2010년에는 남자 77.2세, 여자 84.1세로 남녀 평균수명 80.8세에 이르면서 인생 80세의 시대로 접어들었다.

표 1-1 • 평균수명 증가 추이 (단위: 세)

구분 \ 연도	1960	1970	1980	1990	2000	2010	2020	2030	2050
평균	52.4	61.9	65.7	71.3	76.0	80.8	84.8	86.7	89.8
남	51.1	58.7	61.8	67.3	72.3	77.2	81.6	84.0	87.7
여	53.7	65.6	70.0	75.5	79.6	84.1	87.7	89.2	91.6

출처: 권중돈(2016). 노인복지론.

전체 인구에서 차지하는 노인인구 구성비는 지속적으로 증가하고 있다. 〈표 1-2〉에서 보듯이 1960년만 하더라도 국민 전체에서 65세 이상의 노인인구가 차지하는 비율은 2.9%로 낮았으나, 1970년에는 3.1%, 1990년에는 5.1%에 도달하였다. 2000년에는 노인인구 비율이 7.2%를 넘어서면서 소위 고령화사회에 진입하였다.

표 1-2 • 노인인구 증가 추이 (단위: 천 명(%))

구분 \ 연도	1960	1970	1980	1990	2000	2010	2020	2030
노인인구 비율	2.9	3.1	3.8	5.1	7.2	11.0	15.7	24.3
노인인구 수	726	991	1,456	2,195	3,395	5,452	8,084	12,691

출처: 통계청(2012). 장래인구 추계결과.

노인인구는 2010년 기준으로 총인구 중 11%를 차지하여 10년 전인 2000년의 7.2%에 비해 3.8%나 증가하였다. 향후 2018년에는 노인인구 비율이 14%를 넘어서 고령사회(aged society)로, 2026년에는 노인인구 비율이 20%를 넘어서는 초(超)고령사회로 진입할 것으로 전망된다.

노인인구의 성비를 살펴보면, 2010년 기준으로 노인 남성인구는 전체 남성인구의 8.9%, 노인 여성인구는 전체 여성인구의 13.0%를 차지하고 있다([그림 1-1]).

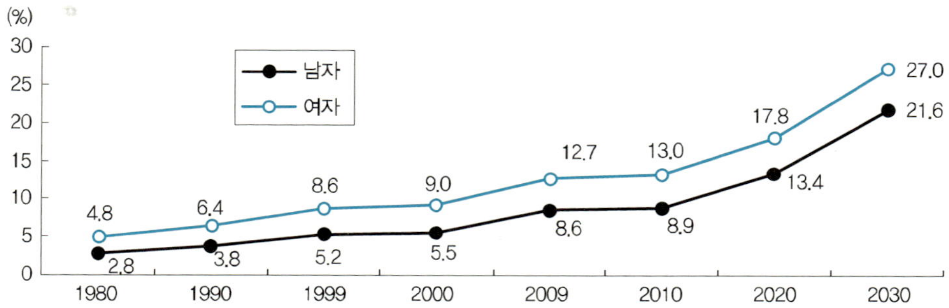

그림 1-1 • 성별 노인인구 구성비 추이

2) 노년부양비와 노령화지수

노인인구의 증가와 더불어 인구구조가 변화되면서 노인층을 부양하기 위한 젊은층의 부담이 늘어나고 있다. 인구의 성별 · 연령별 구성을 나타낸 인구 피라미드를 보면 우리 사회는 1970년대에는 출생률과 사망률이 높은 다산다사형 피라미드에서 1990년대 이후 유소년인구(0~14세)는 줄어들고 노인인구(65세 이상)는 늘어나는 종모양의 인구구조를 보이고 있다(박창제 외, 2008). 특히 주목할 것은 생산가능인구, 즉 15~64세의 노인인구를 부양하는 노년부양비 인구층이다. 노인 1명당 생산가능인구는 1970년 17.7명에서 2007년 7.3명으로 줄어들고 2030년에는 2.7명으로 크게 줄어든다. 이에 따라 노년부양비는 1980년에 6.1%, 1990년에 7.4%, 2000년에 10.1%, 2010년에 15%로 늘어나 일하는 인구 6.6명이 노인 1명을 부양하는 셈이 된다. 이러한 노년부양비는 앞으로도 계속 높아져 2030년엔 노년부양비가 37.7%에 이를 전망이다. 노년부양비의 증가로 인해 노인을 위한 보건의료 및 사회복지비용 지출을 증폭시키게 된다.

한편, 유소년인구(0~14세) 100명에 대한 노인인구 비율인 노령화지수는 2010년에는 67.7%로 2000년 34.3%에 비해 33.4% 증가한 것을 알 수 있다. 나아가 2020년에는 노령화지수가 125.9%로 예측된다.

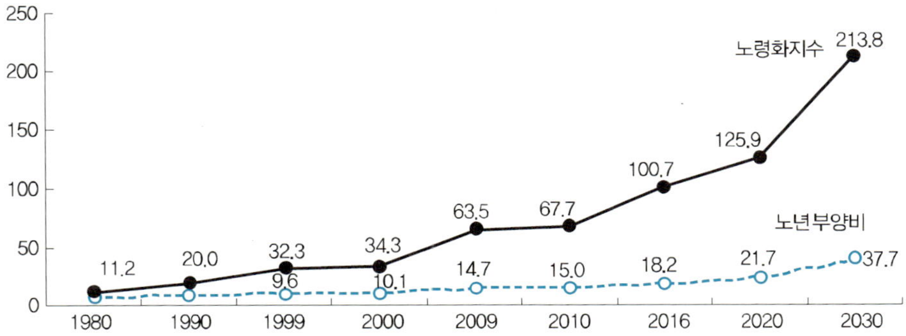

그림 1-2 • 노년부양비 및 노령화지수 추이

표 1-3 • 노년부양비 및 노령화지수의 추이 (단위: %)

	1980	1990	2000	2010	2016	2020	2030
노년부양비[1)]	6.1	7.4	10.1	15.0	18.2	21.7	37.7
노령화지수[2)]	11.2	20.0	34.3	67.7	100.7	125.9	213.8
노인 1명당 생산가능인구(명)[3)]	16.3	13.5	9.9	6.6	5.5	4.6	2.7

주 1) 노년부양비 = 65세 이상 인구÷15세 이상 인구×100
2) 노령화지수 =65세 이상 인구÷0~14세 인구×100
3) 노인1명당 생산가능인구= 15~64세 인구÷65세 이상 인구
출처: 통계청(2006). 장래인구추계.

2. 노인건강의 실태

1) 노인진료비 추이

노인인구의 급증에 따라 우리나라 건강보험재정에서 노인진료비가 차지하는 비율이 지속적으로 증가하고 있다. 2005년 기준으로 전체 진료비 중 노인진료비가 차지하는 비율은 24.4%였으나 2010년에는 31.6%, 2015년에는 36.8로 증가하였다. 또한 2010년 건강보험 재정에서 노인진료비는 13조 7,847억 원을 차지하였으나, 2016년에는 24조 5,643억 원으로 나타나(통계청, 2017). 노인진료비가 건강보험재정을 크게 압박하고 있는 실정이다.

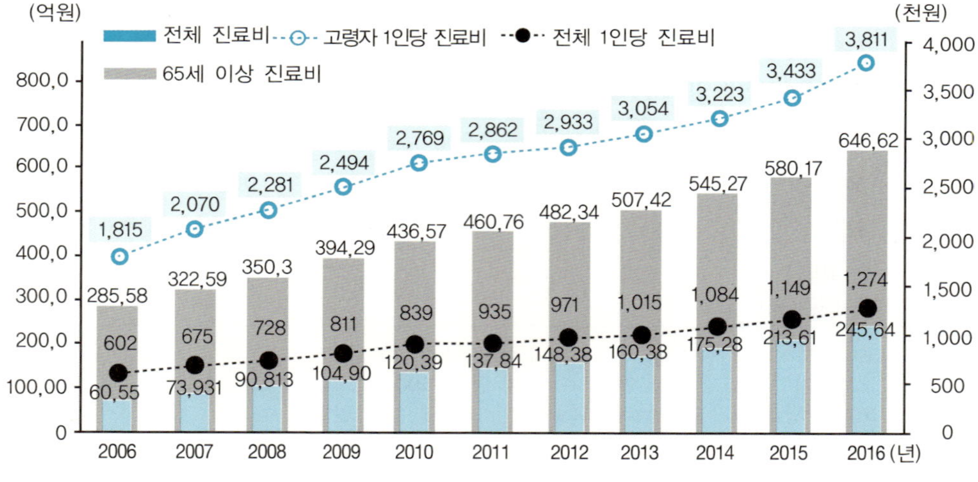

그림 1-3 • 건강보험의 노인의료비 추이

출처: 건강보험심사평가원. 건강보험통계지표, 진료비통계지표.

표 1-4 • 건강보험의 노인진료비 현황

(단위: 억 원(%, %p))

	2005	2010	2011	2012	2013	2014	2015	2016	전년 대비 증감(률)
전체 의료비	247,968	436,570	460,760	482,349	507,426	545,275	580,170	646,623	11.5
65세 이상 의료비	60,556	137,847	148,384	160,382	175,283	193,551	213,615	245,643	10.9
구성비	24.4	31.6	32.2	33.3	34.5	35.5	36.8	38.0	11.0

출처: 건강보험심사평가원. 2005~2007년 건강보험통계지표; 2008~2016년 진료비통계지표.

2) 주요 사망원인

2016년 기준으로 노인인구의 사망원인 1위는 암(악성신생물)으로 10만 명당 796.2명이 사망하였고, 다음 사망원인은 심장질환, 뇌혈관질환, 폐렴 등의 순으로 나타났다.

표 1-5 • 노인인구의 사망원인 및 사망률

(단위: 명)

	1위	2위	3위	4위	5위
2010	암 (882.4)	뇌혈관질환 (409.4)	심장질환 (344.0)	당뇨병 (153.1)	폐렴 (127.6)
2015	암 (803.0)	심장질환 (351.0)	뇌혈관질환 (311.1)	당뇨병 (209.1)	폐렴 (133.2)
2016	**암 (796.2)**	**심장질환 (357.7)**	**뇌혈관질환 (286.9)**	**폐렴 (225.1)**	**당뇨병 (119.5)**
남자	암 (1,153.4)	심장질환 (354.3)	뇌혈관질환 (300.5)	폐렴 (268.0)	만성하기도질환 (142.3)
여자	암 (535.9)	심장질환 (360.3)	뇌혈관질환 (277.0)	폐렴 (193.8)	당뇨병 (115.2)

※ 인구 10만 명당 사망 수.

※ 만성하기도질환은 기관지염, 천식, 폐기종 등 만성적으로 호흡에 장애를 주는 폐질환의 총칭. 심장질환은 허혈성심장질환과 기타 심장질환 포함.

출처: 통계청(2017). 2017 고령자 통계.

암 종류별 사망률을 보면 폐암이 인구 10만 명당 207.8명으로 가장 높았고, 다음은 간암, 대장암 등의 순으로 나타났다. 성별 사망률은 남자의 경우 폐암, 간암 순으로 나타났으며 여자는 폐암 대장암 등으로 사망하는 비율이 높게 나타났다. 한편 위암 사망률은 급격히 감소하는 반면, 췌장암 사망률은 지속적 증가 추이를 보였다.

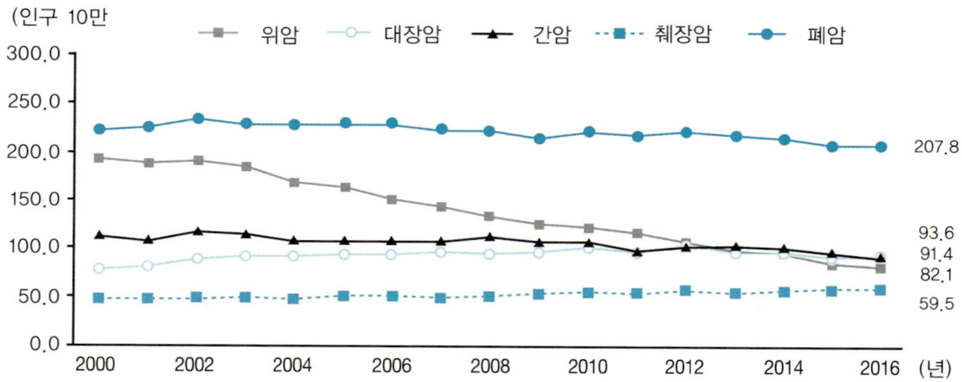

※ 인구 10만 명당 사망 수.

그림 1-4 • 65세 이상 인구의 암 종류별 사망률(2017)

출처: 통계청(2017). 사망원인통계.

표 1-6 • 65세 이상 인구의 암 종류별 사망률 (단위: 명)

		65세 이상								
		전체	위암	대장암	간암	췌장암	폐암	유방암	자궁암	전립샘암
2015		803.0	86.8	92.8	99.1	59.3	206.7	11.2	10.9	24.2
2016		796.2	82.1	91.4	93.6	59.5	207.8	11.8	9.4	23.7
	남자	1,153.4	121.5	113.6	144.6	66.7	365.4	0.3	-	56.1
	여자	535.9	53.5	75.3	56.4	54.3	93.0	20.1	16.3	-

※ 인구 10만 명당 사망 수.
출처: 통계청(2017). 2017 고령자 통계.

3) 만성질환 유병률

노인복지법에 근거하여 정기적으로 실시하는 전국노인실태조사의 결과를 살펴보면, 2017년 기준 1개 이상의 만성질환 유병률은 89.5%로 나타났으며, 3개 이상의 만성질환 보유율도 51.0%에 이르렀다. 특히 3개 이상 만성질환 보유자 비율이 점차 높아지는 경향을 보였다.

표 1-7 • 만성질환 유병률 추이

	만성질환 없음	만성질환 있음	
		1개 이상	3개 이상
2017년	10.5%	89.5%	51.0%
2014년	9.6%	87.6%	49.4%
2011년	11.5%	88.5%	44.2%

출처: 보건복지부(2017). 전국노인실태조사 보도자료.

4) 주관적 건강평가

의료전문가가 아닌 본인이 생각하기에 건강상태가 어떠한지를 평가하는 주관적 건강평가(self-reported health 혹은 self-rated health)는 노인층의 건강을 측정하는 특히 주요한 지표이다(이윤환 외, 1998; 신경림 · 김정선, 2004). 그 이유로는 주관적 건강평가에 따라 사망률 등이 예측되기 때문이다. 즉 주관적 건강평가가 높은 노인이 낮은 노인에 비해 향후 생존가능성이 높게 나타나 노인 건강측정의 주요 척도로 사용된다.

2016년 노인이 주관적으로 평가한 건강은 보통 34.2%, 나쁘다 43.4%, 좋다 22.3%로 나타났다. 또한 2008년부터 주관적 건강평가의 추이를 보면 좋다고 평가한 노인의 비율이 다소 높아지고 있다.

표 1-8 • 주관적 건강평가 (단위: %)

	좋다	보통	나쁘다	계
2008	19.6	31.7	48.7	100.0
2010	20.4	30.1	49.5	100.0
2012	19.5	31.1	49.4	100.0
2014	20.9	31.4	47.8	100.0
2016	22.3	34.2	43.4	100.0

출처: 통계청. 사회조사, 각 년도.

5) 건강행동 실천

2017년 노인실태조사 보도 자료에 따르면 65세 이상 노인의 건강행동 실천은 다음과 같이 요약할 수 있다. 흡연율의 경우 10.2%로 나타나 점차 감소 경향을 보였다. 음주율 또한 감소 경향을 보였으며 2017년 기준 26.6%의 음주율을 보였다. 건강을 지키기 위한 운동 실천율은 68.0%의 높은 비율을 보이고 있고, 이러한 운동 실천율 또한 높아지는 추이를 보였다. 정기적인 건강검진수진율은 2017년 기준 82.9%로 나타났으며 새롭게 시작된 치매검진수진율은 39.6%로 나타났다.

표 1-9 • 건강행동 실천율

구분	2008	2011	2014	2017
흡연율	13.6	12.6	11.9	10.2
음주율	32.2	33.8	27.6	26.6
운동실천율	-	50.3	58.1	68.0
건강검진수진율	72.9	81.6	83.9	82.9
치매검진수진율	-	-	-	39.6

출처: 보건복지부(2017). 전국노인실태조사 보도자료.

6) 일상생활수행능력

일상생활수행능력(Activities of Daily Living: ADL)은 노인이 독립적인 삶을 유지하기 위해 기본적으로 필요한 기능으로 전반적인 건강, 신체기능, 생활만족도와 밀접한 관련이 있다. 또한 일상생활수행능력보다 고차원의 도구를 사용하는 수단적 일상생활능력(Instrumental Activities of Daily Lving: IADL)도 노인의 신체적 능력을 측정하는 주요한 도구로 사용되고 있다.

〈표 1-10〉의 2017년에 실시한 전국노인실태조사 결과를 보면 고차원의 IADL 제한 노인이 2017년 기준 16.6%로 나타나 점차 늘어나는 경향을 보였다. 한편 IADL제한과 ADL제한을 동시에 가지고 있는 노인의 비율은 2017년 기준 8.7%로 나타났으며, 이 비율 또한 증가하는 추이를 보였다.

표 1-10 • 일생생활수행능력의 정도 (단위: %)

항목		2011	2014	2017
기능상태	IADL만 제한	7.7	11.3	16.6
	IADL+ADL 제한	7.2	6.9	8.7

출처: 보건복지부(2017). 전국노인실태조사 보도자료.

7) 우울증상 및 인지기능

2017년 전국노인조사 결과를 보면 단축형 노인우울척도(Geriatric Depression Scale: GDS-K)를 통해 측정한 결과 노인의 21.1%가 우울증상이 있었으며 6.7%는 자살을 생각해본 적이 있다고 응답하였으며, 자살을 생각해본 적이 있다는 응답자중 13.2%는 실제 자살시도를 한 경험자로 나타나, 지역사회 노인의 정신건강상태가 심각함을 알 수 있다.

MMSE-DS를 통해 측정한 인지기능과 관련해서는 14.5%가 인지기능 저하자로 나타났고 고연령, 무배우자, 동 거주자보다 읍면 지역 거주자에서 인지기능 저하 비율이 높게 나타났다.

표 1-11 • 우울증상 및 인지기능 (단위: %)

구분		2008	2011	2014	2017
우울 증상		30.8	29.2	33.1	21.1
자살	생각	-	11.2	10.9	6.7
	자살시도	-	11.2	12.5	13.2
인지기능 저하		25.5	28.5	31.5	14.5

출처: 보건복지부(2017). 전국노인실태조사 보도자료.

참고문헌

권중돈 (2016). 노인복지론. 서울: 학지사.

대한민국정부 (2008). 저출산고령사회기본계획(보완판): 새로마지플랜 2010.

박차상 외 (2009). 한국노인복지론. 서울: 학지사.

박창제 외(2008). 복지국가의 고령자 보건의료정책. 일산: 공동체.

보건복지가족부 (2009). 2010 노인보건복지사업안내.

보건복지부 (2017). 2017 노인복지실태조사 보도자료.

신경림, 김정선 (2004). 도시지역 여성노인의 건강관심도, 주관적 건강평가. 대한간호학회지: 건강상태 및 건강증진행위와의 관계연구, 34(5), 869-880.

이윤환, 최귀숙, 강임옥, 김한중 (1998). 노인의 주관적 건강평가에 영향을 미치는 요인. 한국노년학, 18(2), 110-124.

통계청 (2012). 장래인구추계결과.

통계청 (2016). 2016 고령자통계.

통계청 (2017). 2017 고령자통계.

CHAPTER

02 성공적 노화

학습목차

CHAPTER

02

HEALTH MANAGEMENT FOR THE AGED IN THE ERA OF HOMO-HUNDRED

성공적 노화

1. 성공적 노화의 개념

1) 성공적 노화

성공적 노화(Successful Aging)라는 용어는 1986년 미국노년학회(Gerontological Society of America)에서 처음 제시된 이후 생물학, 사회과학, 의학 등의 다양한 학문 분야에서 사용되는 개념으로 정착하였다. 성공적 노화란 말 그대로 노화과정에 성공적으로 적응하는 것을 말하며, 기존의 부정적이고 의존적인 존재로서의 노화 관련 인식에 비하여 긍정적인 측면을 강조하는 개념이다. 기존의 노인상(象)이 질병과 장애를 가지고 있고 경제적으로 무기력하며 사회적으로도 역할을 상실한 모습이었다면 성공적 노화에서는 사회보장제도 등의 성숙으로 경제적 여유를 가지고, 사회활동에 적극적으로 참여하는 건강한 노인의 모습을 강조하는 것이다. 이처럼 성공적 노화는 신체적, 심리 · 정서적, 사회적 측면을 아우르는 종합적인 개념으로 다양하게 사용되고 있으며, 일관적이고 합의된 개념으로 정의하기는 어렵다(김동배, 2008).

2) 삶의 질(Quality of Life)

한편 성공적 노화는 삶의 질(Quality of Life) 개념과 때로는 혼용되기도 한다. 즉 삶의 질이 높은 상태로 노년기를 보내게 되면 성공적 노화로 간주하는 것이다. 평균수명의 연장으로 선진국에서는 삶의 양에 해당하는 수명 연장은 대부분 충족이 되었고, 이에 따라 삶의 내용, 즉 삶의 질에 관심을 가지게 되었다. 한편 사람의 행복감은 객관적인 조건, 예를 들면 장수나 경제적 여유 등과 반드시 정비례하는 것은 아니며 본인 스스로 하는 삶에 대한 평가(주관적 안녕감, subjective well-being)에 의해 결정되기 쉽다(윤진, 1995). 이에 삶의 질과 관련된 연구가 활발히 이루어졌고, 삶의 질 측정은 긍정적 측면과 부정적 측면 양면을 통해 이루어졌다. 긍정적 측면으로는 생활만족도(Life Satisfaction), 행복감(Happiness), 사기(Morale) 등이 대표적으로 사용되고 있으며 부정적 측면으로는 우울감 등이 있다.

Lawton(1991)은 삶의 질의 구성요소를 다음의 네 가지 요소로 정리하고 있다.

① 생활기능의 자립: 일상생활수행능력 혹은 수단적 일상생활수행능력이 타인의 도움 없이 자립으로 가능하여 독립적인 생활을 할 수 있는가 여부.

② 주관적으로 평가한 자기인식: 건강상태, 성적능력, 인지기능 등에 대한 본인의 인식이 긍정적인가 부정적인가에 대한 평가.

③ 생활환경: 인적 · 사회적 환경 및 물적 환경이 양호한가, 인적 · 사회적 환경으로는 사회적 지지 및 관계망이 이에 속하고 물적 환경은 주거지, 생활상의 배리어 프리(barrier free) 및 유니버설 디자인(Universal design) 등과 같은 외적인 조건이 해당됨.

④ 인생 및 생활에 대한 만족도: 주관적으로 평가한 인생이나 생활에 대한 만족의 정도.

노년기 생활만족도의 경우 몇 가지 요소를 통제하면 젊을 때와 비교해 크게 감소하지 않는다고 한다(Costa & McCrae, 1988). 그 이유에 대해 Campbell 등(1976)은 첫째 여러 가지 노년기생활 사건에 직면하면서 욕구수준을 낮추기 때문이고, 둘째로 오랜 세월 동안 체험을 바탕으로 습관화와 융화가 일어나기 때문이라고 설명한다.

3) 활기찬 노화(active aging), 생산적 노화(productive aging)

성공적 노화는 때로는 훌륭한 노화(good aging)와 같은 의미로 혼용되기도 한다. 그리고 세계보건기구(2002)에서 제시한 활기찬 노화(active aging), Dychtwald(1999)가 제시한 건강한 노화(healthy aging), Burtler와 Gleason(1985)이 제시한 생산적 노화(productive aging)의 개념도 성공적 노화와 유사한 개념으로 사용되고 있다. 특히 생산적 노화는 기존의 노인에 대한 인식을 의존적인 존재가 아닌 사회에 다양한 형태로 기여하고, 생산적인 활동에도 참여하는 것으로 인식하는 적극적인 개념이다. 생산적 활동은 노동시장에 참여하는 유급노동에만 한정하지 않고 자원봉사, 가족을 위한 가사활동, 지역사회 참여나 본인의 건강을 유지하기 위한 보건행동까지 포함하고 있다. 자신의 건강을 유지하기 위한 식사 등과 같은 보건행동은 이런 행동을 하지 않으면 타인의 도움을 필요로 하는 것이기 때문에 생산적 활동으로 간주할 수 있다고 보았다. 실제로 우리나라 노인의 91.9%가 다양한 형태의 생산활동에 참여하고 있는 것으로 조사되었다(정경희 외, 2009).

2. 성공적 노화의 구성요소

성공적 노화의 구성개념은 신체적 건강, 심리적 측면, 사회적 측면으로 구분할 수 있다. 하지만 이 세 가지 측면은 개별적인 것이 아니라 서로 영향을 주어 상호작용을 한다. 국내외 선행연구에서 제시된 성공적 노화의 구성요소는 〈표 2-1〉에 정리하였다. 성공적 노화는 앞서 살펴본 것처럼 일관적이고 합의된 개념으로 정의하기는 어려우나, 생물, 심리, 사회적 측면의 발달 특성을 포괄하는 다차원적인 개념임을 알 수 있다. 각 측면별 내용을 보다 구체적으로 살펴보면 다음과 같다(김동배, 2008).

표 2-1 ● 성공적 노화의 구성요소

연구	성공적 노화의 구성요소
Ryff(1989)	자율, 환경조절, 개인의 성장, 자아수용, 목표의식, 타인과의 상호작용
Vailant(1994)	신체적 건강(생물학적 건강, 수명), 심리사회적 건강(정신적 건강, 심신의 활력, 생활만족)
Fisher(1995)	자율, 환경의 조절, 개인의 성장, 자아수용, 목표의식
Rowe, Kahn(1998)	질병과 장애의 위험수준이 낮음, 높은 인지적·신체적 기능수준 유지, 적극적 생활참여(사회참여)
Crosnoe, Elder(2002)	가족참여, 직업 성공, 시민역할 참여, 생활만족도, 활력
홍현방(2001)	심리적 발달(자아개념과 통제감), 사회적 발달(사회적 접촉, 가족접촉), 신체 및 정신적 건강
박영란, 이영숙(2002)	자율, 개인성장, 안락한 생활, 역할완수, 자아수용, 상호교류, 봉사
성혜영, 유정헌(2002)	사회적 관계 유지 및 적응, 정신적·신체적 기능유지, 삶의 만족, 복지혜택 및 편함, 경제적 준비, 질병예방, 가족 간 관계
강인(2003)	신체적 건강, 개인성장, 정서적 안녕, 자율성, 가족 지향, 경제적 안정
김미혜, 신경림(2005)	자기효능감을 느끼는 삶, 자녀 성공을 통해 만족하는 삶, 부부간의 동반자적 삶, 자기통제를 잘하는 삶

출처: 권중돈(2012). 노인복지론.

1) 신체적 측면

인간의 기본적인 욕구 중 중요한 위치를 차지하는 것이 건강에 대한 욕구이다. Schultz와 Heckhausen(1996)은 성공적 노화의 지표를 신체적 건강으로 보았고, 적극적인 사회참여모델을 제시한 Rowe와 Kahn(1998)도 질병을 피하는 것이 성공적 노화의 중요한 요소의 하나로 보았다.

국내의 연구에서도 건강이 노년기 삶의 만족도에 가장 중요한 영향을 미치는 요인임이 밝혀졌다(박은숙 외, 1998; 김태현 외, 1998). 이와 같이 건강은 행복하고 바람직한 삶을 유지하는 성공적 노화에서 가장 기본적이고 중요한 요소이다.

1984년부터 1990년까지 종단연구를 통해 밝힌 미국 Alameda County 연구에서는 당뇨, 천식, 관절염, 만성폐쇄성폐질환의 네 가지 만성질환과 우울감이 성공적 노화의 결과로 감소되는 것을 밝혔으며, Firis(1980)는 죽기 전까지 활기차게 생활하는 것이 성공적 노화의 바람직한 예라고 하였다. 이상으로 살펴본 신체적 측면의 성공적 노화는 건강한 노화(healthy aging)에 가장 근접한 성공적 노화의 영역이라 할 수 있다.

2) 심리 · 정서적 측면

성공적 노화와 관련된 심리 · 정서적 측면은 자기효능감(self efficacy), 독립성, 수용, 긍정적 사고, 적응성, 적극적 사고, 진취적 사고, 종교 등의 요인이 포함된다(조해경, 2002). 자아존중감(self-esteem)은 성공적 노화의 중요한 요인으로 분류되고 있으며 자아존중감이 낮은 사람은 우울과 같은 부정적인 정서를 더 많이 경험하는 반면 자아존중감이 높은 사람은 학문적 수행이 우수하고 심리적인 적응을 잘하며 실패나 죽음에 대한 두려움이 적은 경향이 있는 것으로 나타났다(이훈구, 1997). 자아효능감은 위기와 상실에 대한 대처가 더 지속적이며, 풍요로운 도전을 만날 가능성이 크다는 연구도 있다(Brandtstadter & Rothermund, 1994).

또한 수용성 · 적극성 · 개방성과 같은 심리 및 정서적 요인이 삶의 질을 높여 성공적 노화의 주요한 요소가 된다고 밝혀지고 있으며 기타 지혜(wisdom), 영성, 죽음에 대한 태도도 성공적 노화의 관련 요인으로 볼 수 있다. 이러한 심리적 노화영역에서의 성공적 노화는 기존의 성공적 노화와 관련된 용어는 없지만 적응적 노화(adaptive aging)라고 부를 수 있을 것이다(권중돈, 2012).

3) 사회적 측면

성공적 노화와 관련된 사회적 측면은 사회적 지지(social support) 및 관계망(social network), 경제적 상태 등을 들 수 있다. 사회적 지지는 도움이 필요할 때 주변에서 도움을 받을 수 있는 정도를 말하며 사회적 관계망은 사회적 지지를 가능하게 하는 주변인물로 사회적 지지와 관계망은 노인의 심리적 안녕(psychological well-being)을 유지하게 하며 삶의 다양한 스트레스로부터 적응할 수 있도록 도와주는 역할을 한다.

경제적 상태는 노인의 삶의 만족도에 중요한 영향을 미치며 노인이 경제적으로 타인에게 의존하지 않게 되면 노인의 자율성이 향상되고 삶의 만족도에 긍정적 영향을 미친다(Mannel & Dupuis, 1996; Campbell, 1981). 노년기 경제활동은 안정된 소득의 확보는 물론 사회발전에 기여함으로써 느끼는 자기유용감, 건강유지 효과, 사회적 소외감이나 고독감의 억제와 같은 긍정적인 효과를 가지고 있어 삶의 만족도의 중요한 요소라 할 수 있다(권중돈 · 조주연, 2000).

이러한 사회적 영역의 성공적 노화는 기존의 성공적 노화와 관련한 용어 중에서 활기찬 노화(active aging)와 생산적 노화(productive aging)에 근접한 개념이다. 이상의 노화 영역별 성공적 노화의 구성요인에 기초해 성공적 노화를 정리하면 [그림 2-1]과 같다(권중돈, 2012).

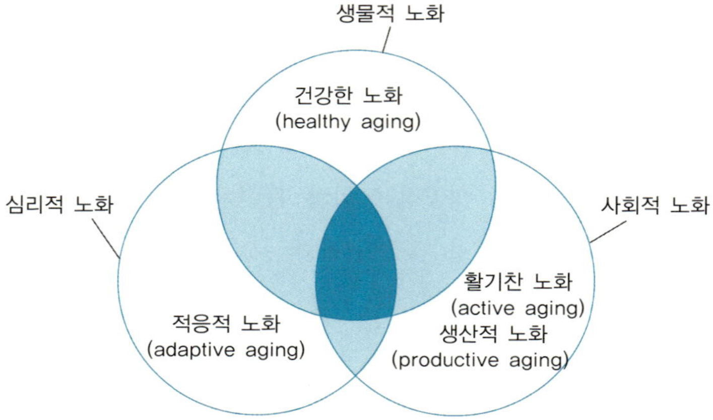

그림 2-1 • 노화 영역별 성공적 노화

3. 성공적 노화의 촉진방안

성공적 노화를 위해서는 성공적 노화의 구성요소에 해당하는 신체적, 심리 · 정서적, 사회적 측면을 고려할 필요가 있다. 권중돈(2012)은 이와 관련해서 노인의 성공적 노화를 촉진할 수 있는 방안을 다음과 같이 정리하였다.

첫째, 노인의 건강증진을 위한 생활습관의 관리와 2차적 예방(secondary prevention)이 이루어져야 한다. 먼저 금연, 균형 있는 영양섭취, 체중감량, 성인병 위험요인의 관리, 꾸준한 운동 등과 같은 바람직한 생활습관을 유지하여 질병에 이환되고 신체적 기능이 위축되는 것을 방지하는 1차적 예방활동이 가장 우선적으로 실시되어야 한다. 그럼에도 질병에 이환될 경우에는 질병이 악화되고 이로 인해 일상생활에 제약을 받지 않도록 적극적으로 질병을 치료하고 일상생활동작능력을 유지시키기 위한 2차적인 예방적 개입이 이루어져야 한다. 이러한 2차적 예방조치를 했음에도 질병이 심각해지거나 장애상태에 이르게 된다면 방문간호사업, 방문요양서비스, 주간보호사업 또는 요양시설 입소 등의 장기요양보호(long-term care)에 대한 대책을 마련해야 할 것이다.

둘째, 심리적으로 만족스럽고 정신적으로 건강한 삶을 영위할 수 있도록 지원해야 한다. 이를 위해서는 노인 자신의 전 생애를 되돌아보고 해결되지 않은 생활사건이나 감정을 해결할 수 있는 기회를 부여하는 인생회고(life review) 프로그램이나 자서전 쓰기 프로그램을 실시하는 것이 유용하다. 그리고 평생교육 프로그램을 개설하여 노년기의 삶에 적응할 수 있는 방안을 교육하고, 인지기능유지 프로그램, 영성훈련 프로그램, 죽음 준비교육 프로그램, 스트레스관리 프로그램 등을 실시하여 생활스트레스나 환경적 요구에 효과적으로 적응할 수 있도록 원조해야 할 것이다.

셋째, 경제적 안정을 위한 지원을 높여야 한다. 현대사회에서는 특히 경제적 여유가 없으면 기본적인 생활이 어려워지며, 더 나아가 가족에게 의존하게 되고 친구관계나 이웃과의 관계도 위축되게 된다. 그러므로 노후생활에 필요한 적정수준의 경제력을 갖추는 것이 중요하다. 만약 적절한 노후소득이 확보되지 못한 경우에는 규모있는 지출을 하거나 금융권의 주택연금제도의 활용, 의료비 지출에 대비하여 재산 중 일부를 즉시 현금화할 수 있도록 관리하는 방법, 유산 배분 등의 경제생활에 관한 교육과 정보제공서비스가 필요하다.

넷째, 경제활동이나 사회발전에 기여할 수 있는 활동에 참여할 수 있는 기회를 부여해야 한다. 경제활동을 하게 될 경우 소득 보완의 효과뿐만 아니라 사회관계망이 유지되고 사회적 지위와 역할을 부여받을 수 있는 효과가 있으므로, 지역사회 내의 노인복지관이나 시니어클럽에서 실시하는 노인일자리사업에 참여하도록 권유할 필요가 있다. 그리고 돈벌이는 되지 않더라도 사회봉사활동에 참여할 수 있는 기회를 제공함으로써 사회적 관계를 유지하고 자아존중감이나 자기유용감 등의 긍정적 심리상태, 신체 및 정신건강을 유지하는 효과를 거둘 수 있으므로 지역 내 사회복지기관이나 공공단체에서 실시하는 노인봉사 프로그램에 참여할 것을 적극적으로 권유해야 한다.

다섯째, 사회적 관계유지와 적극적 여가참여를 지원해야 한다. 노년기의 가장 중요한 관계인 부부관계, 노부모-자녀관계를 원만하게 유지할 수 있도록 가족관계 재조정 프로그램에 참여하도록 유도할 필요가 있다. 그리고 경로당이나 노인복지관 등의 노인여가복지시설에 적극적으로 참여하도록 유도함으로써 사회적 관계를 폭넓게 유지하고 개인적 발전을 도모할 수 있도록 지원해야 한다.

참고문헌

권중돈 (2012). **노인복지론**. 서울: 학지사.

권중돈, 조주연 (2000). 노년기의 삶의 만족도에 영향을 미치는 요인, **한국노년학**, 20(3), 61-76.

김경호, 김지훈 (2009). 한국 노인의 성공적인 노화요인의 구조분석. **한국노년학**, 29(1), 71-87.

김동배 (2008). 한국 노인의 성공적 노화 척도 개발을 위한 연구. **한국사회복지학**, 60(1), 211-231.

김미혜, 신경림 (2005). 한국 노인의 '성공적 노후 척도' 개발에 관한 연구. **한국노년학**, 25(2), 35-52.

김태현 외 (1998). 노년기 삶의 질 향상에 관한 연구. **한국노년학**, 18(1), 150-169.

박은숙 외 (1998). 노인의 건강증진 행위 및 삶의 질에 영향을 미치는 요인. **대한간호학회지**, 28(3), 638-649.

신학진, 전상남 (2009). 한국노인의 성공적 노화요인과 주관적 건강의 영향. **노인복지연구**, 46, 29-52.

윤진 (1995). 성공적 노화와 삶의 질: 한국노인 대상연구에서 고려할 측면들. **한국심리학회 1995년 춘계심포지움**, 47-75.

이훈구 (1997). **행복의 심리학**. 파주: 법문사.

정경희, 이윤경, 윤지은 (2009). **노인의 생산활동 실태 및 경제적 가치평가**. 서울: 한국보건사회연구원.

조해경 (2002). 성공적 노화에 관한 연구. 연세대학교 대학원 박사학위논문.

Brandtstadter, J., & Rothermund, K. (1994). Self-percepts of control in middle and later adulthood: Buffering of losses and rescaling goals. *Psychology and Aging, 9*, 265-273.

Burter, R. N., & Gleason, H. P. (1985). *Productive aging*. NY: Springer.

Campbell, A. (1981). *The sense of well-being in America*. NY: McGraw-Hill Publications.

Campbell, A., & Converse, P. E. (1976). *The quality of American life: Perceptions, evaluations and satisfactions*. NY: Russell Sage.

Costa, P. T., & McCrae, R. P. (1988). Personality on adulthood: A six-year longitudinal study of self-reports and spouse ratings on the NEO personality inventory. *Journal of Personality and Social Psychology, 78*, 299-306.

Dychtwald, K. (1999). *Health Aging*. Graithersburg, MD: Aspen Publishers, Inc.

Fries, J. F. (1980). Natural death, and the compression of morbidity. *New England Journal of Medicine, 303*(3), 130-135.

Lawton, M. P. (1991). A multidimensional view of quality of life in frail elders. in J. E. Birren et al (eds.). *The concept and measurement of quality of life in the frail elderly* (pp. 3-29). CA: Academic Press.

CHAPTER

03 노인건강 관련 윤리

학습목차

CHAPTER

03

HEALTH MANAGEMENT FOR THE AGED IN THE ERA OF HOMO-HUNDRED

노인건강 관련 윤리

1. 일반노인의 건강 관련 윤리

1) 노인인권

노인인구의 증가와 더불어 노인과 관련된 다양한 사회적 문제가 발생하게 되었다. 특히 학대받는 노인 등 인간적 권리가 침해당하는 사례가 증가하면서 노인의 인권 문제가 대두하고 있다.

국가인권위원회의 정의에 의하면 인권(human right)이란 '인간으로서 누구이며 무엇을 하든지, 하나의 존엄한 존재로서 존중받을 권리'로 규정하고 있다(국가인권위원회, 2004). 인권이란 개념의 역사적 기원은 미국의 독립선언과 프랑스의 인권선언이 이루어진 18세기로 볼 수 있지만 인권의 핵심적인 요소는 동서양을 막론하고 오래전부터 존재하여 왔으며 18세기에 본격적인 개념화 작업이 이루어졌다고 볼 수 있다(이혜원, 2005).

1969년에 백악관 노인회의에서 결의된 미국의 노인헌장에는 다음과 같은 구체적인 노인의 권리를 제시하고 있다(권중돈, 2006). ① 인간으로서의 역할을 수행할 수 있는 권리, ② 각자의 능력에 따라 취업할 수 있는 권리, ③ 노후생활의 궁핍을 면할 수 있는 권리, ④ 여가, 교육, 의료에 대한 지역사회의 자원을 공평하게 향유할 수 있는 권리, ⑤ 노후의 필요를 충족시킬 수 있는 주거에 거주할 권리, ⑥ 가족의 이익에 반하지 않는 한 정신적 · 경제적 원조를 받을 수 있는 권리, ⑦ 본인이 원하는 경우에는 독립하여 생활할 수 있는 권리, ⑧ 생존이나 사망 시에도 인간으로서의 존엄성을 잃지 않을 권리, ⑨ 노후를 풍부하게 보내는 데 필요한 모든 지식에 접근할 수 있는 권리이다. 특히 ④와 ⑧은 직접적으로 건강과 관련된 인권을 명시한 내용으로 해석할 수 있다.

1991년 유엔총회에서 채택한 노인을 위한 유엔원칙(United Nations Principles for Older Persons)은 노인의 독립, 참여, 돌봄, 자아실현, 존엄성을 포함하고 있다(국가인권위원회, 2010).

표 3-1 • 노인을 위한 유엔원칙

독립	• 독립적 생활이 가능하도록 노인에게 적합한 생활조건의 확보 • 가능한 오랫동안 가정에서 살 수 있어야 함
참여	• 정치적 · 사회적 참여조건의 확보
돌봄	• 보호받고 재활할 수 있는 조건의 확보
자아실현	• 잠재력을 발휘할 기회의 제공
존엄성	• 차별 없는 존엄과 안전 • 신체적 · 정신적 학대 금지

우리나라의 경우, 노인복지법 제2조에 노인은 존경받으며 건전하고 안정된 생활을 할 권리와 능력에 따라 경제활동 및 사회활동 참여 권리를 지니고, 심신의 건강유지와 사회발전에 기여할 의무를 가진다고 규정하고 있다. 또한 국가인권위원회에서는 노인의 주거권, 건강권, 사회복지권을 통해 노인인권 증진의 목표를 삼고 있다(국가인권위원회, 2006). 권중돈(2010)은 노인인권과 관련해서 다음 〈표 3-2〉와 같이

인간존엄권, 자유권, 사회권 등으로 정리하여 제시한다.

표 3-2 • 노인인권의 영역과 세부적 권리

영역	인권 항목	세부적 권리
인간 존엄권	행복추구권과 평등권	천부적 자유와 존엄, 생명권, 신체의 자유와 안전, 강제노동과 노예제도의 금지, 고문금지, 법 앞에서의 평등, 차별금지
자유권	신체자유권	불법 체포 및 구속으로부터의 자유, 불법 강제 노역으로부터의 자유
	사생활자유권	사생활의 비밀과 자유, 주거의 불가침, 거주 및 이전의 자유, 통신의 자유
	정신적 자유권	양심의 자유, 종교의 자유, 학문과 예술의 자유, 개인적 및 집단적 표현의 자유
	경제적 자유권	재산권의 보장, 직업 선택의 자유
	정치적 자유권	정보접근권, 정치활동의 자유, 참정권
사회권	경제권	연금수급권, 기초생활보장권 등
	노동권	은퇴준비 교육권, 경제활동 참여권(기업체 취업, 창업, 노인일자리사업), 적정 보수를 받을 권리, 적정 노동환경 요구권(산재보험 등) 등
	주거권	주거환경보장권(주택소유, 주거환경개선, 임대보증금 지원 등)
	건강권	• 건강증진권(건강교육, 건강상담, 건강교실 등) • 위생 및 영양권(이미용, 목욕, 세탁서비스, 경로식당(중식서비스), 밑반찬·도시락배달, 푸드뱅크 등) • 건강급여권(의료이용, 건강보험과 의료급여 등) • 재활서비스 이용권(양·한방진료, 재활문제해결(물리치료, 작업치료, 운동재활, ADL훈련 등) • 요양보호권(방문요양, 노인돌봄서비스, 주간·야간·단기보호, 장제서비스), 시설입소권(노인요양시설 등) 등
	평생교육권	노인교실, 노인복지관 등의 교육프로그램 참여권(한글교실, 외국어교실, 교양교실, 정보화교육, 역사교실, 예능교실, 전통문화교실 등)
	문화생활권	경로당, 노인복지관 등의 여가문화 프로그램 참여권(음악, 미술, 원예교실, 다도교실, 문화교실, 운동, 바둑·장기 등)
	사회참여권	자원봉사활동 참여권, 동아리·클럽활동 참여권, 교통편의서비스 이용권 등
	가족유지권	가족과의 교류, 가족의 부양을 받을 권리 등
	소통권	가족, 이웃, 친구, 비노인층 등 관계망과의 교류권
법 절차적 권리		청원권, 재판의 청구권, 형사보상 청구권, 국가배상 청구권, 범죄피해자의 구조청구권

2) 건강불평등과 건강권

개인이 가지는 사회경제적 자원, 성별, 인종, 지리적 환경과 같은 요인에 의해 질병에 대한 위험이나 건강수준에 차이를 보이고 있으며 이는 건강불평등(Health Inequalities)으로 개념화되었다(이소정 외, 2008). 노년기 건강상태는 사회경제적 지위에 따라 상이하다는 선행연구들이 국내에서도 보고되었다(강혜원 · 조영태, 2007). 또한 교육수준과 같이 생애 전반기에 걸쳐 영향을 미칠 수 있는 요인이 노년기에는 누적되어 나타남으로써 건강불평등에 큰 영향을 끼친다는 연구결과도 발표되었다(House et al., 2005).

건강불평등의 원인을 체계적으로 제시한 영국의 Black Report에서는 사회경제적 차이로 인해 나타나는 사망률의 원인을 다음 네 가지로 설명한다(김혜련, 2007에서 재인용).

① Artefact: 건강불평등의 현상은 계급변화에 따라 매우 복잡하게 나타나는 통계의 오류 등으로 어떤 현상이 호전되는지 악화되는지 구분할 수 없다.

② Natural/social selection: 사회적 이동에 의해 건강불평등이 생겼다고 보는 입장이다. 즉 건강상태가 양호한 사람은 상위계급으로 상승하고 건강상태가 나쁜 사람은 하위계급으로 이동하는 사회적 이동이 계급 간 건강불평등을 초래한다고 하였다.

③ Cultural/behavioral: 문화적 또는 행동요인의 차이로 건강불평등이 생겼다는 설명이다. 생활수준이 낮은 계층일수록 건강을 위한 생활습관을 갖거나 건강을 위하여 긍정적인 행동을 하는 데 무기력하다는 것이다.

④ Material/structural: 물질적 결핍이 건강불평등을 초래한다고 설명한다. 절대적인 물질결핍뿐만 아니라 상대적인 물질의 결핍도 건강불평등을 초래하며 이러한 상대적인 빈곤이 건강불평등과 더욱 관련되기 쉽다고 한다.

우리나라의 헌법 제36조 제3항에 의하면 '모든 국민은 보건에 관하여 국가의 보호를 받는다'라고 하여 국민보건에 관한 국가의 보호를 규정하고 있다. 건강권이라 함은 국민이 자신과 가족의 건강을 유지하는 데 필요한 국가적 급부와 배려를 요구할 수 있는 권리를 말한다. 건강은 생존과 행복의 전제이며 인간다운 생활에 필수적인 요소이므로 건강권은 생명권, 행복추구권, 인간다운 생활권 등과 이념적으로 일체를 이루며 상호관련을 가지고 있다. 건강권은 국가에 대하여 적극적으로 요구할 수 있는 사회권적 성격을 가지고 있으며, 국가는 국민보건을 위하여 필요한 정책을 적극적으로 수립하고 추진할 책임이 있다.

이러한 건강권에 근거한 국가의 책임과 의무를 구체화하여 명시한 것이 보건의료기본법이다. 보건의료기본법에서는 보건의료를 통하여 모든 국민이 인간으로서의 존엄과 가치를 가지며 행복을 추구하고 국민 개개인이 건강한 삶을 영위할 수 있도록 제도와 요건을 조성한다. 또한 보건의료의 형평과 효율의 조화를 기할 수 있도록 함으로써 국민의 삶의 질을 향상시키는 것을 기본이념으로 한다(보건의료기본법 제2조). 따라서 국가와 지방자치단체는 모든 국민의 기본적인 보건의료수요를 형평성 있게 충족시킬 수 있도록 노력해야 하며(동법 제4조 제2항), 모든 국민은 성별 · 연령 · 종교 · 사회적 신분 또는 경제적 사정 등을 이유로 자신과 가족의 건강에 관한 권리를 침해받지 아니한다(동법 제10조). 응급의료에 관한 법률에서도 모든 국민은 성별, 연령, 민족, 종교, 사회적 신분 또는 경제적 사정 등을 이유로 차별받지 아니하고 응급의료를 받을 권리를 가진다고 규정하고 있다(응급의료에 관한 법률 제3조)(유승흠 · 이윤환, 2008).

한편 노인복지시설 등에서 노인의 건강권과 관련해서 다음과 같은 사항들을 염두에 두고 실천하여야 한다는 가이드라인을 제시하고 있다(국가인권위원회, 2008).

① 보건의료서비스를 받을 권리

ㄱ. 적절한 치료와 간호서비스

ㄴ. 적절한 재활치료서비스
ㄷ. 외출 및 이동서비스
ㄹ. 개인적 일상생활의 보호

② 생활서비스를 받을 권리
ㄱ. 적절한 의복서비스
ㄴ. 최소한의 활동을 보장한 청소서비스
ㄷ. 노인에 대한 배려를 한 목욕서비스
ㄹ. 적정 인력의 배치 등을 통한 배변서비스

③ 영양, 급식서비스를 받을 권리
ㄱ. 노인의 식사기호를 반영한 급식
ㄴ. 다양한 식단 개발 및 식사서비스 시의 관찰
ㄷ. 적당량의 섭취와 적당한 운동
ㄹ. 식자재에 대한 위생관리를 통한 식중독 예방

2. 취약노인의 건강 관련 윤리

1) 성년후견제도

(1) 성년후견제도란

성년후견제도란 정신질환, 정신적 장애인, 신체적 장애로 자신의 사무를 처리하기 어려운 장애인이나 노인 등의 성년자가 계약된 후견인의 도움을 받아 재산관리나

사회복지 수혜, 건강관련서비스 이용 등 사회생활에 필요한 사무를 처리할 수 있도록 하는 것이다. 성년후견제도는 대상자(장애인 혹은 노인)의 자기결정권을 최대한 존중하여 가능한 한 대상자의 행위능력을 제한하지 않도록 하는 것을 원칙으로 한다. 따라서 정상적인 판단이 어려운 이들의 법적 후견인을 만들어 인권과 재산을 보호하고자 하는 제도라 하겠다(김상묵, 조경신, 2009).

(2) 성년후견제도의 필요성

노인 중에는 신체적 혹은 정신적 능력의 감퇴로 스스로의 신변에 대한 일상생활 영위나 재산관리 등의 어려움을 겪어 타인에게 의존하는 생활을 할 수 밖에 없는 경우가 종종 있다. 이러한 노인을 보호하기 위한 성년후견제도가 필요하다. 노인의 경우 판단능력이 서서히 감퇴되어 그 능력의 차이도 다양하게 나타나므로 일정한 연령 또는 일정한 시점을 기준으로 하여 일률적으로 잔존능력을 판단할 수 없다(김원숙, 2005). 성년후견제도는 이러한 처지에 있는 노인들의 자기결정권을 존중하고 정신능력의 감퇴로 인하여 완전한 의사무능력에 빠지지 않는 한 잔존능력을 존중하여 정상화(normalization) 개념을 실현하기 위한 제도이다(백승흠, 2003).

고령사회에 일찍이 진입한 프랑스, 스웨덴, 오스트리아, 미국, 독일, 일본 등의 나라에서는 노인보호를 위한 후견제도를 만들고 있는데 몇몇 나라의 예를 살펴보면 다음과 같다.

독일의 경우, 노인의 동의 능력이 결여되어 있다면 선정된 성년후견인이 그 직무범위 내에서 피성년후견인을 대신하여 동의할 수 있다. 하지만 치료행위의 경우, 의사의 조치에 의해 피성년후견인이 사망하거나 장기에 걸친 건강상의 손해를 입을 '이유 있는 위험성'이 있는 경우에는 원칙적으로 후견법원의 허가를 받도록 하고 있다. 일본의 경우, 민법규정에 따라 성년후견인은 피성년후견인의 생활, 요양, 간호 및 재산의 관리에 관한 사무를 함에 있어서 피성년후견인의 의사를 존중하며 또한 그 심신의 상태 및 생활 상황을 배려해야 한다고 규정한다. 노인의 요양, 간호 관련

신상배려의무를 인정하고 있다. 미국의 경우 말기암환자 내지 노인환자들의 생명에 대한 자기결정권의 존중의지를 1990년 연방 법률인 '환자 자기결정권법'(Patient Self-Determination Act)에 반영하였다. 이 법률상의 자기결정권에 관한 절차규정을 '의학적 미란다고지'로 부르기도 한다(유승흠 · 이윤환, 2008).

(3) 한국의 성년후견제도

장애인 및 노인의 인권을 보호하기 위한 성년후견제도에 대한 논의가 최근 우리나라에서도 이루어지고 있다. 한국법제연구원 및 한일법학회 등에서 부분적으로 논의되어 오다가 2004년에는 장애우권익문제연구소의 단체가 주축이 된 성년후견제 추진연대가 출범하였다. 이후 2006년에 이은영 의원 등 20인의 국회의원이 성년후견에 관한 법률안 제정안을 발의하면서 제도 도입에 대한 논의가 활발히 이루어지는 계기가 되었다. 이어 2007년 성년후견제 도입 등 민법개정 방향에 대한 기초연구가 이루어졌고, 2008년 학술대회 등을 통한 의견수렴과정을 거쳤다. 또한 2009년에는 민법개정위원회를 출범하면서 같은 해 12월에는 성년 연령을 만 20세에서 19세로 하향조정한 성년후견제 도입을 위한 민법 일부개정안이 국무회의에서 통과됨으로써(법무부 보도자료), 2013년 7월 1일 우리나라에 성년후견제도가 도입되었다.

제도에서는 성년후견뿐 아니라 한정후견, 특정후견, 임의후견과 같은 다양한 유형의 후견제도 도입, 복수 후견인 선임도 가능하게 하는 등 후견인의 수와 자격을 확대하는 내용, 후견인과 피후견인 사이의 이해가 대립할 경우 후견감독인이 피후견인을 대리하는 후견감독인 제도 도입, 후견 대상의 확대 및 자기결정권 존중에 관한 내용을 포함하고 있다. 특히 후견 대상은 기존의 재산적 범위를 넘어서 치료, 요양 등 복지에 관한 사항을 포함하도록 되어 있으며 가능한 자기결정권을 유지하고 후견인이 권한을 남용하는 것을 방지하기 위한 내용이 포함되어 있다.

최근 정부에서는 치매국가책임제의 일환으로 '치매노인 공공후견제'를 2018년 9월 시행 예정이다. 치매노인 공공후견제는 국립중앙치매센터를 컨트롤타워로 하고 치매안심센터, 독거노인지원센터, 노인일자리사업단 등을 통해 정신적 제약으로 의사결정에 어려움이 있고 금융사기 등에 취약한 치매노인의 의사결정권을 보호하기 위한 제도이다.

하지만 성년후견제도의 활용은 예상보다 저조한 상황인데 그 이유를 다음과 같이 생각해 볼 수 있다. 우선 가족의 윤리와 유대를 중시하는 가족주의가 강한 우리나라의 풍토를 들 수 있으며 제도의 홍보부족 및 사회적 준비 또한 미흡한 상황이다(박인환, 2017). 향후 노인의 인권을 보호하기 위해 제도 보완이 요구된다.

2) 말기의료의 법적·윤리적 문제

(1) 노인의 말기의료에서의 죽음에 대한 인식변화

지난 세기 동안 의학의 발전은 죽음에 대한 국민들의 인식을 변화시켰다. 의학은 오랫동안 사람을 단시간에 죽게 하였던 급성질환에 대한 치료방법을 주로 개발하였고, 이제는 암, 심장질환과 같은 만성질환들이 상당수 남게 되었다. 과거에 사람들은 만성질환에 수반되는 장애와 기능저하를 경험하지 못하였기 때문에 가능한 오래 살고자 하였다. 그러나 현재 대부분의 사람들은 오래 살 경우, 삶의 질이 비참해 질 수도 있다는 것을 알게 되면서 과거처럼 인위적으로 수명을 늘리려고 하기보다는 자연스러운 죽음, 더 나아가 편안한 죽음을 맞이하려는 경향을 가지게 된 것이다(신현호, 2006).

말기의료의 노인환자에게 문제가 되는 것은 안락사에 대한 요청과 그에 따른 의사의 시술이다. 적극적 안락사(active euthanasia)는 고통제거의 방법으로 적극적인 생명단절 방법을 사용하는 경우를 말한다. 적극적 안락사는 죽음에 임박한 환자의 극심한 고통을 덜어 주기 위하여 약물투여 또는 치명적 주사약을 주사하는 등 적극적 작위행위(direct killing of a patient)에 의해 이루어진다. 이는 아무런 치료적 조치를 취하지 않고 죽도록 방치하는(let someone die) 소극적 안락사(passive euthanasia)와는 구별된다.

형법상 적극적인 안락사는 살인죄에 해당하며, 특히 환자의 부탁이나 승낙을 받아 살해한 경우에는 촉탁 · 승낙살인죄(제252조 제1항)에 해당하고 말기환자의 자살을 도운 경우에도 자살방조죄(제252조 제2항)를 적용해야 한다는 것이 다수설이다(이재상, 2003; 배종대, 2003). 우리나라의 판례도 적극적 안락사를 인정하지 않고 있다. 적극적 안락사는 어떠한 상황에서도 생명의 불가처분성, 불가교량성 및 형법상 절대적 생명보호의 원칙에 위배되고, 또한 생명의 신성불가침성이 무너지게 되고 남용의 위험이 있으므로 허용될 수 없다는 주장이다(김일수, 1984; 이재상, 1991). 말기의 노인환자들의 삶의 질이 낮다는 이유로 적극적 방법에 의한 안락사시술을 의사들에게 허용한다면, 이와 동일한 논리를 다른 유사한 경우에도 적용할 우려가 있기 때문이다. 삶의 질이라는 관점에서 장기간 의식불명인 신생아의 죽음을 허용할 것이고, 요양원에 있는 말기 알츠하이머 노인환자의 자살을 돕는 등 의사결정능력이 없는 환자들이 살해될 것이라는 우려를 낳는다. 그러므로 능동적이고 직접적인 방법으로 환자의 생명을 단축시키는 적극적인 안락사는 허용할 수 없다는 입장이다.

최근 말기환자의 치료를 위해 호스피스 완화치료가 보급되고 있고 이에 대한 인식도 높아지고 있으며 통증 완화의 의료기술 발전이 이루어지고 있다. 일찍이 미국, 일본, 대만 등에서는 호스피스 · 완화의료제도가 말기암환자, 노인환자관리와 삶의 질 향상에 있어서 가장 이상적인 모델로 제시되었으며 수가를 포함한 제도와 법령이 마련되어 있다(윤영호 등, 2004). 우리나라도 사회적 논의를 거쳐 2017년 8월부터 일명 연명의료결정법(정식법률명칭은, 호스피스 · 완화의료 및 임종과정에 있는 환자의 연명의료결정에 관한 법률)이 도입되었다. 환자가 회생가능성이 없고, 치료로 회복되지 않으며, 증상이 악화되어 사망이 임박한 임종과정의 환자에게 자기결정을 할 수 있도록 도와줌으로써 인간으로서의 존엄성과 가치를 보호하기 위한 목적으로 도입된 연명의료결정법 도입으로 향후 말기 노인환자의 삶의 질을 높이면서 생을 마감할 수 있는 기관이나 병원의 수가 증가할 것으로 예측된다

(2) 말기의료에서의 존엄한 죽음

안락사의 문제는 1960년대 이후 '인간답게 살 권리'에 대응하여 '인간답게 죽을 권리'라는 주장에서 시작되었다. 소극적 안락사 또는 존엄사(death with dignity)란 식물인간 상태와 같이 환자에게 의식이 없고 그의 생명이 단지 인공심폐기에 의해 연장되고 있는 경우에 품위 있는 죽음을 위하여 생명연장 조치를 중단하는 것으로 정의하고 있다. 말기 치료단계에서의 노인들은 통증이나 육체적 고통보다는 오히려 존엄성과 자아상실과 같은 인격성을 위협하는 증상들을 두려워하며, 마지막으로 자신의 존엄성을 지키기 위한 대안으로서 존엄사, 연명치료 중단 등의 구체적인 권리를 요구할 수 있다.

이와 같이 존엄사는 자신의 의지로 치료를 거부 또는 중단을 요구하기 때문에 반드시 자의적 안락사의 성격을 지니고 있다. 자의적 안락사에서 자발성이란 질병으로 고통을 받고 있는 환자가 안락사를 진지하게 요청하였다는 것을 의미한다. 죽을 권리에 대한 요청은 환자 본인이 명시적으로 표현한 동의서가 있다는 것만으로 요건을 충족하는 것이 아니라 그렇게 표명된 동의가 진정한 동의인지가 문제된다.

미국 오리건 주의 존엄한 죽음에 관한 법률(Death with Dignity Act)에 의하면 의사는 환자에게 통증완화 간호, 호스피스 간호, 통증 통제 등의 실행 가능한 대안들에 대하여 정보를 제공해야 한다. 이러한 정보에 근거한 다른 대안들에 대한 심사숙고한 거부(A considered rejection of alternatives)가 존엄사를 선택하게 된, 이를 정당화하는 요건으로 보고 있다(Beauchamp & Childress, 2001).

한편 의사들 대부분은 죽어 가는 말기 치료단계의 노인환자들에게 죽음의 선택 가능성 여부에 대해 대부분 설명하지 않고 있다. 죽음에 대한 최선의 결정을 내리기 위해서는 환자와 가족에게 정보가 필요하다. 만약 누군가 무언가를 선택할 대안이 없는 상황에서 하나밖에 없는 무언가를 택하였다면, 이는 자율적 결정권이 있다거나 자유로운 선택을 했다고 말할 수 없기 때문이다. 따라서 의사는 노인인 환자의 치료를 거부할 권리를 존중해야 하고 이러한 환자의 결정을 무시하거나 쓸모없는 것으로 간주해서는 안 된다. 아울러 환자에게 의료처치 또는 수술과 관련된 대안들을 설명해야 하고 의료적 사실과 의학적 견해 사이의 혼란 상태에 환자를 두게 해서는 안 될 것이다(Smith, 2000). 대안의 내용 중에 특히 실험적 약물이나 수술이 포함되어 있을 때에는 말기환자 또는 노인환자들은 다른 결과와 다른 죽음의 방식에 대해서도 정보를 제공받아 그들이 '가장 덜 고통스러운 죽음'을 선택할 수 있도록 해야 할 것이다.

우리나라의 경우 1997년 보라매병원 사건 등의 여파로 인해 의사들은 중환자의 퇴원을 거부하고 있으며, 환자 및 가족으로 하여금 말기 치료에서도 여전히 인공생명연장장치를 유지하거나 또는 침습적 검사 등의 무분별한 의료기술 이용과 같이 의료집착적 말기 치료에 집중하게 만들고 있다. 소생 가능성이 없는 불치병으로 사경을 헤매는 노인환자가 의식이 남아 스스로 인간다운 죽음을 맞이하겠다는 의사를 표현하였다면, 인위적으로 생명을 단지 연장하는 것이 어떠한 의미를 가지는 것인지 반문할 수 있다. 인위적인 생명연장 조치를 제거하거나 중단 · 보류하는 행위를 통해 자연스러운 죽음, 존엄한 죽음을 맞이할 수 있게 하는 것이 노인환자의 의사결정을 존중하는 것은 아닌지 고려되어야 한다.

앞서 언급한 바와 같이 연명의료결정법 시행으로 우리 사회에서 존엄한 죽음을 위한 첫 걸음을 시작하였고, 향후 관련법을 보완하고 전문가를 양성하여 대응하여야 할 것이다.

(3) 죽을 권리에 대한 자기결정권

말기의료단계에서 노인환자의 진정한 의사결정을 파악하는 것은 쉽지 않다. 존엄하게 죽을 권리의 요구는 기본적으로 현재의 상황을 이해하고 판단하여 더 나아가 죽음에의 의사결정을 할 수 있는 능력을 전제한다. 충분한 정보에 근거한 동의를 얻기 위한 첫 단계는 환자가 이러한 능력을 갖고 있는지를 확인하는 일이다. 물론 이 과정이 쉽지는 않다. 예를 들어 노인환자 가족들 사이에 환자에 대한 보호 의지나 이해관계가 다른 경우에는 의견을 일치하기가 어렵다. 그뿐만 아니라 치료비 부담이나 상속 등의 경제적 문제로 인해 갈등구조가 생긴다면 온전한 정신상태에서 결정을 하는 것을 기대하기 어렵기 때문이다. 가족들의 입장을 생각하여 진심이 아닌 의사표시로 죽을 권리를 요구할 수도 있고, 반대로 노인의 판단능력이 상실되었을 것이라고 판단한 가족들에 의해 노인환자의 진심인 의사표시가 무시당할 수도 있을 것이다.

그렇기 때문에 존엄사의 허용 내지 연명치료를 중단하기 위해서는 죽음의 지속적인 선택(durable preference for death)에 대한 환자의 의사표현이 필요하다(Beauchamp & Childress, 2001). 죽음에 직면한 환자가 자발적으로 죽을 권리를 요청하며 이러한 명백한 의사표현을 지속적으로 철회 없이 유지한다면, 이에 따라 인위적인 생명연장조치를 중단하는 의료진의 행위는 정당화될 수 있다. 특히 죽음을 앞둔 경우의 심폐소생술 반대의사표시나 치료거부와 같은 환자의 생명과 직결되는 의사결정의 경우 노인인 환자로부터 1회의 동의를 얻는 것만으로는 부족하다. 2~3회의 동의를 요구하며 동의와 동의 사이 반드시 일주일이나 3~4일 정도의 시간적 여유를 두고 노인환자로부터 동의를 얻어야 한다. 이때의 동의는 환자가 자신의 의사를 말이나 글로 '예'라고 분명히 나타내는 명시적 동의(explicit consent)를 의미하며, 최종 의사표시의 경우 서면동의가 필요하다. 경우에 따라서는 동의의 객관성을 확보하기 위해 환자의 보호자 또는 의료진의 입회가 필요하다.

노인환자가 이러한 능력을 지녔다는 의심이 있을 경우, 의사는 반드시 정신과 전문의에게 환자의 정신능력에 대해 문의해야 한다. 협진의 결과 의사결정능력에 이상이 없다고 판단된 환자에게 의사는 환자가 이해할 수 있는 용어를 선택하여 죽음의 선택과 그에 따른 처방책, 예상 징후 등을 충분히 설명하고 경우에 따라서는 환자에게 질문의 기회를 주면서 언제든지 동의를 취소할 수 있다는 사실도 알려 주어야 한다.

(4) 생명에 대한 사전유언제도

말기의료를 불가피하게 맞닥뜨린 노인환자에게 의료가 해줄 수 있는 이득에는 어느 정도 한계가 있다. 이는 경우에 따라 기술적으로 취할 수 있는 모든 조치를 포기하고 중단하는 것이 더 좋을 수도 있다는 것을 의미한다. 그렇기 때문에 사람들은 자신에게 가망 없는 사고나 질병이 닥쳤을 때를 대비하여 자신의 의사를 밝혀 둘 필요성을 느끼게 되었다. 자신의 생명에 대한 유언(living will)은 의사를 표현할 수 없는 상황에 대비하여 자신의 죽음과 신체기관의 이식, 치료방법의 결정에 대해 남기는 의사표시이다. 이러한 사전유언은 대부분 서면으로 작성되며 노인들이 인지하고 선택할 수 있을 때 앞으로의 상황을 고려하여 그러한 상황이 일어났을 때 환자가 작성한 선택방안대로 실행하도록 의사를 표현하는 것을 말한다(Ridley, 1998).

사전유언의 장점은 개인이 명시적으로 자신이 어떻게 치료를 받겠다는 의사를 표시하도록 하여, 그 결과 의식불명인 상태이거나 혼수상태가 된다고 하더라도 자신의 의사대로 계속해서 삶에 대한 통제력을 행사할 수 있게 한다는 점이다. 현재 우리나라의 경우 생명에 대한 사전유언의 법률규정이 없지만, 미국의 경우 많은 주들이 '자신의 생명에 대한 사전유언제도'를 대부분 합법화하고 있다. 예를 들어 생명에 대한 사전유언제도를 최초로 입법한 캘리포니아 주의 '자연사(natural death) 조례'에서는 환자가 자신을 돌보는 자들에게 바라는 치료형태가 무엇인지를 명시적으로 표명하는 자신의 생명에 관한 유언(living will)을 허용하였다. 따라서 모든 병원은 기계적인 또는 인공적인 생명연장 시술을 보류하거나 중단할 수 있도록 허용하는 사전유언장을 작성할 기회를 환자에게 주어야 한다.

그러나 환자가 예측하지 못한 또 다른 의사결정이 요구되는 시점에서 환자가 의식불명 또는 식물인간 상태에 있다면 이와 무관하게 표시된 사전의 의사결정은 아무런 소용이 없을 수도 있다. 이러한 한계점이 있기 때문에 의사표시를 대신할 대리인을 지정하는 사전지시(advance directives)제도가 있다. 사전지시란 의사결정을 가진 환자 자신이 법적으로 온전하게 행위를 할 수 없을 때인 미래의 상황을 대비해 자신을 대신하여 행위를 할 사람을 지정하거나 자신에게 어떠한 진료행위를 시행할 것을 결정하여 작성한 문서(written documents)를 말한다(Menikoff, 2001). 자신이 의사결정 능력이 없게 될 경우, 재정적 내지 의학적 결정을 내릴 지속적 대리권(durable power of attorney)을 다른 사람에게 부여하는 것이다. 생명에 대한 사전유언과는 달리 대리의사결정권자(surrogate decision-maker)가 새로운 혹은 예기치 않는 상황에서도 통제력을 행사할 수 있도록 허용하는 것이다.

우리나라의 연명의료결정법에서는 환자 본인이 사전의료의향서를 작성할 수 있으며, 사전의료의향서에 따라 담당의는 연명의료계획서를 작성하여 무의미한 연명치료를 중단할 수 있다.

3. 노인학대

1) 노인학대의 정의

노인학대는 다른 가족학대의 형태와 유사하게 매우 복잡한 현상이므로 단일한 정의로 그 많은 측면을 포괄하기는 어렵다. 특히 노인학대는 각 사회의 문화와 가치관을 반영하여 다양하게 정의된다. 현재 노인학대의 개념은 오랜 시간 학자들의 연구와 관련 기관 등에서의 개념 정의 과정을 거쳐 노인보호전문기관에서 종합적으로 정의한 개념이 실무와 개입에 활용되고 있다. 특히 최근 개정된 노인복지법에서는 노인학대의 개념을 규정하여 개념 정의의 단일화 과정이 이루어지고 있다.

세계보건기구(World Health Organization: WHO)에서는 노인학대는 '어떤 행위를 가하거나 당연히 행해야 할 행위를 하지 않는 것, 의도된 행위이든 의도하지 않은 행위이든, 그리고 그 형태가 학대적이든 방임적이든 착취적이든, 노인에게 불필요한 고통과 상처, 인간존엄의 박탈감을 가져와 노인의 삶의 질을 심각하게 떨어뜨리는 것'으로 정의하고 있다.

■ 호스피스·완화의료 및 임종과정에 있는 환자의 연명의료결정에 관한 법률 시행규칙
[별지 제6호서식] 〈개정 2018. 2. 2.〉

(앞쪽)

사전연명의료의향서

※ 색상이 어두운 부분은 작성하지 않으며, [ ]에는 해당되는 곳에 √표시를 합니다.

<table>
<tr><td>등록번호</td><td></td><td colspan="2">※ 등록번호는 등록기관에서 부여합니다.</td></tr>
<tr><td rowspan="3">작성자</td><td colspan="2">성 명</td><td>주민등록번호</td></tr>
<tr><td colspan="3">주 소</td></tr>
<tr><td colspan="3">전화번호</td></tr>
<tr><td rowspan="2">연명의료 중단등결정 (항목별로 선택합니다)</td><td colspan="2">[ ] 심폐소생술</td><td>[ ] 인공호흡기 착용</td></tr>
<tr><td colspan="2">[ ] 혈액투석</td><td>[ ] 항암제 투여</td></tr>
<tr><td>호스피스의 이용 계획</td><td colspan="2">[ ] 이용 의향이 있음</td><td>[ ] 이용 의향이 없음</td></tr>
<tr><td rowspan="2">사전연명의료 의향서 등록기관의 설명사항 확인</td><td>설명 사항</td><td colspan="2">[ ] 연명의료의 시행방법 및 연명의료중단등결정에 대한 사항
[ ] 호스피스의 선택 및 이용에 관한 사항
[ ] 사전연명의료의향서의 효력 및 효력 상실에 관한 사항
[ ] 사전연명의료의향서의 작성 · 등록 · 보관 및 통보에 관한 사항
[ ] 사전연명의료의향서의 변경 · 철회 및 그에 따른 조치에 관한 사항
[ ] 등록기관의 폐업 · 휴업 및 지정 취소에 따른 기록의 이관에 관한 사항</td></tr>
<tr><td>확인</td><td colspan="2">년 월 일 성명 (서명 또는 인)</td></tr>
<tr><td>환자 사망 전 열람허용 여부</td><td colspan="3">[ ] 열람 가능 [ ] 열람 거부 [ ] 그 밖의 의견</td></tr>
<tr><td>사전연명의료 의향서 보관방법</td><td colspan="3"></td></tr>
<tr><td rowspan="2">사전연명의료 의향서 등록기관 및 상담자</td><td colspan="2">기관 명칭</td><td>소재지</td></tr>
<tr><td colspan="2">상담자 성명</td><td>전화번호</td></tr>
</table>

본인은 「호스피스 · 완화의료 및 임종과정에 있는 환자의 연명의료결정에 관한 법률」 제12조 및 같은 법 시행규칙 제8조에 따라 위와 같은 내용을 직접 작성하였습니다.

작성일 년 월 일

작성자 (서명 또는 인)

등록일 년 월 일

등록자 (서명 또는 인)

210㎜×297㎜[백상지(80g/㎡) 또는 중질지(80g/㎡)]

그 외 학술적 정의를 보면 다음과 같다. 김미혜(2001)는 노인과 동일가구에서 생활하고 있는 노인의 가족구성원인 배우자, 성인자녀, 그리고 기타 부양자나 친척에 의하여 행해지는 신체적 · 정서적 · 재정적 착취 및 방임과 노인 자신에 의한 방임을 말한다. 권중돈(2010)은 노인 자신, 노인의 가정이나 전문노인시설의 모든 관계에서 발생되는 노인에게 해가 되거나 장애를 일으킬 수 있는 일회성이거나 반복적 행동 또는 적절한 행동의 부족으로 정의하였다.

2) 노인학대의 유형, 발생원인 및 특징

(1) 노인학대의 유형

노인학대는 매우 복잡하고 다양한 요인들이 얽혀서 발생한다. 여기에는 학대를 가하는 가해자 관련 요인, 학대를 유발시키는 노인 관련 요인, 가해자와 노인과의 상호작용 요인, 가정환경적 요인, 사회문화적 요인 등이 있으며 이러한 요인들이 독립적으로 작용을 하는 것이 아니라 서로 복합적이고 역동적으로 영향을 미치고 작용하여 발생하게 된다.

권중돈(2016)은 국내외의 선행연구를 분석하여 〈표 3-3〉과 같이 학대의 유형을 정리하고 있다. 구체적으로 살펴보면 학대와 방임, 자기방임, 유기로 나눌 수 있으며 학대는 다시 신체적, 정서적 · 심리적, 언어적, 성적, 재정적 · 물질적 학대로 나눌 수 있고, 방임과 자기방임은 적극적 및 소극적 방임으로 분류할 수 있다.

표 3-3 • 노인학대의 개념과 유형

<table>
<tr><th colspan="2">학대 유형</th><th>개념</th><th>학대행위의 예시</th></tr>
<tr><td colspan="2">신체적 학대
(physical abuse)</td><td>신체의 상해, 손상, 고통, 장애를 유발할 수 있는 물리적 힘에 의한 폭력적 행위</td><td>때리기, 치기, 밀기, 차기, 화상, 신체의 구속, 상처나 멍, 타박상, 골절, 탈구 등을 가하는 것</td></tr>
<tr><td colspan="2">정서적 · 심리적 학대
(emotional/ psychological abuse)</td><td>정신적 또는 정서적인 고통을 주는 것</td><td>모멸, 겁주기, 자존심에 상처 입히기, 위협, 협박, 굴욕, 어린아이 취급하기, 의도적인 무시, 멸시, 비웃기, 대답 안 하기, 고립시키기, 짓궂게 굴기, 감정적으로 상처 입히기 등</td></tr>
<tr><td colspan="2">언어적 학대
(verbal abuse)</td><td>언어로 정신적인 고통을 주는 것(정서적 학대에 포함)</td><td>욕설, 모욕, 협박, 질책, 비난, 놀림, 악의적인 놀림 등</td></tr>
<tr><td colspan="2">성적 학대
(sexual abuse)</td><td>노인의 동의가 없는 모든 형태의 성적 접촉 또는 강제적 성행위를 하는 것</td><td>노인의 동의 없이 옷을 벗기거나, 기타 성적 행위를 하는 것</td></tr>
<tr><td colspan="2">재정적 · 물질적 학대
(financial/material exploitation)</td><td>자금, 재산, 자원의 불법적 사용 또는 부당한 착취, 오용 및 필요한 생활비 등을 주지 않는 것</td><td>재산이나 돈의 악용, 훔치기, 경제적으로 의존하기, 함부로 사용, 무단으로 사용, 허가 없이 또는 속이고 자기 명의로 변경하는 것, 무단으로 신용카드나 소유물을 사용하는 것, 연금 등의 현금을 주지 않거나 가로채서 사용하거나, 노인 소유의 부동산을 무단으로 처리하는 것, 경제적으로 곤란한 노인에게 생활비, 용돈 등을 주지 않는 것</td></tr>
<tr><td rowspan="2">방임</td><td>적극적 방임
(active neglect)</td><td>의도적으로 서비스나 수발을 제공하지 않는 것 또는 보호의무의 거부, 불이행</td><td>일상생활에 필요한 것(식사, 약, 접촉, 목욕 등) 주지 않기, 생활자원 주지 않기, 신체적인 수발이 필요한 사람 수발하지 않기, 보호가 필요한 사람 보호하지 않기, 의도적으로 필요한 보건·복지·의료서비스의 이용을 거부하거나 노인에게 필요한 의치·안경을 빼앗거나 복용해야 할 약을 복용 시키지 않기</td></tr>
<tr><td>소극적 방임
(passive neglect)</td><td>비의도적으로 서비스나 수발을 제공하지 않는 것 또는 보호의무의 거부, 불이행</td><td>노인을 혼자 있게 하기, 고립시키기, 존재조차 잊어버리기, 수발자가 비의도적으로 적절한 보호를 하지 않거나 방치한 결과 신체적 · 정신적 고통이나 건강의 악화가 일어난 것(수발자의 쇠약 또는 체력부족, 역량부족, 지식부족으로 적절한 수발과 보호가 이루어지지 않았거나, 보건 · 복지 · 의료서비스에 대한 인식부족으로 서비스를 이용하지 않아서 케어가 제공되지 않은 경우)</td></tr>
</table>

<table>
<tr><td rowspan="2">자기 방임</td><td>적극적 자기방임
(active self-neglect)</td><td>본래 자신이 해야 할 신변의 청결, 건강관리, 가사 등을 본인이 할 수 있는 능력이 있어도 스스로 포기하여 하지 않은 결과, 심신의 건강상의 문제가 생기는 것</td><td>스스로 의식적으로 식사와 수분을 섭취하지 않거나, 질병으로 인한 식사 제한을 지키지 않거나, 필요한 치료와 약 복용을 중지한 결과 건강상태가 악화된 경우</td></tr>
<tr><td>소극적 자기방임
(passive self-neglect)</td><td>기본적인 일상생활을 본인의 체력 · 지식 · 기능부족 또는 어떤 사정으로 인해 본인도 모르는 사이 하지 못하게 되어 신체 및 심리적 기능에 문제가 발생하는 것</td><td>자신의 체력, 지식, 능력의 부족 또는 기타의 사정으로 자신도 모르게 신변의 청결, 건강관리, 가사 등을 수행하지 못함으로써 심신의 건강상의 문제가 일어나는 것</td></tr>
<tr><td colspan="2">유기(abandonment)</td><td>비독립적 노인을 격리하거나 방치하는 행위</td><td>공공장소나 시설 등에 버리고 연락두절, 집에서 내쫓기, 격리, 감금, 외부와의 교류 차단</td></tr>
</table>

출처: 권중돈 (2016). 재인용.

한편 학대의 발생공간이 어디냐에 따라 다음과 같은 공간별 분류가 가능하다. 지금까지 가정학대의 유형이 가장 많으며, 이는 가정에서 일어나는 학대를 예방하는 것이 노인학대를 예방하는 데 중요한 요소임을 알 수 있다.

표 3-4 • 노인학대 발생공간별 분류

학대 유형	개념
가정학대	노인과 동일가구에서 생활는 노인의 가족구성원인 배우자, 성인자녀뿐만 아니라 노인과 동일가구에서 생활하지 않는 부양의무자 또는 기타 사람들에 의하여 행해지는 학대
시설학대	노인에게 비용(무료 포함)을 받고 제공하는 요양원 및 양로원 등의 시설에서의 학대
기타	가정 및 시설 외의 공간에서 발생하는 학대

출처: 중앙 노인보호전문기관 홈페이지.

(2) 노인학대의 발생원인

노인학대의 발생원인은 크게 학대를 유발시키는 노인 관련 요인, 학대를 가하는 가해자관련 요인, 가해자와 노인과의 상호작용 요인, 가정환경 요인, 사회문화적 요인 등을 들 수 있다. 노인학대와 관련된 원인들은 하나만이 독립적으로 작용하고 영향을 주는 것이 아니라 복합적으로 작용하여 발생한다.

(3) 노인학대의 특징

노인학대의 문제가 심각한 이유는 다음과 같은 노인학대의 특징에서 찾아볼 수 있다. 노인학대는 〈표 3-6〉에 제시한 것처럼 복합성, 반복성, 지속성, 은폐성의 네 가지 특성을 가지는데 이러한 특성으로 인해 좀처럼 학대의 문제를 해결하기 어렵다.

표 3-5 • 노인학대 발생요인

구분	학대 발생요인
개인적 특성	노인의 성격적 특성, 정신장애, 알코올중독, 무기력감
노인의 의존성	노인의 장애, 질병, 치매 등
가해자의 개인적 특성	가해자의 성격적 특성, 정서장애 · 정신장애, 알코올중독, 약물중독
부양자의 부양스트레스	부양자의 신체적 · 정신적 스트레스, 부양 미숙, 부양능력의 결여
가정환경적 요인	가정의 경제적 문제, 가족관계의 불화, 재산문제, 힘의 갈등
세대 간의 학대의 전이	어려서 부모에게 학대받고 자란 자녀가 성인이 되어서 노부모를 학대
사회문화적 요인	사회의 노인차별, 가치관의 변화, 사회보장 및 노인복지서비스의 결여

출처: 중앙 노인보호전문기관 홈페이지.

표 3-6 • 노인학대의 특징

구분	내용
복합성	오랜 시간 동안 복잡하게 얽혀 온 가족관계 갈등의 극단적인 형태
반복성	일회적인 폭력이 아닌 주기적으로 반복되는 특징을 보임
지속성	외부개입이 어렵고 쉽게 해결되지 않아 그 문제가 오랫동안 이어짐
은폐성	가족이라는 폐쇄된 환경에서 일어나는 극단적인 갈등으로 외부에 드러나기가 어렵고 피해자인 노인은 가해자인 성인자녀에 대해 부모로서의 책임감을 가지기 때문에 외부개입을 주저하게 되는 경우가 많음

3) 노인학대의 실태

노인학대 현황보고서에 따르면(보건복지부 · 중앙노인보호전문기관, 2017), 우리나라 노인학대의 실태는 다음과 같이 요약할 수 있다.

(1) 노인학대의 발생 유형

〈표 3-7〉에 연도별 학대유형 건수와 비율을 제시하였다. 노인학대는 여러 유형이 동시다발적으로 발생하며, 특히 정서적, 신체적, 방임의 순으로 나타났다. 연도별 추이를 보면, 2015년에 비해 2016년에는 신체적 학대와 정서적 학대가 크게 증가한 결과를 보였다.

표 3-7 • 연도별 학대유형별 건수 및 비율 (단위: 건, %)

학대 유형	2012년	2013년	2014년	2015년	2016년
신체적 학대	1,326	1,430	1,426	1,591	2,132
	23.8	24.5	24.7	25.9	31.3
정서적 학대	2,134	2,235	2,169	2,330	2,730
	38.3	38.3	37.6	37.9	40.1
성적 학대	63	90	131	102	91
	1.1	1.5	2.3	1.7	1.3
경제적 학대	540	526	521	542	491
	9.7	9.0	9.0	8.8	7.2
방임	1,042	1,087	984	919	778
	18.7	18.6	17.0	14.9	11.4
자기방임	394	375	463	622	523
	7.1	6.4	8.0	10.1	7.7
유기	71	89	78	48	66
	1.3	1.5	1.4	0.8	1.0
전체	5,570	5,832	5,772	6,154	6,811
	100.0	100.0	100.0	100.0	100.0

출처: 보건복지부 · 중앙자살예방센터(2018). 2018 자살예방백서.

(2) 노인학대 피해 노인의 가구 형태

학대 피해를 입은 노인의 가구 형태를 살펴보면, 〈표 3-8〉에서 보듯이 전체적으로 노인 단독가구 비율이 가장 높게 나타났다. 다음으로 자녀동거가구, 노인부부 가구 등의 순으로 나타났다. 최근의 변화 추이를 보면, 단독 가구 비율이 2015년까지 증가하는 경향을 보이다가, 2016년에는 감소한 반면, 노인부부는 지속적으로 증가 경향을 보였다.

표 3-8 • 연도별 학대피해 노인의 가구형태 (단위: 건, %)

가구형태	2012년	2013년	2014년	2015년	2016년
노인 단독	1,140	1,141	1,172	1,318	1,140
	33.3	32.4	33.2	34.5	26.6
노인 부부	618	635	701	808	1,023
	18.0	18.0	19.8	21.2	23.9
자녀 동거	909	937	932	1,021	1,328
	26.5	26.6	26.4	26.7	31.0
손자녀 동거	136	137	123	139	154
	4.0	3.9	3.5	3.6	3.6
자녀·손자녀 동거	312	291	244	185	234
	9.1	8.3	6.9	4.8	5.5
기타	309	379	360	347	401
	9.0	10.8	10.2	9.1	9.4
계	3.424	3,520	3,532	3,818	4,280
	100.0	100.0	100.0	100.0	100.0

출처: 보건복지부 · 중앙자살예방센터(2018). 2018 자살예방백서.

(3) 노인학대의 발생장소

연도별 노인학대의 발생장소를 〈표 3-9〉에 제시하였다. 가정 내 학대가 가장 높은 비율을 보이는 가운데 생활시설 학대가 2016년에는 238건으로 전년도 206건에 비해 15.5%나 증가하는 경향을 보였다.

표 3-9 • **연도별 학대발생 장소**

(단위: 건, %)

학대 유형	2012년	2013년	2014년	2015년	2016년
가정 내	2,909	2,925	2,983	3,276	3,799
	85.0	83.1	84.5	85.8	88.8
생활시설	216[1)]	251[2)]	246[3)]	206[4)]	238[4)]
	6.3	7.1	7.0	5.4	5.6
이용시설	35	42	44	57	16
	1.0	1.2	1.2	1.5	0.4
병원	83	107	100	88	24
	2.4	3.0	2.8	2.3	0.6
공공장소	86	86	74	80	94
	2.5	2.4	2.1	2.1	2.2
기타	95	109	85	111	109
	2.8	3.1	2.4	2.9	2.5
계	3,424	3,520	3,532	3,818	4,280
	100.0	100.0	100.0	100.0	100.0

1) 학대행위자가 가족 구성원인 경우를 포함한 수치임 (2005년~2012년)
2) 학대행위자가 가족 구성원인 경우를 포함한 수치임. 동 경우를 가정 내 학대로 포함할 경우, 203건 (5.7%)
3) 학대행위자가 가족 구성원인 경우를 포함한 수치임. 동 경우를 가정 내 학대로 포함할 경우, 190건 (5.4%)
4) 학대행위자가 가족 구성원인 경우를 가정 내 학대에 포함한 수치임(2015년~2016년)
출처: 보건복지부 · 중앙자살예방센터(2018). 2018 자살예방백서.

(4) 연도별 학대행위자와 피해노인과의 관계

학대행위자와 피해노인과의 관계를 〈표 3-10〉에 나타내었다. 학대 행위자는 아들의 비율이 압도적으로 높은 비율을 차지하고 있었으며, 2012년 이전에는 낮은 비율을 보이던 배우자 비율이 최근 들어 높아지는 경향을 보이고 있다. 본인 스스로 돌보지 못하거나 의도적으로 돌보지 않는 본인 유형은 증가하는 경향을 보이고 있다.

표 3-10 • 연도별 학대행위자와 피해노인과의 관계 (단위: 건, %)

학대 유형	2012년	2013년	2014년	2015년	2016년
본인	394	375	463	622	522
	10.2	9.3	11.9	14.7	11.3
배우자	494	551	588	652	952
	12.8	13.7	15.2	15.4	20.5
아들	1,586	1,619	1,504	1,523	1,729
	41.3	40.3	38.8	36.1	37.3
며느리	248	240	184	183	157
	6.4	6.0	4.7	4.3	3.4
딸	463	519	476	451	475
	12.0	13.0	12.3	10.7	10.2
사위	27	28	18	21	23
	0.7	0.7	0.5	0.5	0.5
손자녀	69	81	56	64	103
	1.8	2.0	1.4	1.5	2.2
친척	67	54	56	46	63
	1.7	1.3	1.4	1.1	1.4
타인	239	253	246	283	221
	6.2	6.3	6.3	6.7	4.8
기관	267	293	285	379	392
	6.9	7.3	7.4	9.0	8.5
계	3,854	4,013	3,876	4,224	4,637
	100.0	100.0	100.0	100.0	100.0

4) 정책과 예방

(1) 노인학대 정책 및 서비스

우리나라의 노인학대에 대한 정책 및 서비스는 2004년 1월 노인복지법의 개정을 전후로 하여 그 특성을 구분지어 볼 수 있다. 2004년 1월 노인복지법 개정 전이 민간지원체제였다고 한다면 그후는 공공지원체제로 전환되었다고 할 수 있다.

노인학대에 대한 민간지원이 이루어진 것은 2001년부터라고 할 수 있다. 2001년부터 2002년까지 사회복지공동모금회의 지원을 받아 한국재가노인복지협회 관련 기관과 까리따스수녀회 관련 기관을 중심으로 노인학대예방상담센터가 운영되었고, 2002년 12월부터는 사회복지공동모금회의 기획사업으로 1588-9222의 핫라인을 갖는 전국 11개 권역의 전국망 노인학대상담센터가 운영되었다. 이후 노인학대에 대한 세간의 인지와 관심이 높아지고 이에 대한 대책과 서비스 마련에 대한 요구가 높아지자 2003년에 국회의원 10인의 공동발의로 노인학대의 예방·보호를 위한 긴급전화 및 노인보호전문기관의 설치·운영, 노인학대의 신고 및 응급조치의무, 노인학대행위의 금지 및 처벌 등에 관한 규정 마련과 관련된 노인복지법 중 개정법률안이 상정되었다. 또한 당해 12월 국회에서 노인복지법 개정이 통과되고 다음 해 1월에 공포됨으로써 노인학대에 대한 법제화가 실현되었으며 노인학대에 대한 개입은 민간지원체제에서 공공지원체제로 전환되게 된 것이다.

공공지원체제에서는 노인복지법에서 정하는 노인보호전문기관(노인학대예방센터)을 중심으로 노인학대에 대한 개입이 이루어지게 되었다.

(2) 노인학대 예방

① 사회적 차원

가. 노인학대를 대체할 어휘의 필요

노인학대라는 용어가 주는 어감이나 이미지는 부정적이다. 따라서 노인학대라는 용어를 대체할 수 있는 적절한 어휘를 고안하여 보급하는 일이 요청된다.

나. 노인의 권리존중

사회는 노인도 사회의 한 구성원인 만큼 인간으로 존중받고 권리를 보장받아야 하는 존재라는 사실을 망각해서는 안 되며 노인을 인간으로 존중하고 노인의 권리를 보장해야 한다.

다. 사회의 노인차별, 경시풍조 근절

산업사회의 능률, 효율 및 생산성 위주의 우선 가치, 편의주의, 개인주의적인 사고는 노인을 쓸모없고 무능력한 존재로 낙인화함으로써 노인의 위상과 지위를 저하시키고 노인을 차별하고 경시하는 풍조를 단연시키게 하였다. 이것이 노인학대 발생의 원인이 된다고 할 수 있다. 따라서 노인학대를 예방하기 위해서는 사회에서 노인을 차별하고 경시하는 풍조를 근절하는 것이 필요하다.

라. 노인학대 인식제고

노인학대의 발생률이 상당히 높음에도 불구하고 우리사회는 경로효친사상 등 효를 중심으로 한 전통윤리사상과 관습 등으로 인해 구조적으로 노인학대가 사회적으로 노출이 잘 되지 않기 때문에 그 실상에 비해서 노인학대에 대한 사회의 인지율이 낮고 노인학대를 심각한 사회문제로 보는 인식이 저조한 편이다. 노인학대를 예방하기 위해서는 노인학대에 대한 사회의 인식을 높이고 노인학대를 사회문제로 인식하여 노인학대에 대한 사회의 관심이 확대되어야 할 것이다.

마. 노인학대 홍보 및 예방교육

사회의 노인학대 인식률을 높이고 노인학대 예방을 위해서는 노인학대에 대한 홍보 및 예방교육이 필요하다.

바. 노인을 위한 사회활동 참여 확대

사회활동을 하지 않고 집에서만 지내는 노인들은 무기력하고 외부지원체계에 대한 정보가 부족하며 부양자에게 동거 스트레스를 주게 되어 학대를 받기 쉬운 처지에 놓이게 된다. 노인학대 발생을 예방하려면 노인들이 사회활동에 활발하게 참여할 수 있도록 참여 기회를 확대시키고 노인들이 참여할 수 있는 사회활동프로그램을 다양하게 개발하는 일이 필요하다.

② 노인 차원

가. 노인을 대상으로 한 노인학대 인식교육

대부분의 노인들은 자녀로부터 학대를 당해도 그것을 학대로 인식하지 못하는 경우가 많다. 또한 그것을 학대로 인식한다 하더라도 가족 내의 학대 사실이 외부에 노출되는 것을 꺼리거나 자녀가 처벌받는 것을 안타깝게 여겨 법이나 외부지원체계에 호소하거나 신고하려 하지 않는 경우도 많다. 또한 자식을 고발함으로써 오는 죄책감, 그로 인한 자녀로부터의 보복이 두려워 학대를 은폐하기도 한다. 또 노인들은 신체나 재산에 관한 침해에는 민감한 반응을 보이나 정서적·언어적 폭력에는 둔감하여 학대로 인정하지 않는 경향을 보이기도 한다. 이는 모두 노인들의 노인학대에 대한 인식이 부족한 결과에서 기인한다고 할 수 있다. 따라서 노인들을 대상으로 노인학대에 대한 인식교육을 실시하여 학대에 대한 인식을 높일 수 있도록 해야 할 것이다.

나. 노인의 의존성을 줄이기 위한 자기관리 강화

건강이 좋지 않아서 일상생활수행능력이 떨어지거나 치매, 뇌졸중과 같은 중증질환을 앓고 있는 노인들은 부양자에 대한 의존성이 높아 부양자에게 부양부담을 많이 주게 된다. 이는 부양자의 스트레스를 가중시키게 되어 노인학대를 유발하는 요인이 된다. 따라서 노인 스스로 의존성이 높아지지 않도록 자신의 건강을 관리하여 신체적·정신적 기능의 저하를 막도록 노력해야 할 것이다.

다. 사회활동 참여 권장

사회활동 참여가 없거나 저조한 노인들은 부양자에게 스트레스를 주게 되어 학대를 받게 되기가 쉽다. 따라서 노인들이 경로당, 노인대학, 노인복지회관, 노인교실, 자원봉사활동 등과 같은 사회활동 및 직업활동프로그램에 적극적으로 참여하도록 권장하는 것이 필요하다.

③ 가족 차원

노인학대의 가해자는 주로 직계가족, 특히 아들과 며느리, 딸 등인데 이 가해자는 노인을 부양하는 가족이므로 부양자가 동시에 가해자가 되고 있다. 부양자의 과중한 수발부담과 부양 스트레스, 경제적인 문제는 노인학대의 중요한 요인이 되고 있으므로 노인학대를 예방하기 위해서는 노인을 부양하는 부양자와 그 가족의 부양 스트레스를 경감시키는 가족지원프로그램이 필요하다.

가. 노인부양 원조체계로서 노인복지서비스 활용

노인장기요양보험을 통한 재가서비스 및 시설서비스를 통하여 가족부양자의 부담을 경감시키는 것이 우선적으로 필요한 지원이라 하겠다.

나. 부양자상담서비스

노인학대의 많은 경우가 부모부양으로 인해 겪게 되는 어려움과 스트레스가 원인이 된다. 그러므로 부양자들에게 부모부양과 관련한 문제에 대한 상담서비스 또한 시급한 실정이다. 상담서비스의 경우 아직 활발히 이루어지지 않고 있으며 앞으로

서비스의 개발 및 보급이 요구된다.

다. 노부모 이해교육

노인과 부양자 및 가족 간의 갈등은 부양자 및 가족들이 노인의 특성을 잘 이해하지 못하는 데서 기인하는 경우가 많으므로 가족들이 노부모를 이해할 수 있게 하는 노인이해교육이 필요하다.

라. 노부모 수발방법교육

부양자와 그 가족이 겪는 노인부양의 어려움 중 큰 비중을 차지하는 것은 일상생활수행능력이 떨어지는 의존성이 높은 노인에 대한 적절한 수발, 간호와 문제행동에 대한 적절한 대처방법이 미숙한 것이라고 할 수 있다. 따라서 노부모에 대한 적절한 수발방법교육이 필요하다.

마. 경제적 지원서비스

노인학대의 많은 경우 경제적인 문제가 학대의 중요한 원인이 되기 때문에 노인을 부양하는 자녀에게 노인부양의 경제적 부담을 경감시켜 줄 수 있는 경제적 지원서비스가 필요하다. 이때 경제적 지원을 자녀에게 바로 줄 것이 아니라 노인을 통해서 자녀에게 전해질 수 있도록 하여 노인의 위상을 높여주는 방안을 모색하는 것이 필요하다.

참고문헌

강혜원, 조영태 (2007). 서울시 남녀노인의 건강불평등: 사회경제적 지위와 사회통합 요소를 중심으로. 한국사회학, 41(4), 164-201.

국가인권위원회 (2004). 국가인권장전 유엔인권해설집.

국가인권위원회 (2006). 국가인권정책기본계획 권고안(2007-2011).

국가인권위원회 (2008). 노인분야 인권교육 교재, 56-82.

국가인권위원회 (2010). 노인인권논문집: 노인인권정책 수립과 관련한 윤리적 이슈, 227-242.

권영성 (2004). 헌법학원론. 파주: 법문사.

권중돈 (2006). 노인복지실천에서의 인권관점도입 방안 고찰, 광진노인종합복지관 고령사회 노인인권 증진을 위한 실천적 접근. 44-65.

권중돈 (2016) 노인복지론. 서울: 학지사.

권중돈 (2016). 노인복지론. 서울: 학지사.

김미혜 (2001). 노인학대의 이해와 해결을 위한 첫걸음. 까리따스방배종합사회복지관, 노인학대세미나자료집: 노인학대 실태 및 방향성 모색. 3-12.

김상묵, 조경신 (2009). 성년후견제도 도입 방안에 관한 고찰. 지역발전연구, 8(2), 101-124.

김원숙 (2005). 성년후견제도의 법제화. 동의대학교 대학원 박사학위논문.

김일수 (1984). 안락사 문제의 실정법적 연구. 현대사회, 봄.

김혜련 (2007). 건강수준의 불평등 양상과 추이: 주관적 건강상태와 흡연을 중심으로. 2007년 한국보건사회학회 춘계학술대회 자료집, 113-127.

박인환 (2017). 성년후견제도 시행 4년의 평가와 과제. 법조, 722, 5-75.

배종대 (2003). 형법각론. 서울: 홍문사.

백승흠 (2003). 우리나라에서의 성년후견제도의 도입과 그 검토, 고령사회와 성년후견제도. 서울: 한국법제연구원.

변용찬, 강민희, 이송희, 전광석 (2009). 성년후견제 사회복지분야 지원방안 연구. 보건복지가족부 · 한국보건사회연구원.

보건복지부 · 중앙노인보호전문기관 (2017). 2017 노인학대현황보고서 가이드북.

신현호 (2006). 삶과 죽음 권리인가 의무인가? 서울: 육법사.

유승흠, 이윤환 (2008). 노인보건학. 서울: 계축문화사.

윤영호 외 (2004). 품위 있는 죽음과 호스피스 · 완화의료에 대한 일반국민들의 태도. 한국호스피스완화의료학회지, 7(1), 17-28.

이소정, 정경희, 손병돈, 이미숙, 홍백의, 이은진 (2008). 노년기 사회경제적 불평등의 다차원적 구조분석. 서울: 한국보건사회연구원.

이재상 (2003). **형법각론**. 서울: 박영사.

이혜원 (2005). **인권과 사회복지실천**. 서울: 학지사.

임혜경 (2009). 권리옹호 정책으로서의 일본의 성년후견제도: 문제점과 시사점. **사회보장연구**, 25(1), 121-144.

조애저 (2008). 노인학대 실태와 정책방안. **한국보건사회연구원: 보건복지포럼**, 143.

Beauchamp, T. L., & Childress, J. F. (2001). *Principles of biomedical ethics* (p. 151). London: Oxford University Press.

House, J. S., Larits, P. M., & Herd, P. (2005). Continuity and change in the social stratification of aging and health ober the life course: Evidence from a nationally representative longitidinal study from 1986 to 2010/2002. *Journal of Gerontology, 60B* (Special Issues II), 15-26.

Menikoff, J. (2001). *Lawand bioethics* (p. 269). Washington, D.C.: Georgetown University Press.

Ridley, A. (1998). Beginning bioethics. Bedford/St. Martin' s., 173.

Smith, G. P. (2000). *Human rights and biomedicine* (p. 207). Hague: Kluwer International.

PART 02 건강유지와 행태

CHAPTER

04 건강의 개념과 질병

학습목차

CHAPTER

04

HEALTH MANAGEMENT FOR THE AGED IN THE ERA OF HOMO-HUNDRED

건강의 개념과 질병

원시적 시대의 건강 · 질병 개념은 질병을 신의 저주나 천벌 또는 천형으로 생각했었으나 히포크라테스 시대에 와서는 그 의미가 인체 구성요소들이 조화를 이루는 상태로 발전하였다. 건강을 뜻하는 단어 health는 heal과 동일한 기원을 가지고 있으며, heal의 어원은 hal로서 '완전한 어떤 것'을 의미한다.

과거에는 건강이란 '질병이 없고 허약하지 않은 상태'라는 병리학적인 견지에서의 개념으로 인식되었으나, 오늘날은 건강을 환경에 대응한 생태학적 개념과 건강과 질병을 연속선상에서 파악하려는 개념으로 변천되어 왔다. 즉, 생태학적 관점에서 건강은 변천하는 주변환경에서 오는 자극에 대하여 적응하거나 저항하여 생리적 항상성을 유지하려고 하기 때문에, 때로는 어떤 시점에서는 건강으로 판단되었던 것이 다른 시점에서는 불건강상태로 인정되는 경우도 있어 건강과 불건강, 질병, 사망에 이르는 변화는 연속적이라 할 수 있다.

1. 건강에 대한 정의

건강의 정의는 과거에서부터 현재에 이르기까지 시대에 따라 변화하여 왔다. 초기의 건강개념은 신체적 건강의 개념으로 신체적 질병이 없는 상태를 의미하였으나, 현대사회의 산업화, 도시화가 진행되면서 생존과 경쟁에 의한 스트레스가 발생되고 그 결과로 정신적 건강이 강조되었다. 이렇듯, 시대의 변화에 따라 건강의 개념은 확장되었으며, 1947년도 세계보건기구(World Health Organization: WHO)에서 내린 정의를 살펴보면 "건강이란 단순히 질병이 없거나 허약하지 않다는 것만을 말하는 것이 아니라 신체적 · 정신적 · 사회적으로 안녕한 상태이다(Health is a complete state of physical, mental and social well being and not merely the absence of disease or infirmity)"라고 하였다. 여기서 사회적 건강의 영역이 추가되었는데 사회적 건강은 개인적 수준과 사회적 수준의 2가지 측면에서 고려해야 한다. 개인적 수준에서의 사회적 건강이란, 개인이 속한 사회에서 나름의 역할을 충분히 수행하여 사회생활을 영위할 수 있는 상태를 말한다. 인간이 사회적 존재로서의 기능을 한다는 것은 사회생활을 하는 과정에서 자신에게 부과된 사회적 기능을 다한다는 뜻이다. 반면, 사회적 수준에서의 건강은 사회의 존재방식이 건강한 것을 의미한다. 예를 들어 개인이 건강한 삶을 위해 바람직한 노력을 행한다 하더라도 사회의 환경적 조건이 개인의 건강에 불리하게 작용한다면 개인수준의 건강이 최고수준에 도달하지 못할 가능성이 크다.

이후 1957년에 세계보건기구에서는 보다 구체적으로 건강의 정의를 내려 "건강이란 유전적 · 환경적으로 주어진 조건에서 적절한 생체기능을 나타내고 있는 상태"라 하였다. 다시 말해 연령, 성, 지역사회 및 생활환경 등 광범위하게 변화하는 각자가 처해 있는 환경이나 특성에 따라 정해진 기준, 가치의 범위 내에서 정상적으로 기능을 영위하고 있는 사람을 건강하다고 할 수 있다. 즉, 건강의 정의를 적극적 건강(positive health)을 의미하는 것으로 건강을 유지하기 위한 개인의 저항력의 준비를 강조하고 있다.

1978년 알마타 선언에서는 도달 가능한 구체적 표현으로 정의하였는데, 건강이란 "개인의 연령 그리고 환경에 따라 경제적 조건에서 도달 가능한 고도의 신체적, 정신적 및 사회적 안녕이다."라고 명시되어 있다. 한 개인이 가지고 있는 그대로의 환경에 맞추어 도달 가능한 최고의 수준에서 지역사회와 개인 건강과의 조화, 사회적 현상으로서의 건강에 대해 언급하고 있다.

1986년 오타와 헌장에서는 건강이란 "신체적 능력인 동시에 사회적, 개인적 자원임을 강조하는 적극적 개념이다"라고 정의하여 인생의 궁극적인 목적이 건강이 아니라 인생을 영위하는 수단으로서 건강의 존재가치를 강조하고 있다. 또한 완전한 신체적, 정신적, 사회적 안녕상태에 도달하기 위해서는 개인 또는 집단이 실천적 존재가 되어야 하며, 요구되는 사항들을 파악하고, 만족시켜야 하며, 환경을 변화시키거나 대처할 수 있어야 한다고 강조하였다. 이러한 관점에서 건강은 삶의 궁극적인 목적이 아니라 삶의 목적을 달성하기 위한 개인적, 사회적 자원으로 생각해야 한다. 이를 반영하여 McKenzie 등(2012)은 "건강이란 본질적으로 인간의 다차원적인 관점(예를 들어, 신체적, 정서적, 사회적, 지적, 영적 및 직업적 등)에서의 역동적인 상태이며, 생활을 영위하기 위한 자원이며, 환경과의 상호작용 및 환경에 대처하며, 적응하는 결과이다(Health is a dynamic state or condition of the human organism that is multidimensional(i.e., physical, emotional, social, intellectual, spiritual, and occupational) in anture, a resource for living, and results form a person's interactions with and adaptations to his or her environment)."라고 정의하였다.

프랑스의 Bernard는 "외부환경의 변동에 대하여 내부환경의 항상성이 유지된 상태"라고 하였으며, 사회학자인 Parsons는 사회적 역할을 강조하여 "각 개개인이 사회적인 역할과 임무를 효과적으로 수행할 수 있는 최적의 상태"라고 하였다. Newman은 "단순히 질병이 없다는 것만으로 건강이라 할 수 없고, 모든 자질, 기능, 능력이 신체적으로나 정신적으로 또는 도덕적인 면에서 최고로 발달하고 완전히 조화된 인간만이 진실로 건강한 자이다"라고 하였다. Wilson은 "건강이란 행복하고 성공된 생활을 조성하는 인체의 상태로서 신체장애가 있다 하더라도 건강하다고 할 수 있는 경우가 있다. 반면 오늘날 의학기술로도 아무 이상이 없고 심리적으로도 문제가 없으며, 사회적으로 훌륭히 일을 해 낼 수 있다고 생각되는 사람도 각자가 만족을 느끼지 못하고 보람을 찾지 못한다면 주관적인 시각에서 건강하다고 할 수 없다"라고 하였다.

건강과 불건강이 연속선상에 있다고 주장한 Dunn은 "건강과 불건강은 유동적으로 변화하는 상태이기 때문에 인간의 건강상태는 최고의 건강에서 죽음 직전 최저의 건강까지의 연속선상에서 변화하는 것이다. 인간이 매일의 생활에서 효율적으로 대처하고 기능하는 것을 건강상태라 한다면 적절히 대처하지 못하거나 통합하지 못하는 것을 불건강상태라 할 수 있으며, 인체가 완전히 회복 불가능한 장애를 받으면 사망하게 된다. 각각의 사람이 자신에게 가능한 안녕상태, 즉 최적의 기능상태를 가지고 있는 것이다. 사소한 몇 가지의 건강 결함을 가지고 있다 하더라도 일상생활을 유지할 수 있는 것이다"라고 하였다([그림 4-1]).

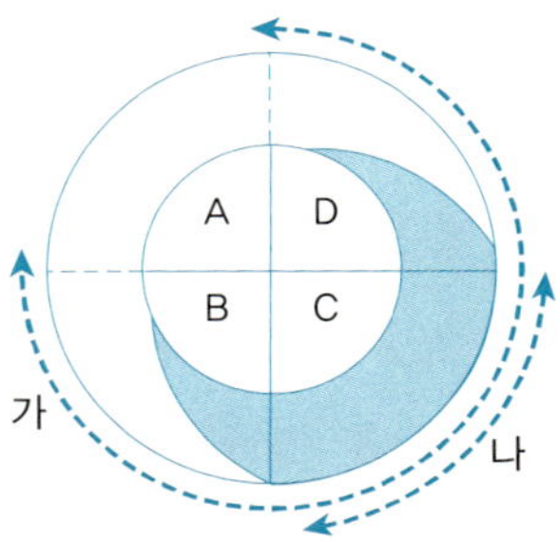

A: 의학적으로 완전한 건강상태로서 사회에 적응하는 단계
B: 질병준비단계로서 감염성 질환인 경우 잠복기에, 만성질환인 경우는 자각증상이 없는 시기에 해당
C: 완전한 질병상태로서 노동력이 상실되어 사회생활에서 탈락된 상태
D: 질병에서 회복되는 단계
가: 병적인식 – 보건의식이 높은 계층
나: 병적인식 – 보건의식이 낮은 계층

그림 4-1 • 건강과 불건강의 연속성

출처: 대한예방의학회(2017).

Smith는 기존의 건강에 관한 다양한 정의 문헌들을 분석해 본 결과, 건강 개념에 대한 정의를 임상 개념, 역할수행 개념, 적응건강 개념, 행복론적 개념 등 네 가지의 개념으로 분류하였다. 임상 개념은 건강이란 질병, 증상 그리고 불구 등이 없는 것

으로 보는 입장이다. 역할수행 개념은 인간이 자신에게 주어진 일상적인 역할을 수행하는 데 어려움이 없는 상태라고 보는 입장이다. 적응건강 개념은 물리적 · 사회적으로 효과적인 상호작용을 통해 적응을 잘 해 나가는 상태라고 보았으며, 환경의 스트레스에 유동적으로 잘 적응하는 입장이다. 행복론적 개념에서는 일반적인 안녕과 자아실현화를 말하며, 보다 높은 수준의 안녕을 성취하려는 능력을 의미한다.

2. 건강의 지표

지역사회나 국가 간의 건강수준을 평가하는 것은 쉬운 일이 아니다. 건강수준을 평가하는 데 다양한 지표들이 있지만 이는 절대적이지는 않으며 연속선상에서 변동하는 건강을 정확하게 측정하는 것은 실질적으로 불가능하다. 그러므로 각각의 인구집단 간의 건강수준을 평가하기 위해서는 사망 관련 자료를 이용하기도 한다.

이러한 관점에서 WHO에서는 각각의 인구집단 간의 건강수준을 평가, 비교할 때 사용할 수 있는 지표로서 다음을 제시하고 있다.

먼저 비례사망지수(proportional mortality indicator)는 일 년 동안 전체 사망에 대한 같은 해 발생한 50세 이상의 사망을 나타낸 것이다. 수치가 높을수록 전체 사망자 중에서 고령자 사망자 수가 많다는 것을 의미하는 것이므로 건강수준이 높아짐을 의미한다. 다음으로 평균수명(life expectancy)은 0세의 평균여명으로 어떤 연령의 사람이 앞으로 평균 몇 년 더 살 수 있느냐에 대한 기대 정도를 뜻한다. 보통사망률(crude death rate)은 특정 연도의 전체 인구 가운데 동일 연도에 사망한 전체 수를 의미하며, 영아사망률(infant mortality rate)은 특정 연도 출생자 1,000명에 대하여 생후 1년 미만에 사망한 영아 수를 나타낸다. 이밖에도 위중한 질병들의 이환율도 건강지표로 활용된다.

3. 건강결정요인

1974년대 Lalonde 보고서[1]에서 건강을 결정하기 위한 새로운 관점이 제시되었다. 건강을 위한 목표를 크게 2가지 관점으로 파악하였는데 하나는 보건의료체계의 구축이며, 다른 하나는 건강유지 및 건강 증진의 개념이다. 즉, 국민의 건강을 향상시키기 위해서는 전통적인 치료중심의 의료체계를 벗어난 관점이 필요하다는 점을 제시하였다. 이 보고서는 건강증진의 개념을 정착시키고 발전시켰다는 평가를 받고 있으며, 개인의 건강을 향상시키기 위해서는 스스로가 행동변화에 책임을 가져야 하며, 이는 동시에 건강한 지역사회 및 환경에 기여함을 강조하였다. 건강을 결정하는 요인은 크게 4가지로 생물학적 요인(human biology), 생활양식(lifestyle), 환경(environment), 보건의료조직(health care organization)이며, 이중 생활양식이 건강에 미치는 영향력이 가장 큰 것으로 알려져 있다. 이 요인들이 건강에 미치는 영향력을 분석한 연구(Denver, 1980)에서 미국의 사망률에 대한 역학적 분석을 실시한 결과, 생활양식의 영향력이 가장 컸으며(43%), 다음으로 생물학적 요인(27%), 환경적 요인(19%), 보건의료체계(11%) 순이었다.

1) 캐나다 보건복지부 장관 Lalonde가 1974년에 "캐나다인 건강에 대한 새로운 관점(A New Perspective on the Health of Canadians)"이라는 주제로 발표한 보고서임.

4. 건강행동과 생활양식

1) 건강행동과 생활양식의 개념

(1) 건강행동의 개념

건강행동(health behavior)은 보건교육의 주요 관심사이며, 바람직한 건강행동의 변화는 보건교육이 추구하는 목표이다. Parkerson 등(1993)은 건강행동이란 개인, 집단 그리고 조직의 행동과 함께 이들의 결정요인, 관련요인, 그리고 결과까지를 포함한다고 하였다. 따라서 사회변화, 정책개발과 수행, 대처기술, 삶의 질 향상 등도 건강행동의 범주에 속한다고 설명하였다. 또한 Gochman(1982, 1997)은 믿음, 기대감, 동기, 가치, 인식 등과 같은 인지적 요인, 감정 및 정서적 상태 그리고 성격과 같은 인격특성, 외현적인 행동패턴, 활동 그리고 습관 등 건강을 유지 및 향상과 관련된 특성들을 건강행동이라 규정하였다.

(2) 생활양식의 개념

생활양식(life style)은 오래도록 일관성 있게 나타나는 개인 또는 집단의 행동패턴을 의미한다. 즉, 일시적인 행동이 아닌 습관적으로 고정된 개인 생활행동의 복합물은 생활양식을 구성하게 된다. 건강관련 행동패턴은 장기적으로 건강관련 생활양식의 특성을 결정하며, 생활양식은 건강상태를 결정하는데 큰 영향력을 행사하게 된다.

2) 건강행동의 유형

건강행동의 유형은 크게 3가지로 나누어 볼 수 있으며, Kasl과 Cobb(1966)에 의해 다음과 같이 구분되었다.

(1) 예방적 건강행동(preventive health behavior)

자신이 건강하다고 믿는 개인이 무증상 상태에서 질병을 발견, 예방하기 위한 모든 행동을 의미한다. 건강상태가 양호한 경우와 자각 증상이 없는 질환을 가진 경우도 있으며, 전반적인 사회적 역할을 수행할 수 있다. 체중조절, 금연, 규칙적 운동, 저지방식이, 예방접종 등이 예방적 건강행동에 해당한다.

(2) 질병(병감) 행동(illness behavior)

자신이 아프다고 느끼는 개인이 건강상태를 진단받고 적절한 치료법을 찾으려고 하는 행동을 말한다. 질병행동은 연령, 성, 교육 및 경제적 수준, 문화, 가족 내의 역할, 소속집단의 믿음체계, 개인의 인식 등에 영향을 받으며, 의료직에 종사하는 사람들의 행동에 따라 영향을 받는다. 증상에 대한 불만토로, 친구나 친척들에게 도움을 청하거나 조언을 구하는 행동, 의사를 만나기 위해 진료일정을 잡는 행동 등이 질병행동에 포함된다.

(3) 환자 역할 행동(sick role behavior)

질환을 갖고 있는 사람이 치료를 하기 위하여 취하는 행동을 말한다. 예를 들면 의료인에게 치료받는 행동, 처방대로 약을 복용하는 행동, 휴식과 회복을 위하여 퇴근 후나 방과 후 집에서 쉬는 행동들이 있다. 질병이란 역기능적이므로 환자는 일상적인 의무로부터 면제될 뿐 아니라 2차적 특권들을 갖게 된다고 Parsons는 설명하고 있다.

5. 불건강 및 질병의 개념

사람들은 특정 질환의 증상 경험, 즉 무엇인가 잘못되었다는 것을 느끼게 되면 그에 대한 진단을 가지고 적절한 치료대책을 찾기 위해 일련의 행동을 하게 된다. 이때 무엇인가 잘못되었다고 느끼는 것은 개개인에 따라, 사회문화적인 환경에 따라 달라질 수 있다. 또한 불건강에 대한 인식은 사회계층에 따라 차이가 있어 상류계층에서는 정서적인 요인까지도 작용하여 기분이 다소 불쾌하다거나 작업의 능률이 오르지 않는 것까지도 불건강의 표시로 받아들인다. 이에 반해 일반계층에서는 손발을 움직이지 못하거나 통증 등 구체적인 증상이 나타나야 비로소 건강을 부정하게 된다.

1) Baumann의 정의

Baumann은 각 개인이 각자의 건강상태를 판단하는 데는 세 가지 기준을 통해서 식별한다고 설명한다. 첫째, 증상 유무와 관련된 것으로 통증, 구토, 발열 등의 증상이 있으면 그 정도에 따라 자신에게 병이 있다고 판단한다. 둘째, 각 사람들이 어떻게 느끼는가, 즉 건강상태의 자각에 의해서 '기분이 좋다', '그저 그렇다', '아프다' 등으로 자신의 불건강상태를 식별한다. 셋째, 자신들이 하는 일의 성과를 가지고 건강상태를 판단한다. 이처럼 일상생활을 영위하는 능력이 그 기준이 된다.

2) Hatch의 정의

Hatch의 이론에 따르면 질병이란 개체가 받은 자극과 스트레스에 대한 적응기전에 파탄이 생겨서 생체의 기능이나 구조에 장해가 초래된 상태를 말한다. 질병은 어느 한 가지 원인에 의해서 발생하는 것이 아닌 여러 가지 원인들이 서로 겹쳐서 작용하게 되는 것이다.

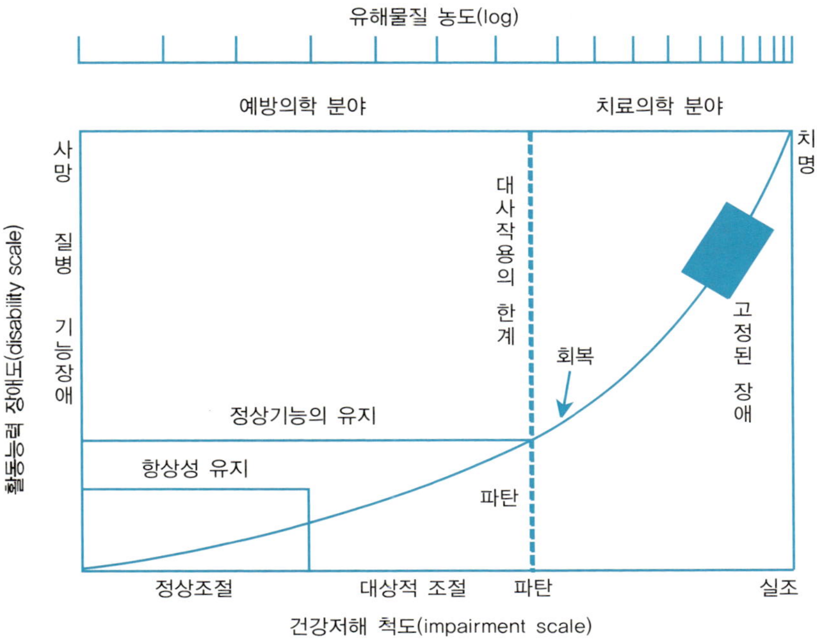

그림 4-2 • Hatch의 건강의 정의

출처: 대한예방의학회(2017).

6. 질병 발생과 예방대책단계

Leavell은 질병의 자연사과정을 비병원성기(prepathogenesis), 조기병원성기(early pathogenesis), 불현성질환기(inapparent infection), 발현성질환기(apparent infection), 회복기(recovery phase) 등 5단계(Leavell & Clark, 1965)로 나누어 각 단계에서의 예방법으로 건강유지 및 증진, 특수예방, 조기발견 및 조기치료, 중증화방지, 재활 등을 제시하였으며 이를 구체적으로 설명하면 다음과 같다(〈표 4-1〉).

표 4-1 • 질병의 자연사와 예방단계

구분	병원성 이전기		병원성기		
	비병원성기	조기병원성기	불현성질환기	발현성질환기	회복기
질병의 과정	병인, 숙주, 환경의 상호작용(1단계) : 건강유지 및 증진단계	→ 병인자극의 형성(2단계) : 숙주의 면역 강화기	→ 병인자극에 대한 숙주의 반응(3단계) : 숙주증상 발현 전기	→ 질병(4단계) : 임상질환기	→ 회복 또는 사망(5단계) : 회복 및 재활
			초기의 병적 변화		
예비적 조치	• 적극적 예방 : 환경위생선, 보건교육 등	• 소극적 예방: 저항력이 요구됨 • 특수예방, 예방접종	• 조기발견 • 조기치료	• 악화방지 • 장애의 최소화를 위한 치료	• 재활 • 사회생활 복귀
예방 차원	1차적 예방		2차적 예방	3차적 예방	

1단계인 비병원성기는 숙주와 병인의 상호작용에 있어서 숙주의 저항력이나 환경요인이 숙주에게 유리한 상태로서 병인자극에 대하여 이를 극복하여 건강을 유지하는 상태이다. 2단계인 조기병원성기는 숙주의 면역을 강화시키는 기간으로 특수 질병에 대한 저항력을 증강시켜 역시 건강을 유지하는 단계이다. 만일 면역을 소홀히 하면 해당 질병 발생의 위험이 야기된다. 3단계는 조기질환기로 숙주증상 발현전기라고도 한다. 병인의 작용에 대하여 숙주가 어느 정도 반응을 일으키는 상태로서 전염병인 경우는 잠복기, 만성질환인 경우 초기단계로 전혀 자각증상이 없는 시기이다. 이 시기에 예방의학적으로는 각종 검사를 통해 조기진단을 하거나 집단 검진으로 질병을 미리 파악하여 이에 대한 대책을 세워야 한다. 4단계는 발현된 질환기로 해부학적 또는 기능적으로 변화가 생겨서 뚜렷한 임상증상이 나타나는 시기이다. 이 시기의 최선의 치료법은 질환의 악화를 막고 불구화를 최대로 방지하는 것이다. 마지막 5단계는 회복 및 재활단계로 회복기에 있는 환자에게 질병으로 인한 정신적 · 신체적 후유증을 최소한으로 남게 하고 잔여기능을 최대한으로 재생시켜 활용할 수

있도록 도와주는 시기이다.

1) 1차예방(primary prevention)

1차예방은 신체의 기능장애나 질병 발생보다는 인체 내 조절기능을 유지하면서 대상기능이 파탄되기 이전에 예방조치를 취하여 질병 발생을 예방하는 것이다. 다시 말해 1차예방의 목적은 질병의 원인과 위험요인을 통제함으로써 해당 질병 발생을 예방하고 대상자의 건강상태를 최고 수준으로 유지되도록 향상하는 것이다. 따라서 이 단계는 전염성질환뿐 아니라 비전염성질환도 포함되므로 비전염성질환으로 분류되는 사고로 인한 손상예방도 포함된다.

1차예방의 대책은 크게 건강증진과 특수예방으로 나눌 수 있다.

WHO에서 내린 건강증진의 정의는 다음과 같다. "건강증진이란 사람들로 하여금 자신의 건강을 조절하고 증진시킬 수 있도록 하는 과정이다(Health promotion is the process of enabling people to increase control over, and to improve, their health)." 즉 건강증진은 사람들이 태어나 자라며 생활하는 과정에 필요한 영양상태, 환경조건, 사회환경, 행동양식 등의 개선을 통해 시작된다. 예를 들면 적절한 영양소 섭취를 통한 영양결핍 및 비만 발생의 방지 혹은 공기오염, 수질오염, 쓰레기소각 문제, 오염된 음식의 섭취, 질병 매개체의 접촉, 인구밀집과 관련된 문제의 해결과 같이 건강과 안전에 영향을 주는 물리적 · 생물학적 · 사회적 환경의 개선 등이 있다.

이렇게 건강증진은 가정, 직장 및 학교에서의 환경을 개선하여 건강생활을 할 수 있도록 하고 생체의 환경순응성, 즉 환경에 대한 적응능력의 기본이 되는 체력을 기르고 각 기관의 생리적 기능을 향상시키는 등 일반적인 건강상태를 증진시키는 것이다. 여기에는 건강생활에 필요한 보건지식을 습득하고 이를 실천하도록 하는 보건교육이 기초가 되며 중요한 수단이 된다.

특수예방은 예방접종, 환경관리, 안전관리 등 특수대책을 강구하는 것으로 건강을 저해하는 요인을 제거하거나 회피하는 의미에서 중요하다. 특수예방의 예로는 각종 예방접종, 안전벨트의 착용과 에어백의 설치, 오토바이 운전 시 헬멧의 착용, 수돗물의 불소화 등이 있다.

이 중 수돗물의 불소화는 충치예방을 위한 특수예방에도 포함될 뿐만 아니라 치아를 더욱 튼튼하게 만드는 데 영향을 주기 때문에 건강증진에도 해당된다. 과거 선진국에서 보건사업에 성공한 것은 주로 환경관리와 예방접종을 성공적으로 실시하여 전염병에 대한 1차예방을 이루었기 때문이다. 그러나 선진국에 있어서도 아직 비전염성질환은 예방하지 못하고 있는 실정이다. 이를 예방하기 위해서는 식습관, 신체적 활동, 과음, 흡연, 약물복용 등의 오래된 생활습관을 바꿔야 하기 때문이다.

1차예방을 위해 상호보완적인 두 가지 전략을 동시에 활용할 수 있다. 첫째는 인구 전략으로 평균적인 위험을 줄일 목적으로 전체 인구집단에 초점을 두는 것이고, 둘째는 고위험개인 전략으로 특정 위험요인의 폭로에 위험성이 높은 개인을 대상으로 한다. 역학적 연구에 의하면 고위험개인 전략은 감수성 있는 개인을 보호하는 것이 목적에서 특정 질환에 대한 위험도가 높은 사람들에게는 효율적인 것으로 나타났지만, 그 질환에 대해 전체 인구집단이 안고 있는 부담을 덜어주는 데는 기여도가 낮게 나타났다. 이러한 경우에는 인구 전략이나 혹은 두 전략을 함께 적용해야 한다. 인구 전략의 중요한 장점은 고위험집단을 별도로 선별할 필요가 없다는 점이다. 가장 큰 단점은 개별적 위험 감소의 절대량이 매우 적기 때문에 개인에 대한 효과가 미미하다는 점이다. 예를 들면, 평생 교통사고가 일어날 가능성이 매우 낮은 대부분의 사람들에게 안전벨트를 착용하게 교육하는 것이다. 안전벨트의 착용이 보편화됨에 따라 사회적으로는 큰 효과가 있었지만, 각 개인에게는 뚜렷한 효과가 없었다. 이러한 현상을 '예방의 역설(prevention paradox)'이라고 한다.

또 다른 예로는 대부분의 흡연자들은 담배를 끊기를 원한다. 이러한 의사와 동기가 매우 강하기 때문에 고위험군에 대한 개인 전략으로서 금연프로그램은 매우 적절하다. 고위험개인에 대한 중재의 바람직한 효과는 짧은 시간 동안 겪어야 하는 니코틴 금단증상과 같은 부정적 영향보다 크다. 고위험개인 전략이 성공적일 경우, 비흡연자에게도 간접흡연의 기회를 감소시킴으로써 예방효과를 증가시킬 수 있다. 단, 고위험개인 전략은 때로는 고위험집단을 구별해 내기 위하여 고비용의 선별 프로그램이 필요하다는 단점이 있다.

2) 2차예방(secondary prevention)

2차예방은 질병 초기나 잠복기에 적용되는 것으로 질병의 초기상태에 있는 개인은 물론 어떤 질병에 걸릴 가능성이 있는 개인 또는 집단을 대상으로 건강진단을 실시하여 질병을 되도록 빨리 진단하고 이에 따른 적절한 치료를 받도록 한다. 이를 통해 질병의 진행을 늦추고 합병증 및 후유증을 방지하여 빠른 시일 내에 원래의 건강상태를 되찾도록 조치를 취한다.

2차예방의 목적은 환자의 조기진단과 치료를 통하여 환자를 회복시키고 위중한 합병증을 줄이고자 하는 것이다. 이는 개인이나 집단의 질병을 조기에 발견하고 즉각적이고 효과적인 치료를 하는 것으로 달성된다. 따라서 2차예방의 시기는 질병의 발생시점부터 일반적인 진단 시점 사이에 초점을 맞추고 있다.

2차예방은 질병의 자연사 중에서 쉽게 발견될 수 있고, 치료될 수 있는 기간에 따라 더 위중한 상태로 진행되는 것을 막을 수 있는 질병에만 적용된다. 유용한 2차예방프로그램을 위한 두 가지 전제조건은 가능하면 무증상기에 질병을 발견할 수 있는 안전하고 정확한 진단방법이 있어야 하며 효과적인 치료방법이 존재해야 한다.

3) 3차예방(tertiary prevention)

3차예방은 질병의 악화를 방지하기 위한 치료와 장애를 최소화하기 위한 재활을 말한다. Leavell은 악화방지 및 장애의 최소화를 2차예방으로 분류하였지만 요즘은 대개 3차예방으로 분류한다. 외과적 수술을 통하여 종양을 제거하여 종양이 커지거나 전이되지 않도록 하고 심근경색증 환자가 건강증진의 방법인 금연, 식생활의 개선, 그리고 운동 등을 하는 것은 악화방지 및 장애를 최소화하기 위한 예라고 볼 수 있다.

질병에 대한 치료를 하였음에도 불구하고 심신의 장애를 남긴 개인에게 물리치료를 실시하여 장애를 입은 신체기능을 회복시키거나, 기능장애를 최소한으로 하고 남아 있는 기능을 최대한으로 활용하여 정상적인 사회생활을 할 수 있도록 직업훈련을 시켜주는 것이 재활(rehabilitation)이며 이는 3차예방에 해당한다. 전자는 의학적 재활(medical rehabilitation), 후자는 직업적 재활(occupational rehabilitation)이다.

재활훈련으로 신체장애의 열등의식이 없어질 뿐 아니라 사회생활에 적극 참여함으로써 신체기능의 상실과 위축을 줄일 수 있고 남아 있는 다른 신체기능이 대항적으로 발달한다. 재활이라 하면 비단 의학적인 것에 국한하는 것이 아니라 정신적 · 사회적 및 직업적인 재활도 포함한다. 병원 등 시설에 수용되어 재활을 받는 것도 중요하지만 지역사회중심재활사업(Community-Based Rehabilitation: CBR)을 강화할 필요가 있다.

3차예방은 이미 질병에 걸려 있는 환자를 대상으로 하여 질병의 진행을 막고 합병증의 발생을 줄이는 것을 목적으로 하며, 치료의학과 재활의학에서 중요하다. 이는 장애를 최소화하고 환자가 회복할 수 없는 상태에 대해 적응하는 것을 도우려는 노력으로 이루어진다. 만성질환 치료의 주요 목적 중의 하나가 재발의 방지이기 때문에 3차예방은 종종 치료와 분리해서 생각하기 어렵다. 소아마비, 뇌졸중, 부상, 실명 등의 환자를 재활치료하는 것은 그들이 일상적 사회생활에 참여할 수 있도록 하는 데 대단히 중요하다. 3차예방은 개개인의 복지증진에 크게 기여할 수 있다.

7. 질병발생 결정요인

오늘날 질병의 발생은 어느 한 요인에 의해서 발생되는 것이 아니라 여러 요인들이 복합적으로 서로 작용하여 발생된다는 질병 발생의 다요인설이 받아들여지고 있다. 질병이 발생하여 경과하는 진행과정과 최종결과까지는 숙주, 환경, 병인의 세 요인으로 이루어진다.

1) 숙주

동일한 조건의 병인과 환경이라 할지라도 숙주(host)의 상태에 따라 질병 발생양상은 다르게 나타난다. 즉, 숙주의 질병에 대한 감수성 또는 저항력의 정도나 크기에 따라 질병 발생의 유무가 달라짐을 뜻한다. 숙주는 이외에도 생물학적 요인인 연령, 성, 인종 등과 직업, 교육수준 등의 사회경제적 수준과 결혼상태에 따라서도 영향을 받으며 선천적 면역성이나 영양상태에 따라서도 다르다. 이외에도 숙주 자신의 성격이나 생활습관과도 관련이 있다.

2) 병인

병인은 질병 발생에 있어서 가장 직접적인 요소로서 질병의 발생분포는 병인의 존재로부터 시작된다고 볼 수 있다. 질병의 원인을 정확하게 규명하는 데는 그 질병과 연관이 있는 병인의 확인이 필요하며, 둘 또는 세 가지 이상의 요인들이 서로 복합적으로 작용한다. 병원미생물이 질병을 일으키는 힘, 즉 감염력(infectivity), 병원력(pathogenicity), 독력(virulence) 등에 따라 달라진다. 병인은 크게 다음과 같이 분류된다. 지방, 탄수화물, 단백질, 비타민, 무기질 등의 영양학적 요인, 기계적 힘, 고온,

한랭, 압력, 소음 등의 물리적 요인, 자극성 물질, 알레르기원 등과 같은 화학적 요인, 세균, 바이러스 등의 생물학적 요인 등이 있다.

3) 환경적 요인

환경적 요인은 숙주의 질병에 대한 감수성을 증가시키는 방향으로 작용하거나 병원체에 유리한 방향으로 작용하게 되어 질병이 발생되는데 이러한 환경적 요인은 물리 · 화학적 환경, 생물학적 환경, 사회경제적 환경이 포함된다.

물리 · 화학적 환경으로는 지형, 지질, 기후 등이 포함된다. 이에 따라 질병 이환이 좌우될 수 있다. 지역과 관련된 질병으로 지형은 기후나 환경을 결정하는 데 관여하며 고열, 한랭, 빛, 공기, 수질, 자외선 등의 화학물질이 여기에 포함된다.

생물학적 환경은 모든 동 · 식물에서 나오는 이물질로 동물의 피부로부터 오는 비듬은 고초열을 일으키며 유독한 담쟁이덩굴이나 옻나무는 수포성피부염을 유발한다.

사회경제적 환경은 숙주가 속해 있는 사회의 모든 조직 및 조직의 특성을 말한다. 예를 들면 경제수준이나 의료조직이나 의료보장 형태 등의 건강관리서비스체계, 보건의료사업을 관장하는 연구활동, 공해 및 산업재해와 직업병 등에 대처하는 각종 법규 등이 포함된다.

8. 약물관리와 건강

1) 약물과 노화

약(Drug) 또는 약물(Medication)은 인체 내에 흡수되었을 때 신체의 기능을 변화시킬 수 있는 물질이다. 약물은 진단, 치료, 완치, 증상 완화, 질병예방을 목적으로 투여한다. 투여되는 약물의 목적을 달성하려면 약물작용에 영향을 미치는 요인들이 고려되어야 한다. 특히 노화는 다음 〈표 4-2〉와 같은 약역학의 변화와 생리적 변화가 초래되어 약물작용에 영향을 주기 때문에 주의를 요한다.

표 4-2 • 노화에 따른 약역학 변화 및 생리적 변화

노화에 따른 약역학 변화		노인의 생리적 변화
약물흡수	약물흡수 지연	소화기관 운동성 감소
	산도에 따른 약물용해율 변화	위점막의 위축으로 인한 위산 분비 감소-위산도 저하
	약물흡수율 저하	위장관계의 혈류 감소 및 위축
약물분포	지용성 약물의 효과 늦춤 > 약물의 혈중농도 상승	세포 수 감소 > 세포 내 수분량 감소 > 체내 지방의 비율 증가
	단백질과 결합하는 약물의 활동 감소	혈장 알부민 감소
약물대사	약물의 간대사 효율성 저하	간세포의 감소
		심박출량 감소에 따른 간 혈류의 감소
		약물대사를 위한 간 효소의 감소
약물배설	약물배설장애	신장의 무게 및 사구체 여과율 감소

출처: 이선옥 · 하양숙 · 조남옥(2006).

2) 노인의 약물복용 실태

박수현(2009)의 연구에서 65세 이상 노인 405명을 대상으로 한 연구결과 93.8%의 노인이 약물을 복용하는 것으로 나타났다. 대부분이(전체의 88.7%) 1~5개의 약물을 복용하고 있으며 1일 복용 개수는 1~3개가 가장 많았다(전체의 87.9%). 복용하는 약물의 종류는 고혈압 약, 소화제, 영양제, 피로회복제, 진통제, 안약 및 도포제, 간장약 순으로 많았다.

3) 노인의 약물복용과 관련된 문제

(1) 노인의 약물부작용

약물부작용은 '질병의 예방, 진단, 치료를 목적으로 약물을 투여했을 때 발생하는 비의도적인 해로운 반응'이다. 노인에게 발생할 수 있는 약물로 인한 부작용은 다음의 〈표 4-3〉에서부터 〈표 4-6〉과 같다.

① 노인에게 발생하는 약물부작용의 원인이 되는 일반적인 의약품 및 부작용의 예

표 4-3 • 약물 유형별 노인에게 발생하는 부작용의 예

약물 유형	유발되는 약물부작용
진통제, 항콜린제, 항우울제, 항히스타민제, 파킨슨치료제, 강심제, 향정신성약물, 진정수면제, H2-blocker	혼돈 유발
항고혈압제: β-차단제, 칼슘길항제	심박출량 감소
항부정맥제, β-차단제, 아세타미노펜, 와파린	간 해독률 감소
최면제	혼미, 무기력
항우울제, 항정신병제, 벤조디아제핀	저혈압, 저체온, 혼수, 착란

출처: 윤숙희, 김옥현, 김증임, 장미영, 채손옥, 최순영 외 (2010).

표 4-4 • 신체기계별 약물에 의해 노인에게 발생하는 부작용의 예

신체기계별 약물	유발되는 약물부작용
1) 소화기계 약물에 의한 부작용	
제산제	생화학적 알칼리혈증, 변비, 설사
위장관 진정제	안내압 상승, 배뇨곤란, 출혈, 구내건조, 타액선염
하제	습관성궤양, 혈압 저하
지사제	장관세균총의 변화, 운동 진전

2) 심혈관계 작용하는 약물부작용	
심장에 작용하는 약물	식욕부진, 부정맥, 혈압 저하, 안내압 상승
혈관계에 작용하는 약제	승압, 혈압 저하, 우울증, 구내건조, 피진
항응혈제	출혈
3) 중추신경계에 작용하는 약물부작용	
진통제	출혈, 신장애, 신경장애성 관절, 설사, 변비
최면제	혼미, 무기력, 저체온
진정제	저혈압, 저체온, 혼수, 변비

출처: 윤숙희 외(2010).

② 노인의 복용약물과의 상호작용으로 인한 부작용의 예

표 4-5 • 노인 복용약물의 상호작용으로 인한 부작용의 예

동시 투여 약물	초래되는 부작용
고혈압 치료제 + 비강충혈 제거제	부정맥 초래
항응고제 + 비스테로이드 항염증제, 거담제	출혈
제산제 + 항생제, 철함유 제제 + 항생제	항생제 흡수 방해
항고지혈제 + 이뇨제, 베타 차단제	항고지혈증 효과 감소
벤조디아제핀 + 알코올, 마취제, MAO억제제, 항히스타민제, 중추신경억제제	벤조디아제핀 효과 증강
약물 + 니코틴, 카페인	약물효과 감소

출처: 서순림 외(2006).

③ 노인의 복용약물과 음식 간의 상호작용으로 인한 부작용의 예

표 4-6 • 노인의 복용약물과 음식 간의 상호작용으로 인한 부작용의 예

약물	상호작용으로 부작용을 보이는 음식 및 부작용
알루미늄 제산제	인, 철분 등의 흡수 장애
항히스타민제	알칼리성 음식(우유, 크림, 아몬드 등) 섭취 시 효과 지연
칼슘보충제	다량의 비타민D와 결합 시 고칼슘증 유발
디지탈리스	칼슘보충제로 인한 독성 유발
페니토인	엽산흡수 감소
와파린	녹색 잎 채소의 비타민K는 항응고작용을 저해

출처: 최영희 외(2006).

(2) 노인의 약물 오·남용

약물의 오용이란 의학적 목적이기는 하나 의사의 처방 없이 임의로 약물을 사용하는 경우를 말한다. 약물의 남용이란 의학적이 아닌 다른 목적으로 약물을 사용하는 경우를 말한다.

노인의 약물오용 실태조사에 대한 김수정(2008)의 연구결과 노인의 약물오용 유형은 약물용량을 많이 사용, 약물용량을 적게 사용, 임의로 투약 중단, 투약시간불이행, 약물을 임의로 남김, 타인의 약물사용, 술과 함께 약물사용 유형 순으로 많았다.

다음은 노인들의 약물 오·남용에 영향을 미치는 요인들이다.

- 1일 복용할 약의 종류와 복용 횟수가 많다.
- 노화에 따른 약물의 부작용 발현율이 커지며 약물 간의 상호작용 발생빈도가 증가하게 된다.
- 손가락의 진전, 마비, 손가락 관절의 구축이 있어 손을 쓸 수가 없다.
- 시력장애가 있어 약물의 구별이 되지 않는다.

- 이해력이 부족하여 설명을 되풀이해도 이해할 수가 없다.
- 약을 마음대로 조절하거나 없앤다.
- 약물사용에 대한 인지능력이 저하되어 있다.
- 다양한 질병으로 인해 처방된 다수의 약물복용이 약물남용으로 이어질 수 있다.
- 경제적인 어려움으로 인해 의사의 처방에 의한 약물복용보다 매약(over the counter)에 많이 노출되어 있다.

(3) 노인의 약물복용 불이행

약물복용 불이행이란 처방을 정확히 이행하지 않는 경우를 말한다. 약물 불이행과 관련하여서는 소량 복용과 관련되어 부작용이 발생한다. 즉, 강심제, 기관지확장제, 항경련제, 부정맥치료제, 고혈압제 등의 약물은 장기간 지속적으로 정확한 용량으로 복용하는 것이 매우 중요함을 인지하고 약물복용법을 이행해야 한다.

4) Beers & Zhan 분류법

Beers 분류법은 Mark Beers MD를 주축으로 한 노인의학과 약리학 전문가들에 의해 개발된 explicit 분류법으로 노인환자에게 사용 시 효과가 없거나 부작용의 위험이 높고 안전한 대체 약물이 있기 때문에 사용을 피하도록 권장되는 약품 목록이다. 이는 적절성에 따라 모든 상황에서 항상 금하는 약물과, 경우에 따라 사용 가능한 약물로 다시 세분된다. 이를 Zhan 분류법이라 하며 다음 〈표 4-7〉과 같다.

표 4-7 • Beers & Zhan 분류법

Beers & Zhan 분류법	약품명	주의를 요하는 약물효과
AA(always avoid): 노인환자에게 절대적으로 금해야 할 약품	Hyocine	
	Primidone	
	Flurazepam	낙상, 골절
	Chlorpropamide	
	Pentazocine	중추신경계 부작용이 다른 약보다 심함
	Demerol	혼돈
	Buscopan	항콜린효과 증가
RA(rarely appropriate): 사용하지 않는 것이 바람직한 약품	Diazepam	긴 반감기
	Chlordiazepoxide	긴 반감기
SI(some indications): 2차 적응증에 소용량으로 사용 가능하지만 잘못 사용되는 경우가 많은 약물	Amitriptyline	강한 항콜린효과
	Hydroxyzine	항콜린성 부작용
	Ticlopidine	아스피린효과 증가
	Chlorpheniramine	항콜린성 부작용
	Oxybutynin	항콜린성 부작용, 진정, 피로
	Cyproheptadine	항콜린성 부작용
	Indometahcin	NSAIDS 약물, 가장 중추신경계 부작용이 많음
	Dipyridamole	

출처: 서예원 외(2006).

5) 노인의 약물관리

노인의 약물관리라 함은 노인으로 하여금 정확하게 약물을 복용할 수 있도록 지원하는 것이다. 이를 위하여 약물의 복용 시간, 양, 복용방법을 구체적으로 지도해야 한다. 아울러 정보습득능력이 저하된 노인은 보호자와 함께 지도하여 도움을 받을 수 있도록 해야 한다.

노인이 처방된 약을 안전하게 복용하기 위해서는 다양한 수준의 인지적 · 신체적 능력이 요구된다. 이에 노인의 약물관리를 위하여서는 우선적으로 다음과 같은 요인들을 고려해야 한다.

- 약명, 약물복용방법, 약의 용량 등에 대한 약 설명서를 읽고 이해하는 능력
- 부가적인 약물 주의점에 대해 읽고 이해하는 능력(예: 부작용, 복용 시 주의점 등)
- 손 움직임의 숙련성(약병을 열고 정확한 정제 개수를 옮기고 약물을 다시 덮기 등) (Capezuti et al., 2008).

노인이 약물을 정확하게 관리하는 것을 돕는 대책은 다음과 같다

- 하루에 복용하는 약물 가지 수와 알약 개수를 최대한 감소시켜 치료계획을 단순화한다(Beers & Zhan 분류법에 비추어 중복되는 약과 부작용이 적은 약으로 대체하는 방법 등을 모색한다).
- 다른 용기에 하루 약물을 준비하는 것과 같이 약물복용 규칙을 만든다.
- 금기가 아닌 이상 식사시간이나 특수한 일일활동과 연결하여 투약을 계획한다. 식사시간과 관련하여 환자에게 약물복용법을 교육시킬 때는 약물이 의도된 시간 간격으로 투여되는지 확인하기 위해 환자가 실제로 하루 3회의 식사를 하는지, 하루 중 몇 시에 식사를 하는지 확인하는 것이 중요하다.
- 환자가 실제 약물을 복용했는지 기억할 수 있는 방법을 환자와 개발한다(예: 남은 약물을 다른 장소로 옮긴다).
- 비처방약물과 허브제제를 포함하여 가정에 있는 모든 약물을 가지고 오도록 하여 모든 약물에 대한 총체적인 사정을 한다. 유효기간이 지난 제제, 사용하지 않거나 완전하게 끝나지 않은 처방약물, 약물중복을 점검한다.

노인에게 다음과 같은 위험한 특정 복약 행위를 피하도록 교육한다.

- 타인의 약물 같이 사용하기(∵ 때로 노인은 자신의 약물을 다른 사람과 같이 사용한다.)
- 수입 약물 사용하기
- 유효기간이 지난 약물 사용하기(∵ 유효기간이 지난 약물 사용은 위험하다. 그러한 약물들은 효과가 없을 뿐 아니라 실제로 심장, 간이나 신장에 손상을 준다)(고자경 외, 2010).

참고문헌

고자경, 김계하, 김영숙, 김은심, 박미숙, 박정모 외 (2010). 노인간호학. 서울: 한미의학.

김명 외 (2017). 보건교육과 건강증진. 서울: 계축문화사.

김수정 (2008). 저소득층 노인의 약물 사용과 오용 실태. 아주대학교 대학원 석사학위논문.

대한임상노인의학회 (2003). 임상노인의학. 서울: 한우리.

대한예방의학회 (2017). 예방의학과 공중보건학. 서울: 계축문화사.

박수현 (2009). 노인의 약물 오・남용에 관한 연구. 한남대학교 일반대학원 석사학위논문.

서순림, 강영실, 구미옥, 권윤정, 김수현, 김태임 외 (2006). 노인건강증진. 서울: 현문사.

서예원, 조정원, 이유진, 김윤희, 이은숙, 이병구, 김광일 (2006). 고령환자의 안전한 약물 요법을 위한 관리지표 개발. 병원약사회지, 23(2), 132-143.

예민해, 천병렬, 감신, 이경은 (2005). 질병예방과 건강증진. 서울: 계축문화사.

유승흠 (2007). 노인보건학. 서울: 계축문화사.

윤숙희, 김옥현, 김증임, 장미영, 채순옥, 최순영 외 (2010). 노인간호학. 파주: 수문사.

이선옥, 하양숙, 조남옥 (2006). 노인간호학. 서울: 한국방송통신대학교 출판부.

최영희, 신경림, 고성희, 공수자, 공은숙, 김명애 외 (2006). 노인과 건강. 서울: 현문사.

American Geriatrics Society (2006). *Geriatrics review syllabus: a core curriculum in geriatric medicine*. (6th ed.). (pp. 64-71). American Geriatrics Society.

Capezuti, E., Zwicker, D., Mezey, M., & Fulmer, T. (2008). *Evidence-based geriatric Nursing Protocols for best practice*. NY: Springer Publishing Company.

Meiner, S., & Lueckenotte, A. C. (2006). *Gerontological nursing*. (3rd eds.). St. Louis: Elsevier Mosby.

CHAPTER

05 건강행태와 건강

학습목차

CHAPTER

05

HEALTH MANAGEMENT FOR THE AGED IN THE ERA OF HOMO-HUNDRED

건강행태와 건강

1. 알코올

2016년 국민건강영양조사에 따르면 우리나라 19세 이상 성인의 연간 음주율(최근 1년 동안 1회 이상 음주한 사람의 비율)은 76.2%로 나타났으며, 남성은 85.5%, 여성은 67.1%로 나타났다. 또한 월간 음주율(최근 1년 동안 한 달에 1회 이상 음주한 사람의 비율)은 58.7%로 나타났고, 남성은 74.4%, 여성은 43.3%로 각각 나타났다(질병관리본부, 2016). 65세 이상 노인의 연간 음주율은 48.3%로 나타났으며 남성은 64.9%인데 비해 여성은 36.3%로 남성의 음주율이 높았다. 65세 이상 노인의 월간 음주율은 33.9%였고, 남성 56.8%, 여성 17.3%를 보였다.

1) 알코올의 대사 및 약리 작용

알코올의 25%는 위장을 통하여 인체에 흡수되고, 75%는 장에서 흡수된다. 흡수에 영향을 미치는 요소에는 위장 내의 음식물, 음주 섭취속도, 알코올의 농도와 양, 위장관 운동력 등이다. 위장 내에 음식물이 있으면 흡수가 느려지고, 음주 섭취 속도는 빠를수록, 알코올의 농도는 진하고 양이 많을수록, 또한 위장관 운동력이 빠를수록 흡수는 빨라진다. 흡수된 알코올의 90~98% 정도는 간에서 대사되고, 나머지는 신장, 폐, 피부를 통하여 배설된다. 흡수된 알코올은 알코올 탈수소효소(alcoholdehydrogenase)에 의하여 간에서 아세트알데히드(acetaldehyde)로 산화된다. 또 다른 기전으로 알코올은 MEOS(microsomal ethanoloxidizing system)에 의해 아세트알데히드가 된다. 아세트알데히드는 아세트알데히드 탈수소효소(acetaldhyde dehydrogenase)에 의하여 초산(acetate)으로 전환된다. 초산은 말초조직에서 아세틸조효소A로 전환되어 이산화탄소와 물로 바뀐다.

아시아인 중 50%는 아세트알데히드 탈수소효소가 변이된 형태를 가지고 있어 술을 마신 후 짧은 시간에 혈중 아세트알데히드 농도가 증가하여 혈관이 확장되고 얼굴이 달아오르고 열감, 빈맥, 저혈압의 증세가 나타나는 알코올 홍조반응(alcohol-flush reaction)이 나타난다.

알코올은 혈관-뇌 장벽을 쉽게 통과하고 뇌속의 혈중 알코올 농도는 말초혈액 알코올 농도보다 더 빨리 상승한다. 알코올은 태반을 통과하여 태아에게 전달되고 수유를 하는 경우 모체의 혈중 농도의 95% 정도가 신생아에게 측정된다.

2) 알코올의 영향력 및 인체 내 제거시간

알코올은 판단력과 반사작용을 둔하게 하는 등 우리 몸에 영향을 주어 각종 사고의 원인이 된다. 사람마다 차이는 있지만 일반적으로 알코올 소모량이 16mL(혹은 g)인 경우 혈중 알코올 농도 0.03% 정도가 되면 감정의 변화가 일어나기 시작한다. 이때 알코올이 체내에서 제거되는 시간은 두 시간 정도이다. 알코올 소모량이 80mL가 되면 혈중 알코올 농도는 0.15%가 되며 명백한 중독상태가 되고, 체내에서 제거되는 데도 10시간 정도가 걸린다.

술의 도수와 용량에 따라 알코올 소모량을 계산하는 공식은 다음과 같다.

알코올 소모량(mL 또는 g) = 술의 용량(mL 또는 g) × 술의 도수(%) / 100

이렇게 소모된 알코올의 에너지방출량은 알코올 1g당 7kcal를 발산한다.

알코올 소모량에 따른 혈중 농도, 신체와 행동에 대한 효과 그리고 체외로 제거하는 데 소요되는 시간은 〈표 5-1〉과 같다.

표 5-1 • 알코올 소모량에 따른 혈중 알코올 농도, 신체와 행동에 대한 효과 그리고 체외로의 제거시간[1)]

섭취한 알코올 (mL)	혈중 알코올 농도[2)] (%=mg/dL)	신체와 행동에 대한 효과	제거 시간
16mL	0.03	감정의 변화	2
32mL	0.06	안정감과 편안함을 느낌	4
48mL	0.09	감정과 행동이 격앙되고 판단에 지장이 옴	6
64mL	0.12	움직임이 둔해지고 말하는 데 지장이 옴	8
80mL	0.15	명백한 중독상태가 됨	10

주 1) 70kg의 사람이 공복상태에서 음주한 경우를 가정하여 계산된 자료임

2) $\text{혈중농도} = \dfrac{\text{알코올 농도} \times \text{섭취 용량(ml)} \times 0.8}{\text{체중} \times 0.6 \times 1{,}000}$

3) 알코올이 인체에 미치는 각종 영향

(1) 중추신경계에 미치는 영향

장기간의 음주는 여러 신체부위에 영향을 미치는데 초기에는 가역적일 수 있으나 지속적인 음주는 영구적인 장애를 남긴다. 중추신경계에 미치는 일시적인 영향으로

는 폭음 후 일시적인 의식상실, 숙면장애가 있고 장기간의 음주는 손과 발에 말초신경병증, 소뇌에 변화를 일으켜 안구진탕 등 운동장애를 보인다.

(2) 소화기계에 미치는 영향

소화기계에 대한 영향으로 알코올은 식도와 위장에 자극을 주어 식도염이나 위염이 생기며, 심하면 위장관 출혈까지 발생한다. 소장에서 비타민을 포함한 여러 영양소의 흡수를 방해하고 대장에서 설사를 일으킨다. 간에서 지방분자의 축적으로 지방간을 일으키고, 알코올성 간염, 간경화로 발전될 수 있다.

(3) 조혈기계에 미치는 영향

조혈기계에 대한 영향으로 적혈구의 크기가 커져 평균 적혈구 용적이 증가하고 가벼운 빈혈을 일으킨다. 심한 알코올중독에서 백혈구의 수는 감소하고 과립백혈구의 운동이나 혈관접착능력을 감소시켜 정상적인 과민반응을 약화시킨다.

경도 및 중등도의 음주는 HDL-콜레스테롤의 증가로 심혈관계 질환의 위험을 낮추지만 과도한 장기간의 음주는 LDL-콜레스테롤이나 중성지방의 증가로 심혈관계 질환의 위험을 높이는 것으로 알려져 있다. 음주량이 증가할수록 혈압이 상승하고 심장 근육에 독성을 일으켜 심근병증을 발생시키고 또한 골격근병증을 일으켜 근육통의 원인이 되기도 한다. 이외에도 고환위축, 월경불순 등의 성기능장애도 온다.

(4) 임산부에 미치는 영향

임산부의 과음은 태아 알코올증후군을 일으키는데 소두증, 낮게 달린 귀, 안면기형, 성장과 발달지연, 심장 이상 등을 일으킨다.

(5) 비만 및 영양결핍

1g의 알코올은 7kcal의 열량을 지닌다. 술을 즐겨 마시는 사람들은 비만일 확률이 높은데 그 이유는 술이 가지고 있는 높은 칼로리 때문이다. 예를 들어 소주의 경우, 알코올 도수가 25%라고 할 때, 소주 한 병(360mL)의 열량은 $360 \times 0.25 \times 7 = 630$kcal 이다. 체내의 지방을 450g 늘리는 데는 약 3,500kcal가 필요하므로 어떤 사람이 현재의 식사습관을 유지하면서 반주로 매일 소주 한 병을 마시게 되면 5~6일 후에는 450g 정도의 체중이 늘게 된다. 이를 방지하기 위해 630kcal 정도의 음식 칼로리를 줄이면 영양실조를 가져와 건강을 유지하기 힘들다.

4) 알코올 관련 정신질환

음주와 관련된 행동상의 문제를 정신 및 신체장애를 포함하여 어디서부터 병적인 것으로 보아야 하는가에 대한 결정이 쉽지 않다. 그 이유는 알코올성 행동장애들이 문제의 양적 연속선상에 놓여 있어서 어느 기준치를 정하기가 어렵기 때문이며, 다시 말해 친교를 위한 음주와 병적 음주 간의 경계가 모호하다는 의미도 된다. 이에 임상적 양상을 중심으로 알코올과 관련된 몇몇 정신과적 질환에 대해 살펴보기로 한다.

(1) 알코올사용장애(alcohol use disorder)

알코올사용장애는 크게 알코올의존과 알코올남용으로 나뉜다. 알코올의존(dependence)은 계속해서 음주를 하여 알코올에 대한 내성이 있거나 음주를 중단했을 때 금단증상이 나타나는 경우이다. 알코올에 대한 내성은 기대하는 음주효과를 나타내기 위해 알코올의 양이 현저히 증가하였거나 전과 같은 음주량으로는 현저히 줄어든 효과밖에 얻지 못한다. 알코올 금단증상은 며칠 이상 과음한 뒤 술을 끊었을 때 양손, 혀, 안검이 심하게 떨리며 구역과 구토, 전신무력감이나 피곤, 빈맥, 발한, 혈압상승과 같은 자율신경계 항진증상, 불안, 우울한 기분이나 초조, 기립성저혈압과 같은 증상 중의 한 가지 이상이 나타난다. 알코올남용(abuse)은 과도한 음주로 인해 가정이나 사회에서 여러 문제가 발생되지만 내성이나 금단증상이 나타나지 않는 것을 말한다.

(2) 알코올과 관련된 정신장애(alcohol induced disorder)

급성알코올중독, 금단, 섬망, 치매, 망상, 환청, 정서장애, 불안장애, 성기능부전, 수면 장애 등이 해당된다. 급성알코올중독(acute alcohol intoxication)은 알코올을 섭취하는 동안이나 그 직후에 임상적으로 심각한 부적응적 행동변화나 심리적인 변화가 발생하고 이러한 변화에 의해 불분명한 말투, 운동조절장애, 불안정한 보행, 안구진탕, 집중력 및 기억력 손상, 혼미, 혼수 등의 증세를 보이는 것을 말한다.

알코올성 건망증후군은 장기간에 걸친 과음으로 이미 알코올의존이 있으면서 최근 기억에 대한 장애가 심하게 나타나는 것이 특징이다. 여기에는 두 가지 장애가 있는데 그중 하나인 베르니케뇌증(Wernicke encephalopathy)은 과음으로 인한 심각한 신경학적 장애로 티아민(thiamine) 결핍이 원인이고 정신혼탁, 운동실조증, 근육병변, 안구운동장애 등의 증상을 보인다. 다른 하나인 코르사코프 증후군(Korsakov's syndrome)은 기억장애와 작화증(confabulation) 등 정신증상을 주로 보인다.

5) 음주와 건강

(1) 알코올의 인체 내 흡수속도를 늦춘다

술의 순수 성분인 에탄올은 25%가 위에서, 75%는 장에서 흡수되며 에탄올이 흡수되는 속도가 곧 술에 취하는 속도이다. 또한 에탄올은 대부분 간에서 대사되는데, 한 시간에 5~10g 정도의 일정한 속도로 분해된다. 따라서 술은 천천히 마시거나 조금씩 마시는 것뿐만 아니라, 공복에는 음주를 자제하고 적당한 안주나 음식물과 함께 먹음으로써 흡수속도를 낮추는 것이 매우 중요하다.

(2) 폭음이나 과음을 하지 않는다

소량의 알코올은 혈관을 확장시키는 등 인체에 긍정적인 영향을 미치는 것으로 보고되고 있으나, 과음을 했을 경우에는 이후 3일 정도는 금주를 하는 것이 좋다. 알코올이나 아세트알데히드가 조직세포에서 바로 처리되지 못하고 남아 있을 때에는 이들이 인체 내 다양한 손상을 일으키기 때문이다. 그러나 알코올이나 아세트알데히드가 간 조직에서 대사적으로 처리될 수 있는 범주의 농도일 때는 큰 문제가 일어나지 않는다.

(3) 알코올대사를 촉진시키는 음식물과 함께 섭취한다

알코올대사를 촉진시켜 줄 수 있는 비타민C가 풍부한 과일, 꿀 또는 콩나물국과 같은 해장국을 먹는다. 또한 음주 시 단백질을 함께 섭취하는 것이 좋다. 단백질을 섭취하면 간질환이 발생할 확률이 줄어들기 때문이다. 또한 알코올은 7kcal/g의 열량을 가졌지만 영양소가 거의 없기 때문에 빈열량(empty calories)이라 하는데, 음식물을 먹지 않고 음주만 계속할 경우에는 영양결핍증이 발생될 수 있으므로 영양섭취에 유의한다.

6) 노인의 알코올진단

노인 음주가 문제가 되는지를 알기 위해서는 NAST(National Alcoholism Screening Test)나 CAGE 설문지와 같은 알코올중독 선별검사가 유용하다. 더욱이 CAGE는 질문이 간단하여 노인들에게 음주가 문제가 되는지를 알아보기 위해 쉽게 사용할 수 있다.

표 5-2 • NAST(National Alcoholism Screening Test)

설문내용	응 답
1. 자기연민에 빠지며 술로 이를 해결하려 한다.	예( ) 아니오( )
2. 혼자 술 마시는 것을 좋아한다.	예( ) 아니오( )
3. 술 마신 다음날 해장술을 마신다.	예( ) 아니오( )
4. 취기가 오르면 술을 계속 마시고 싶은 생각이 지배적이다.	예( ) 아니오( )
5. 술을 마시고 싶은 충동이 일어나면 거의 참을 수 없다.	예( ) 아니오( )
6. 최근에 취중의 일을 기억하지 못하는 경우가 6개월에 2회 이상의 빈도로 있었다.	예( ) 아니오( )
7. 대인관계나 사회생활에 술이 해롭다고 느낀다.	예( ) 아니오( )
8. 술로 인해 직업기능에 상당한 손상이 있었다.	예( ) 아니오( )
9. 술로 인해 배우자(보호자)가 떠났거나 떠나겠다고 경고를 받은 적이 있다.	예( ) 아니오( )
10. 술이 깨면 진땀, 손떨림, 불안이나 좌절 혹은 불면을 경험한다.	예( ) 아니오( )
11. 술이 깨면서 공포(섬망)나 몸이 심하게 떨리는 것을 경험한다.	예( ) 아니오( )
12. 술로 인해 생긴 문제로 치료를 받은 적이 있다.	예( ) 아니오( )

※ 예: 1점, 아니오: 0점, 합계가 4점 이상이면 알코올중독 가능성이 높음

표 5-3 • CAGE 설문지

설문내용	응 답
술을 끊어야 할 필요를 느낀 적이 있습니까?	예( ) 아니오( )
술을 마시는 것에 대한 주위의 비난 때문에 괴로웠던 적이 있습니까?	예( ) 아니오( )
술을 마시는 것에 대해 죄의식을 느낀 적이 있습니까?	예( ) 아니오( )
아침에 해장술을 마신 적이 있습니까?	예( ) 아니오( )

※ 예: 1점, 아니오: 0점, 합계가 2점 이상이면 알코올중독이 있음

2. 영양

우리나라 국민의 영양섭취실태(질병관리본부, 2016)를 살펴보면 우리나라 국민은 1인 1일 평균 2,026.8kcal의 에너지를 섭취하여 2001년 1,975.8kcal보다 약 50kcal 증가하였다. 식품군 중에서 곡류, 채소류, 과일류, 육류 섭취량이 상대적으로 높았으며, 곡류를 통한 에너지 섭취량이 가장 높았고 다음으로 육류와 주류 등으로 나타났다.

2015년 기준 성별, 연령별 영양부족 및 에너지(지방 포함)과잉 비율을 [그림 5-1]에 제시하였다. 영양 부족의 상태를 보면 남성에 비해 여성 비율이 2.4배 높았으며, 12-18세의 연령층에서 영양 부족 비율이 가장 높았고, 65세 이상 노인의 영양 부족 비율은 6.9%로 나타났다. 반면 에너지 과잉 섭취에서는 남성의 비율이 높게 나타났고, 19-29세에서 에너지 과잉 섭취 비율이 가장 높았고, 65세 이상은 1.2%로 낮은 비율을 보였다.

1) 영양상태에 영향을 미치는 요인

현재 우리나라를 포함하여 국외 선진국에서 영양 관련 질환 중 가장 문제가 되는 것 중 하나는 과체중과 비만이다. 과도한 체중은 당뇨병, 고지혈증, 고혈압을 포함하여 심뇌혈관질환 및 각종 암 발생과도 관련성이 있다.

비만보다 위험성 및 유병률이 낮지만 영양결핍 또한 주목해야 한다. 이는 독거노인이나 경제적으로 어려운 허약한 노인들에게 흔히 발생한다. 특히, 시설 거주 노인들에게는 영양결핍의 위험성이 상당수위에 있는 것으로 나타났다. 노인에게 있어서 영양결핍의 위험은 다양하다.

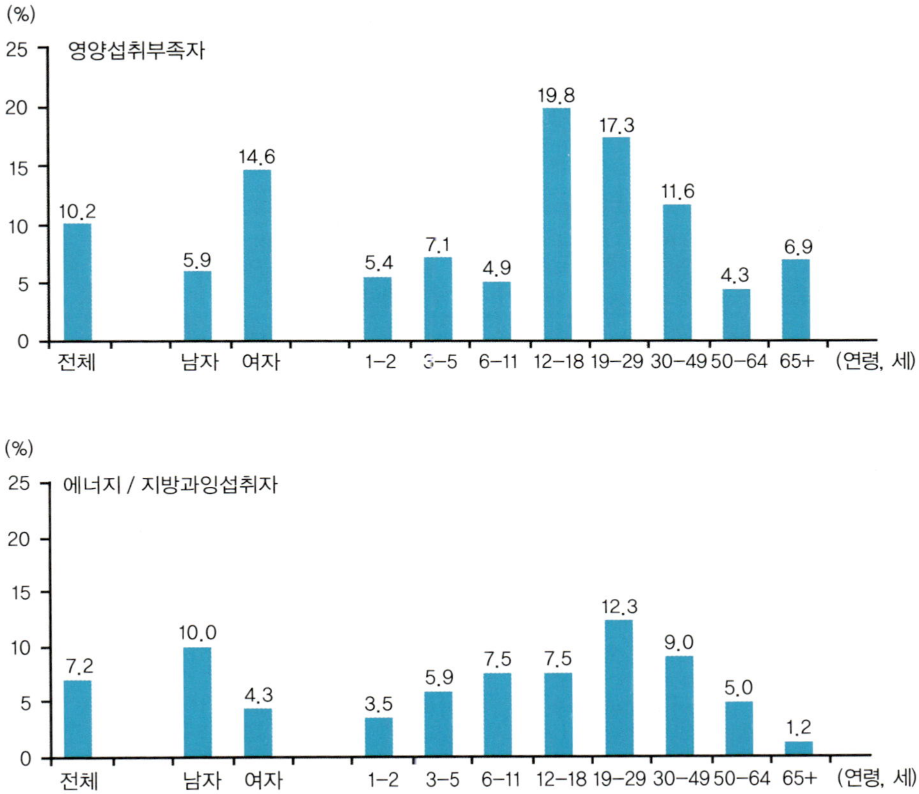

※영양섭취부족자: 에너지 섭취량이 필요추정량의 75% 미만이면서 칼슘, 철, 비타민 A, 리보플라빈의 섭취량이 평균필요량 미만인 비율

※에너지/지방과잉섭취자: 에너지 섭취량이 필요추정량의 125% 이상이면서 지방 섭취량이 지방에너지 적정비율의 상한선을 초과한 비율

그림 5-1 • 성별 연령별 영양섭취 부족 및 과잉

노인 영양상태에 영향을 주는 건강 관련된 요인으로는 여러 가지 만성질환과 그로 인한 다약복용의 위험이 있으며 치아가 좋지 않아 씹고 삼키는 능력이 떨어지고, 그로 인한 식욕감퇴와 타액, 소화액의 분비가 감소하여 소화와 흡수가 저해된다. 그 밖에도 구강건조증 및 구강질환 등의 구강의 불건강상태, 쇼핑과 식사 준비에 제한이 있는 신체장애, 음식의 맛과 향을 제한하는 감각손상 등이 있다. 영양결핍과 관

련한 사회심리적 요인으로는 사회적 고립, 최근 가까운 사람과의 사별, 장기요양시설에서의 생활, 다른 정신질환과 인지장애가 있다. 그 밖의 사회경제적 요인으로는 빈곤과 낮은 학력을 영양결핍의 원인으로 들 수 있다.

표 5-4 • 노인 영양상태에 영향을 주는 요인

건강 관련 요인	대사적 요인	사회심리적 요인	사회경제적 요인
• 다양한 만성질환과 그로 인한 다약복용 • 좋지 못한 치아상태 • 식욕의 감퇴 • 소화와 흡수 곤란 • 구강질환 • 신체장애 • 감각손상	• 기초대사량의 감소 • 당내인성의 감소	• 사회적 고립 • 최근 가까운 사람과의 사별 • 장기요양시설에서의 생활 • 다른 정신질환과 인지장애	• 빈곤 • 낮은 학력

2) 우리나라 노인의 영양권장량

노인은 일일권장량에 근거하여 균형 있는 영양소를 섭취해야 한다. 노인의 영양권장량은 청장년에 비해 에너지섭취량은 떨어지나 다른 영양소는 크게 변화하지 않는다(〈표 5-5〉). 청장년에 비해 에너지권장량이 낮고 비타민섭취량은 큰 차이가 없으며 칼슘섭취량은 여성의 경우에는 더 많이 요구된다.

(1) 에너지

기초대사율과 활동량의 감소로 인해 에너지필요량이 감소한다. 체중에 비해 지방조직의 비율은 증가하나 뼈와 근육과 같은 제지방 체질량(lean body mass)이 감소하기 때문이다. 노인의 에너지요구량은 성인에 비해 일반적으로 75세 이전에는 10%, 75세 이후에는 20~25%정도 감소한다. 우리나라 노인의 에너지권장량은 남성의 경

표 5-5 ● 한국인 1일 영양섭취기준(8차 개정)*

연령		체중	신장	에너지	단백질	비타민A	비타민D	비타민E	비타민C	비타민B1	비타민B2	나이아신	비타민B6	엽산	칼슘	인	철분	아연
		kg	cm	kcal	g	μgRE	μg	mg-TE	mg	mg	mg	mgNE	mg	μg	mg	mg	mg	mg
남성	20~29	67	174	2,600	55	750	5	10	100	1.2	1.5	16	1.5	400	700	700	10	10
	30~49	68	170	2,400	55	750	5	10	100	1.2	1.5	16	1.5	400	700	700	10	9
	50~64	68	168	2,200	50	700	10	10	100	1.2	1.5	16	1.5	400	700	700	10	9
	65~74	64	167	2,000	50	700	10	10	100	1.2	1.5	16	1.5	400	700	700	10	9
	75이상	60	166	2,000	50	700	10	10	100	1.2	1.5	16	1.5	400	700	700	10	8
여성	20~29	54	161	2,100	45	650	5	10	100	1.1	1.2	14	1.4	400	700	700	14	8
	30~49	55	158	1,900	45	650	5	10	100	1.1	1.2	14	1.4	400	700	700	14	8
	50~64	57	157	1,800	45	600	10	10	100	1.1	1.2	14	1.4	400	800	700	9	8
	65~74	54	154	1,600	45	600	10	10	100	1.1	1.2	14	1.4	400	800	700	9	7
	75이상	52	152	1,600	45	600	10	10	100	1.1	1.2	14	1.4	400	800	700	9	7

※ 우리나라 사람들이 건강을 유지하기 위해 하루에 섭취해야 하는 열량과 영양소의 양을 표시한 것으로 성별, 나이, 활동 정도에 따라 각기 다름.

우 65세 이후에는 2,000kcal이며, 여성은 1,600kcal이다. 그러나 이러한 권장량 산출 기준은 표준체위의 평균활동시간을 근거로 한 것이므로 개인별 요구량은 체위와 활동 정도에 따라 측정하는 것이 바람직하다.

(2) 탄수화물

탄수화물은 총 에너지섭취량의 50~55%를 섭취하는 것이 바람직하며, 종류도 단당류보다 복합당질로 섭취하는 것이 좋다. 노년기에 발생되는 당질대사의 변화는 당내인성(glucose tolerance)이 감소한다는 것이다. 그러므로 당질의 과잉섭취는 당뇨병이 발생될 수도 있으며, 혈중 중성지방 농도를 상승시킬 수도 있다. 또한 치아문제로 섬유소가 많이 함유된 음식을 기피하는 경향이 있는데, 만성퇴행성질환 및 변비 등을 예방하기 위해서는 섬유소가 다량 함유되어 있는 복합당질인 과일 및 채소류, 해조류, 현미, 감자류 등을 섭취하는 것이 바람직하다.

(3) 단백질

보통 단백질섭취량은 총에너지의 15~20%를 권장하며 65세 이상의 노인도 1.0g/kg으로 성인과 유사한 비율의 섭취량이 필요하다. 특히 건강상태가 좋지 못한 노인에게는 조직유지와 보수를 위해 양질의 단백질 섭취가 요구되므로, 살코기, 우유, 치즈, 두부 등을 꾸준히 섭취하는 것이 바람직하다.

(4) 지방

콜레스테롤은 죽상동맥경화증과 연관된 위험요인 중 하나로 혈청 내 콜레스테롤의 대부분은 간에서 포화지방산에 의해 만들어지기 때문에 혈청 콜레스테롤의 수치를 줄이기 위해서는 포화지방산과 콜레스테롤의 섭취량을 제한해야 한다. 노인은 담즙산과 췌장으로부터 리파아제의 분비가 저하되어 지질의 소화 및 흡수율이 떨어질 수 있다. 노인의 지방섭취는 전체 에너지섭취량의 30% 이하로 제한하고 이중 포화지방은 10% 미만으로 섭취해야 동맥경화증을 예방할 수 있다. 또한 콜레스테롤의 섭취는 1일 300mg을 초과하지 않도록 권장하며, 동맥경화증 등 심혈관계 질환 발생의 위험이 높은 노인의 경우에는 200mg 이하로 제한한다.

또한 전체 지방섭취량 이외에 지방산의 포화도 정도도 중요하다. 지방산의 포화정도에 따라 혈청 내 콜레스테롤 농도가 증가하기 때문이다. 혈액 내 지질은 지단백형태로 존재하고, 지질과 단백질의 함유량에 따라 저밀도지단백(LDL)과 고밀도지단백(HDL)으로 분류할 수 있다. HDL은 간대사를 통해 혈액 내 콜레스테롤 수치를 낮추는 역할을 담당하여 동맥경화증을 예방할 수 있으나 LDL은 콜레스테롤 및 지질함량이 높아 동맥벽에 죽상경화증의 위험도를 증가시킬 수 있다. 그러므로 LDL함량은 낮고 HDL함량은 높은 식이를 해야 한다. 따라서 버터, 소기름, 돼지기름과 같은 포화지방보다는 등 푸른 생선이나 들기름, 참기름 등을 섭취하는 것이 좋다.

(5) 비타민

비타민은 대사를 조절하고 지방과 탄수화물을 에너지로 전환시키는 데 도움을 주며, 뼈와 조직의 생성을 돕는다. 최근 비타민에 대한 초점은 항산화작용에 모아지고 있는데, 비타민A, C, E가 노화의 진행과 암 발생을 예방하는 항산화비타민으로 관심을 받고 있다.

① 지용성 비타민

가. 비타민A(Retinol)

비타민A의 결핍은 야맹증과 안구건조증을 초래하며 피부도 거칠고 건조해진다. 열에 강하고 물에 용해되지 않아 섭취가 불편할 수 있으므로 소화하기 쉽게 익히거나 주스로 갈아 마셔도 좋다.

나. 비타민D(calciferol)

노년기에는 일광욕 부족, 유제품의 섭취 부족, 노화에 따른 흡수력 감소 및 비타민D 합성능력의 감소 등으로 비타민D의 결핍이 흔히 발생한다. 비타민D는 장에서 칼슘과 인의 흡수를 촉진시키기 때문에 노년기에 반드시 필요한 영양소이다. 그러므로 노인들은 옥외활동으로 비타민D 합성을 유도하는 것이 좋다.

다. 비타민E(tocopherol)

비타민E는 항산화제로 지방산의 산화를 막고, 세포막 통합성을 유지하여 적혈구가 용혈이 되지 않도록 보호한다. 비타민A의 한 형태인 베타카로틴 및 비타민C와 더불어 노화를 예방한다. 또한 LDL 콜레스테롤의 산화를 늦추어 동맥경화증을 예방하며 면역기능을 유지시킨다.

라. 비타민K(phylloquinone)

장기간의 항생제 사용이나 비타민K 길항제 투여, 만성지방흡수부전, 담도폐색 등이 비타민K 흡수장애를 초래할 수 있다. 녹색 야채를 포함하여 다양한 식품을 골고루 섭취하고 항생제 투여를 장기간 하지 않으면 비타민K 결핍은 거의 발생하지 않는다.

② 수용성 비타민

가. 비타민B 복합체(Vitamin B complex)

비타민B 복합체는 단독으로 결핍되기는 쉽지 않으며 보통 복합적인 증상이 온다.

비타민B_1(Thiamin)은 노인에게 결핍되기 쉬운 비타민으로 정제된 식사, 스트레스, 알코올중독, 소장흡수부전 등이 티아민 결핍을 초래하는 요인들이다. 결핍 시에는 말초신경계질환인 각기병이 올 수 있으며, 단기 기억상실, 우울, 작화 등의 증상을 보이는 코르사코프 증후군과 질환을 초래할 수 있다.

비타민B_2(Riboflavin) 결핍 시에는 피부와 관련된 질환의 발생이 초래된다. 결핍 시 구내염, 구각구순염, 지루성피부염, 각막 모세혈관 충혈 등의 증상이 나타난다. 비타민B_2 결핍은 동물성 단백질과 우유, 채소 등이 부족한 고탄수화물 식이와 관련 있다.

나이아신(Niacin, nicotinic acid)은 에너지 대상의 산화환원반응에 필요한 효소의 구성성분으로 우유, 달걀 및 고단백 식품의 아미노산인 트립토판이 나이아신을 합성하므로 적절한 단백질을 섭취하면 결핍증상이 거의 일어나지 않는다. 부족 시 펠라그라(pellagra)가 유발되며, 위장계장애, 피부질환, 신경계 이상 등의 증상이 나타난다.

비타민B_6(Pyridoxin)은 간질환, 위장관질환 및 요독증 등이 있으며 흡수가 잘 되지 않는다.

비타민B_{12}(Cyanocobalamin) 결핍은 위산 감소가 주된 원인이며 위장관절제술, 기타 비타민과 B_{12}의 흡수를 방해하는 약물복용 등으로 초래되며, 주로 악성빈혈인 거대적아구성빈혈을 유발한다. 이로 인해 말초신경염이나 운동장애 및 인지장애 등이 발생한다. 비타민B_{12}는 주로 동물성 식품류에 포함되어 있는데 다양한 원인으로 동물성 식품섭취가 부족하게 된다.

나. 비타민C(Ascorbic acid)

비타민C는 체내에서 합성되지 않기 때문에 노인에게 있어서 비타민C의 섭취는 중요하다. 결핍 시 괴혈병으로 잇몸에서 쉽게 출혈이 발생된다. 또한 상처 치유가 지연되고, 각종 염증을 유발하며 감염에 대한 저항력이 감소한다.

다. 엽산(folacin, Folic acid)

엽산은 결핍 시 미성숙 적혈구가 생성되어 거대적아구성빈혈이 유발되며, 증상으로는 피로, 허약, 창백증, 설사, 체중 감소, 설염 등이 나타난다.

(6) 무기질

① 칼슘

칼슘은 흡수가 느린 영양소이다. 특히 노인들은 장 흡수율이 저하되어 섭취하는 칼슘 모두를 장에서 흡수하지는 못한다. 그렇기 때문에 젊었을 때부터 칼슘섭취를 많이 하고 근력강화운동을 지속적으로 하여 골밀도를 높여야 노년기의 골 손실을 지연시킬 수 있다. 현재 우리나라 노인의 칼슘권장량은 65세 이상의 남자는 700mg, 여자는 800mg이나 미국에서는 남녀 노인 모두 1,200mg으로 권장량을 설정하고 있을 만큼 노년기에 중요한 영양소이다. 특히 폐경기 여성은 에스트로겐의 감소로 소장에서의 칼슘 흡수가 젊은 여성들만큼 효율적이지 못하므로 골다공증의 위험이 높다. 또한 노인들이 흔히 복용하는 제산제 및 항생제 등과 만성적인 알코올 섭취는 칼슘 손실을 야기할 수 있으므로 약물복용에 대한 배려가 필요하다.

② 철

노년기 철분요구량은 다른 시기에 비해 낮으나 철분섭취와 흡수의 감소로 인해 철분결핍이 발생될 수 있다. 특히 노년기에는 경제적 부담과 저작능력의 저하로 인해 철분의 가장 좋은 공급원인 육류의 섭취가 적어지며, 연령의 증가와 더불어 위산 분비가 저하되고 과거 위절제술을 받은 경우 철분 흡수가 감소될 수 있다. 노년기에는 위장관병변과 치질 등으로 인해 만성출혈이나 아스피린, 항응고제, 제산제 및 관절염 관련 약물 등으로 철분결핍성빈혈이 초래 될 수 있다.

(7) 수분

노인 영양에서 중요하나 종종 간과하는 것이 수분공급과 수분부족으로 인한 탈수 증세이다. 노인 입원환자의 상당수가 탈수증상을 보이고 있으며, 이러한 점을 기반으로 수분 공급 및 노인에게 필요한 영양소를 고려해야 한다. 노인은 탈수에 대한 민감성이 감소하므로 물 섭취가 부족하기 쉽고, 세포의 수분함량 감소와 신장의 기능 감소로 인해 수분의 불균형이 올 수 있다. 탈수는 노인 입원환자들이 흔히 이환되는 섬망의 가장 흔한 원인 중 하나이므로 이를 예방하기 위해서는 수시로 수분을 섭취하는 것이 가장 좋다.

종합적으로 노년기에는 과체중 비율이 젊은 사람들에 비해 높음에도 불구하고 에너지 소비량은 낮다. 이는 연령이 증가함에 따라 체지방이 감소하고 좌식생활이 늘어나면서 에너지소비가 감소되기 때문이다. 이를 반영하여 에너지요구량이 감소되어 지방의 섭취량을 감소시켰다. 또 에너지의 공급을 위해 영양소를 최대화하여 강화식품, 정제되지 않은 곡물 등의 농축영양식품으로 제공하였으며, 수분섭취를 강조하였다. 많은 연구결과에서 노인들의 칼슘, 식이섬유, 탄수화물, 과일 및 채소의 섭취는 권장량보다 낮은 데 반해 지방섭취량은 많다고 보고한다. 또한 단백질 등의 몇몇 영양소는 사회경제적 수준에 영향을 받기도 한다. 미국 Healthy People 2020에서는 하루에 두 가지 이상의 과일과 세 가지 이상의 야채(그중 한 가지는 진녹색이나 오렌지색 야채), 그리고 하루에 여섯 가지 이상의 곡물(그중 세 가지는 전곡류)을 섭취하고 총지방량은 전체 에너지섭취량의 30% 미만(이중 포화지방은 10%미만), 소금은 2.4g 미만으로 섭취하도록 최대한 제한하며 칼슘섭취는 권장량을 따르도록 한다.

3. 흡연

흡연은 질병이환율과 사망률을 증가시키는 가장 최대의 원인으로 밝혀져 있다. 국외 선진국의 경우에는 흡연율이 매년 감소하고 있음에도 불구하고 우리나라의 경우에는 여전히 높은 수준을 유지하고 있다. 최근 조사 결과에 따르면 만 19세 이상 성인 전체 흡연율은 남성의 경우에는 40.7%이며, 여성은 6.4%로 나타났다. [그림 5-2]를 보면 남성의 흡연율은 감소 경향이지만 여성 흡연율은 유지되는 것을 볼 수 있다. 연령별로 보면, 남녀 모두 30대 흡연율이 가장 높았다. OECD 회원국가와 비교했을 때 우리나라의 남성 흡연율은 아직도 높은 수준에 있다(질병관리본부, 2016).

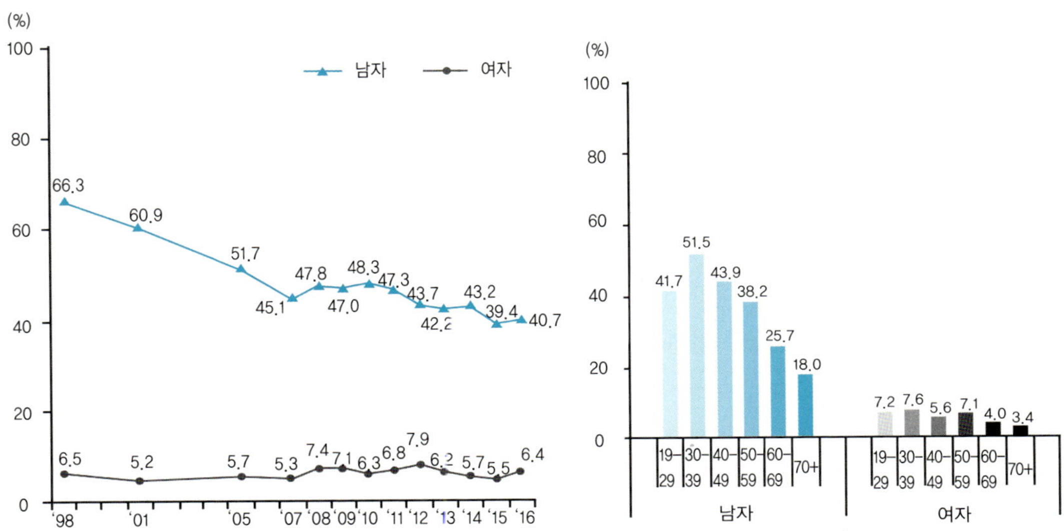

그림 5-2 • 성별 연령별 흡연율 추이

1) 흡연이 건강에 미치는 영향

담배연기 속의 대표적인 성분은 니코틴, 일산화탄소 및 타르이다. 그밖에 이산화탄소, 황화수소, 시안화수소 등과 같은 발암물질이 있으며, 이는 유전자변이를 촉진시켜 암을 유발한다.

(1) 니코틴

니코틴은 약품 분류상 극약으로서 담배의 습관성 중독을 일으키는 마약성 물질이며 한 사람을 사망에 이르게 하는 치사량은 체중 1kg당 1mg이다.

니코틴은 말초혈관을 수축하여 혈압과 맥박을 높이며 영양소와 산소의 공급을 적게 한다. 또한 콜레스테롤을 증가시켜 동맥경화증을 악화시킨다. 따라서 담배를 피우는 사람은 심장병, 버거씨병 등의 발생률이 높고, 그 외에도 소화기계에 작용하여 궤양을 일으키고 내분비계 및 호흡기계에도 나쁜 영향을 미친다.

니코틴이 담배연기로 흡입되어 뇌에 약리작용을 일으키는 데 소요되는 시간은 불과 4~5초이며, 한번 흡입된 니코틴이 몸 밖으로 완전히 배출되는 데는 약 3일이 소요된다.

(2) 일산화탄소

일산화탄소는 혈액 속에서 신체 각 부분의 산소 운반을 방해한다. 저농도의 일산화탄소에 장기간 노출되면 콜레스테롤이 동맥벽에 붙는 것을 촉진시키고 혈소판이 붙는 것을 항진시켜 혈관 내에 핏덩어리를 만든다. 이와 같은 성질 때문에 흡연자는 협심증이나 심근경색, 뇌혈관질환의 발생률이 비흡연자에 비해 높다. 그리고 손발이 저린 증상인 말초혈관질환은 조기에 발생하며, 저산소증 현상을 일으켜 신진대사에 장애를 주고 조기 노화현상을 일으킨다. 일산화탄소는 낮은 농도에서는 증상이 없으나 농도가 높아지면 기억력 상실, 호흡곤란, 구토 등의 증상이 나타나고

60% 이상이 되면 사망하게 된다.

(3) 타르

타르 속에는 각종 암을 일으키는 물질이 다량 포함되어 있다. 담배연기에는 4,000여 가지의 화학물질이 있는데, 이중 암을 일으킨다고 알려진 발암물질이 43가지나 포함된다.

폐암의 발생위험도는 하루의 흡연량과 흡연기간, 흡입 정도에 직접적으로 비례하는데, 예를 들면 하루 20개비 이상의 흡연자는 10개비 이하의 흡연자보다 폐암위험도가 2배가량 높고 15세 이전 청소년기부터 흡연을 시작한 사람은 25세 성인기 이후에 흡연을 시작한 사람보다 폐암위험도가 4배 높다.

2) 간접흡연

담배연기는 흡연자가 들이마신 후 내뿜는 연기인 주류연과 담배를 흡입하는 사이 담배 끝에서 나오는 부류연으로 구성된다. 간접흡연의 85%가 되는 부류연은 일산화탄소의 농도가 2.5배 높고 연기 입자가 작아 폐의 깊숙한 부분에 침착된다. 간접흡연은 공간의 크기, 환기, 온도, 습도, 피우는 담배의 종류와 양, 휘발성 등의 요인들에 영향을 받는다. 담배연기에 민감한 사람 중 67%가 안구자극증상을 나타내고, 그 외에도 코증상, 두통, 기침 등의 증상이 있다. 흡연의 대사물인 니코틴 또한 간접흡연에도 영향을 미쳐 간접흡연에 노출된 아동의 소변에서는 니코틴이 검출되며 아이가 어릴수록, 어머니가 흡연할수록 더 강한 영향을 받는다.

3) 노인흡연

노인에게 있어서 흡연은 더 많은 질환 및 합병증의 원인이 된다. 흡연은 심혈관질환, 만성폐쇄성폐질환, 당뇨병과 같은 기저질환이나 순환계 및 호흡계의 상태를 더욱 악화시키며 폐암, 췌장암, 방광암, 자궁경부암의 발생률을 증가시키고 뇌졸중, 골다공증, 노인성난청 및 백내장 등의 질환과 체중 감소, 근력저하 등에 영향을 미친다. 이로 인해 각종 의료기관 이용률과 의료비 소비량이 많아지며, 결국 삶의 질 저하와 직결된다. 또한 흡연은 노인에게 처방되는 다수의 약들의 효과를 떨어뜨리며, 활성산소를 증가시켜 피부노화와 뇌 위축을 촉진시킨다는 보고도 있다.

60세 이상의 노인 흡연자 중 절반 정도가 흡연으로 인한 질환을 앓는 것으로 알려져 있으므로 금연하도록 지도하는 것이 가장 바람직하다.

4) 여성흡연

여성흡연은 여성의 임신 및 육아와 관련이 있다. 임신 중 흡연은 태아에게 산소공급을 부족하게 하여 태아의 발육을 지연하고 미숙아를 출산할 확률을 높인다. 또한 임신합병증인 출혈, 태반조기박리, 전치태반, 자연유산, 양막조기파열 등의 빈도를 높인다. 흡연 산모에게서 태어난 아기는 저체중아가 많으며 유문협착, 탈장, 선청성 심장병 등의 선천기형이 많이 생긴다.

5) 니코틴중독 및 금단증상

니코틴은 아편과 같은 수준의 습관성 중독을 유발하여, 약학적으로 아편으로 분류된다. 담배를 피우기 시작하면 매 30~40분에 한 대씩 피워야만 하는 이유가 바로 니코틴 때문이다. 담배 1개비는 보통 10~20mg, 필터담배는 1~2mg의 니코틴이 연기로 흡입된다. 적은 양의 니코틴은 쾌감을 얻을 수 있고, 각성효과가 있어 글을 쓰거나 작업을 할 때 일시적으로 창의력을 향상시키며, 흥분되었을 때도 일시적인 진정작용을 한다. 하지만 많은 양의 니코틴은 환각상태에 이르게 할 수도 있다. 니코틴은 폐에서 빠르게 흡수되므로 연기 흡입 후 19초 이내에 뇌까지 도달하게 되고 동맥혈액과 뇌에서 급격히 상승하였다가 20~30분에 걸쳐 감소하게 된다.

니코틴에 반복적으로 노출되면 뇌에서 니코틴 수용체가 늘어나고 내성이 생기게 된다. 아침에 흡연을 하면 내성이 생겨 금단증상이나 각성을 느끼는 역치가 증가한다. 쾌감이나 각성은 아침 첫 담배에서 가장 크고, 흡연을 함에 따라 감소하여 저녁이 되면 흡연으로 인한 쾌감이나 각성은 거의 없고 금단증상을 막기 위해 흡연하게 되는 1일 변화를 겪게 된다. 하루 중 첫 담배는 약리효과와 각성효과도 크지만 내성도 생기게 한다. 그러므로 금연을 하려면 이른 아침 담배부터 금해야 한다. 흡연자가 약리효과가 감소되는 것을 느끼면 흡연량은 점점 증가하게 되고, 내성이 점차 증가하여 담배 개비의 약리적 환각작용은 감소하게 된다. 이러한 내성 때문에 흡연자는 원하는 정도의 약리작용을 얻고 금단증상을 줄일 수 있는 자신만의 일정한 1일 흡연량을 가지게 된다. 담배를 계속 피우는 이유는 니코틴에 대한 의존성 때문인데, 금연으로 인해 체내에 니코틴이 없어지면 여러 금단증상(불안, 초조, 손이 떨리고 정신집중이 되지 않으며 땀이 나는 증상 등)이 나타난다. 금단증상은 24~48시간에 가장 심하고 2주 동안 서서히 감소한다.

니코틴의존은 지속적으로 흡연을 반복하는 상태로서 이로 인한 정신적 고통이 따르거나 혹은 관련된 신체적 질환이 있음에도 불구하고 담배에 의존하게 되어 흡연을 중단하지 못하는 경우를 말한다. 이는 〈표 5-6〉을 통해 자가진단을 할 수 있다.

표 5-6 • Fagerstrom의 니코틴 의존성 진단표

질문	응답	점수
아침에 일어나 언제 첫 담배를 피우십니까?	일어난 지 30분 후 일어난 지 30분 이내	(0)점 (1)점
하루 평균 흡연량은?	1~5개비 16~24개비 25개비 이상	(0)점 (1)점 (2)점
어느 담배가 더 맛있습니까?	기상 후 처음으로 피우는 담배 이외 기상 후 처음으로 피우는 담배	(0)점 (1)점
자신이 피운 담배의 연기를 깊이 들이마십니까?	전혀 마시지 않는다 때때로 마신다 항상 마신다	(0)점 (1)점 (2)점
아파서 누웠을 때도 담배를 피웁니까?	피우지 않는다 피운다	(0)점 (1)점
하루 중 언제 담배를 많이 피웁니까?	오후 오전	(0)점 (1)점
어떤 종류의 담배를 좋아하십니까?	순한 담배 보통 독한 담배	(0)점 (1)점 (2)점
금연 장소에서 담배를 피우고 싶어질 때는?	참는다 참기 어렵다	(0)점 (1)점

※ 점수가 7점 이상이면 니코틴 중독임

6) 금연방법

최근 전향적이고 실제적인 중재 방안을 실시한 연구결과들을 통해 흡연자들의 나이에 맞춰진 금연 권고 메시지의 중요성을 알 수 있다.

금연에 대한 태도도 연령별로 다른 경향이 있다. 특히 노인 흡연자들의 절반 정도는 지속적인 흡연이 본인의 건강에 악영향을 미친다고 생각지 않으며, 금연에 대한 자신감 또한 젊은 흡연자에 비해 부족하다. 이러한 관찰 결과들은 고연령일수록 장기간의 흡연기간을 가진다는 것과 관련성이 있다고 볼 수 있다. 그러므로 연령별로

금연의 전략을 달리할 필요가 있다. 노인들을 대상자로 삼은 금연의 중재 방안은 흡연을 계속하는 개개인에게 금연 시 얻게 되는 건강상의 이득뿐만 아니라 건강에 미치는 해로운 점 또한 강조해야 한다. 이와 더불어 금연을 해낼 수 있는 능력에 대한 자신감을 심어 주는 것이 중요하다. 전문가의 도움을 요청하여 금연을 성공할 수 있도록 도와야 한다. 금연방법에는 니코틴을 서서히 주입하는 금연패치, 금연껌 등 보조제를 이용하는 방법, 금연클리닉이나 금연프로그램에 참여하는 방법, 기타 행동요법 등 여러 방법이 있다.

또한 전문가들은 금연을 방해하는 요인과 흡연의 유혹을 이겨내는 방법 등을 제시하고 올바른 건강습관을 가지는 등의 행동적 금연기술을 추천해 줄 수 있다. 〈표 5-7〉의 "5 A's"은 금연방법을 제시하는 좋은 예가 될 수 있다.

표 5-7 • 단기 금연 중재를 위한 "5 A's"

5 A	행 동	실행 전략
ASK about tobacco use	모든 환자에게 매 방문 시마다 흡연상태를 확인, 기록	흡연 여부를 확인하고 전체적으로 통용될 수 있는 대체 체계를 사용한다.
ADVICE to quit	금연을 시도할 의도가 있는 흡연자에게 명확하고 강하며, 개별화된 방법으로 금연할 것을 요구	• 명확하게: "지금 금연하는 것은 당신에게 중요하다고 생각합니다. 제가 도울 수 있습니다" • 강하게: "금연하는 것이 현재와 미래의 당신 건강을 위해 할 수 있는 가장 중요한 일이라는 것을 알기를 원합니다" • 개별화된 방법으로: 흡연을 현재의 건강/질병상태, 사회경제적 가치, 자극수준/금연에 대한 준비도, 흡연이 다른 사람에게 끼치는 영향 등과 연결시킨다.
ASSESS willngness to makes quit attempt	모든 흡연자에게 향후 30일 이내에 금연을 시도할 의사가 있는지 질문	• 환자에게 금연의지가 있다면 도움을 제공한다. • 환자가 집중적인 치료에 참여하고자 한다면 적절한 치료소로 보내 주거나 위탁한다. • 환자가 현재는 금연할 마음이 없다고 명확히 말한다면 동기 부여 중재를 제공한다.
ASSIT in quit attempt	• 환자가 금연계획을 짜는 것을 돕는다. • 문제해결기술을 연마하도록 실천적인 상담을 제공한다.	• 환자가 금연 날짜를 설정하도록 격려한다; 가족, 친구들, 직장동료들에게 선포; 장애물들을 예측; 주변 환경에서 담배를 제거; 금연하기에 앞서 담배를 피우면서 많은 시간을 보냈던 장소를 피한다. • 총 금연기간을 강조; 과거의 금연경험을 회상; 금연 시의

	• 치료 내부에 사회적 지원을 제공한다. • 치료 외적인 사회적 지원을 얻을 수 있도록 돕는다. • 승인된 약물치료를 추천한다. • 보조도구들을 제공한다.	난제들, 흡연유발요인들과 그것을 어떻게 극복했는지 의논; 환자에게 그들이 있을 때는 다른 가족들이 담배를 피우지 못하게 하거나 금연을 권하도록 만든다. • 환자가 금연을 시도하도록 격려하는 동안 지지적인 임상환경을 제공한다. "병원 직원들과 저는 당신을 도와드릴 수 있습니다." • 환자가 치료 외적인 공간의 환경에서 금연시도에 대한 사회적 지원을 얻도록 돕는다. • 자원: 국가단체, 비영리단체, 지역보건소 • 유형: 문화, 인종, 교육수준, 나이에 맞춰서 제공한다.
ARRANGE follow-up	• 사후관리를 위한 정기적인 추적관찰 일정을 계획 • 유관기관과 연계	• 시점: 첫 번째는 금연 시작 일주일 이내, 두 번째는 한 달 이내로 잡는다. 추후 일정은 필요에 따라 잡는다. • 추적관찰 시의 행동: 성공하면 축하하고 실패했을 경우에는 환경을 고찰해 보고 재시도를 유도한다. 실패는 학습경험으로 사용할 수 있다는 것을 환기시킨다. 현재 그리고 예상되는 장애물을 확인한다. 약물치료의 사용과 문제점을 평가한다. 보다 집중적인 치료의 사용을 고려하거나 위탁한다.

출처: Fiore MC et al (2000).

4. 운동

2016년 국민건강영양조사의 결과에 따르면 규칙적인 유산소운동을 하는 성인은 남성 52.5%, 여성 46.4%로 나타나, 남성의 규칙적인 유산소운동 실천율이 더 높았다 (질병관리본부, 2016). 특히 노년층에서 60대에 비해 70대는 남녀 모두 유산소운동 실천율이 현저하게 낮은 비율을 보였다. 근력운동의 경우, 남성은 30대에서 가장 운동 실천율이 낮은 반면, 여성은 70대 이상의 고령일 때 가장 운동 실천율이 낮았다.

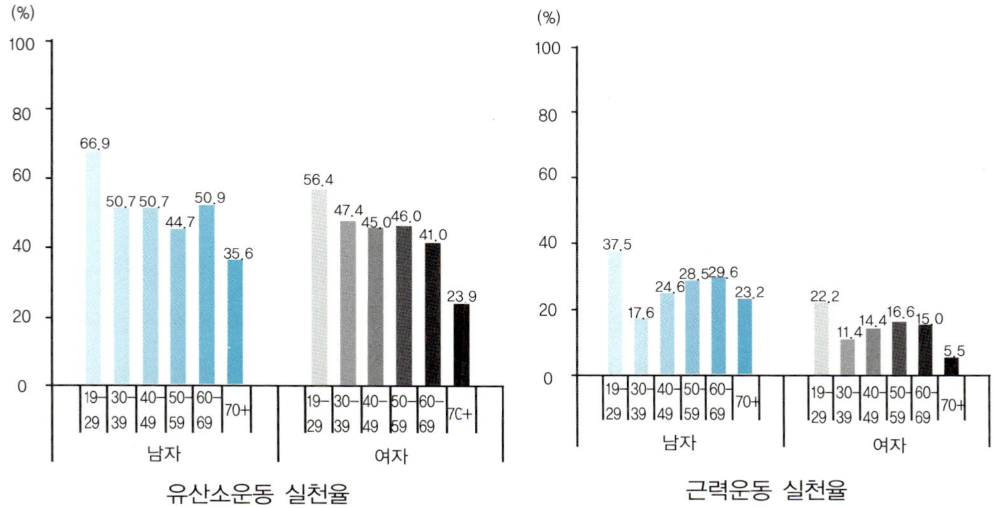

그림 5-3 • **성별 유산소운동과 근력운동 실천율**

1) 운동이 건강에 미치는 효과

적당한 운동을 하고 충분한 휴식을 취하면 면역기능이 강화되고 자연발생적인 치유능력이 증진된다. 운동은 근육에 질적 · 양적 변화를 일으키고, 호흡 · 순환 및 신경기능의 향상을 통해 체력을 향상시키는 효과도 있다. 또한 혈액순환을 증가시키고 심장의 활동을 강화시켜 동맥의 탄력성을 유지시킨다. 운동으로 땀이 흐르고 내장의 운동을 증가시켜 체내 노폐물의 배출을 돕는다. 이외에도 뇌에 엔도르핀을 증가시키고 스트레스를 완화시켜 정신적으로도 만족감을 느끼는 효과가 얻어진다. 따라서 운동은 동맥경화, 고혈압, 뇌졸중의 예방에 도움이 된다. 그러나 모든 운동이 모든 사람에게 유익한 것은 아니므로 자신에게 맞는 운동을 하도록 노력해야 한다.

2) 노인운동관리와 효과

운동을 잘못 이해하거나 적합하지 않은 운동방법을 택하게 되면 신체기능에 장애를 가져오게 된다. 특히 운동으로 인해 일어날 수 있는 신체의 부정적인 영향으로는 운동중독증, 활성산소의 발생, 스포츠 상해 등이 있다.

특히 노년기에는 무리한 근력운동은 부적합하고 다리근육을 적절히 사용할 수 있는 서기, 앉기, 걷기 등의 운동이 적합하다. 다리 부분의 근육이 약해지면 자세유지에 필요한 긴장근 수축이 없어지고 긴장근의 각성자극이 뇌에 전달되지 않아 졸린 증상도 갖게 된다. 뇌를 자극하여 노화를 막는 긴장근은 하반신에 많이 몰려 있기 때문에 걷기운동은 뇌를 자극하는 데 매우 좋은 운동이다. 그러므로 다리근력을 유지하는 것이 건강한 노년을 보내는 비결 중 하나이다.

또한 노인이 되어서도 근력운동을 실시하여 적절한 근육량을 유지하는 것이 필요하다. 즉, 운동을 하면 혈액 속의 적혈구가 감소되는데 이로 인해 자극이 되어 골수의 조혈작용을 촉진시키고, 골수의 신진대사가 활발해진다. 또한 운동에 의해 근수축이 되면 물리적 압력이 골격의 신진대사를 활발하게 하므로 규칙적인 운동 실시는 매우 중요하다. 노년기 운동의 효과는 다음과 같다.

① 신체기능이 향상한다.
② 최대산소섭취량의 증가, 일정 강도 운동에 대한 맥박수와 혈압의 감소 등 심폐기능이 향상한다. 육체적으로 활동적인 사람에 비해 육체활동이 부족한 사람은 심장병에 걸릴 위험도가 두 배 이상 높으므로 규칙적인 운동은 심장병의 위험인자를 줄여 심혈관계 질환의 일차적인 예방에 효과적이다.
③ 안정 시 수축기 및 이완기 혈압의 감소, 이상적인 혈중 콜레스테롤 유지 등 관상동맥질환의 위험요인들을 감소시킨다.
④ 근력과 유연성을 강화시키고 골격 및 관절의 건강을 유지시킨다. 또한 류머티

증이나 퇴행성 관절염이 있는 경우에 규칙적인 운동은 지구력과 근력을 강화시키고, 유연성 및 관절의 가동범위를 증진시킨다.

⑤ 뼈 손실 속도를 저하시키고 특히 폐경기 여성의 골밀도를 증가시킨다.

⑥ 뇌혈관질환자들의 재활에 도움이 된다. 뇌졸중을 앓은 환자들의 대부분은 체력 및 심폐기능이 저하되어 있으므로 뇌졸중 회복단계 환자들에게 운동치료를 실시하면 손상된 운동기능을 빠르게 회복시킬 수 있다.

⑦ 이밖에도 운동을 통한 사회화 활동을 통해 자신에 대한 존중감과 자신감이 고양되고, 노인우울지수도 감소한다.

3) 운동 시 유의점

운동을 할 때는 심폐기능, 근력, 유연성의 세 가지 측면을 반드시 고려해야 한다. 즉, 이 세 가지가 조화를 이룬 운동이 인체에 이로운 효과를 준다. 지나친 운동은 오히려 건강에 해롭다는 주장은 이 세 가지 요소를 고려하지 않은 경우에 해당하는 것이다. 무리한 조깅이나 과격한 운동은 심장마비, 골절, 근육파열을 초래할 수 있다. 또한, 활성산소의 과도한 생산은 오히려 건강을 해칠 수 있다. 특히 질병이 있거나 위험요인을 가진 경우에는 운동에 관해 전문가의 조언을 받아야 한다. 즉, 신체의 부적합성을 개선하면서 건강을 증진시키기 위해서는 개개인에게 적합한 운동처방이 요구된다.

특히 노인은 적당한 속도와 리듬을 유지시키는 운동이 좋다. 심혈관계기능을 개선하기 위해서는 걷기, 댄스, 에어로빅, 요가, 수영, 자전거 타기 등 대근육을 리듬감 있게 사용하는 가벼운 유산소운동을 해야 한다. 또한 근력운동 시에는 저강도의 저항운동을 권장하며, 같은 동작을 여러 번 반복하는 등장성 운동이 좋으며, 등척성 운동은 피한다.

그밖에 노년기 운동으로는 관절이나 근육의 경직을 막기 위해 스트레칭을 하는 등의 유연성 운동이 좋다. 이를 통해 통증이 예방되거나 치료되며, 신체활동을 할 때 적절한 가동범위를 향상시켜 준다. 또한 노인들은 낙상예방을 위해 균형감을 향상시켜 주는 운동도 효과적이다.

5. 스트레스

현대사회의 다원화 및 전문화로 인하여 현대인들은 이전과는 상이한 생활의 변화를 경험하게 되었다. 따라서 이에 적응하기 위한 다차원적인 노력이 필요하다. 최근 세계화 추세와 전반적인 경제침체로 인해 무한경쟁 사회조장, 직무의 불안정 등 현대인에게 내·외적 심리적 긴장과 스트레스가 점차 가중되고 있다.

스트레스는 신체질환을 일으킬 뿐 아니라 심리적 문제를 일으키며, 이러한 문제는 지나친 흡연, 과음, 약물남용, 폭력, 식욕장애 등 심각한 개인적 문제를 일으키고, 나아가 직장 동료와의 불협화, 동기결여 등에 의한 생산성 감소 등 막대한 지장을 초래하게 한다. 스트레스로 인한 경제적 손실이 국민총생산의 10%를 넘는다는 사실은 이를 잘 반영하고 있다.

우리나라 성인의 스트레스 인지율은 남성 28.2%, 여성 30.6%로 여성의 스트레스 인지율이 높게 나타났다(질병관리본부, 2016). 연령별로 보면 남성은 30대(38.6%), 여자는 20대(37.9%)에서 가장 높았고, 남성은 60세 이후 감소(60대 15.5%, 70대 이상 8.6%)하지만 여성은 여전히 높은 스트레스 인지율(60대 25.6%, 70대 이상 21.7%)을 보였다.

1) 스트레스의 정의 및 유발인자

우리가 통상 사용하고 있는 스트레스의 개념은 스트레스 자극을 의미하는 스트레스 인자(stressor)에 가깝다. 스트레스를 받는다고 할 때의 스트레스는 스트레스적 상황을 연출하는 외부적 자극을 의미하는 것이기 때문이다.

Stressor의 어원은 라틴어의 'Stringer'로 이는 '팽팽히 죄다'라는 의미에서 유래하였다. 14세기에 이르러 스트레스라는 용어는 고난, 곤경, 고통 등의 의미로 사용되었고, 17세기 말에는 Hooke가 물리학에서 스트레스의 개념을 사용하였다. 오늘날 스트레스가 지니는 의미는 물체나 인간에게 작용하는 힘, 압력, 강한 영향력 또는 어떤 체계에 작용하는 외적인 힘으로 개념화되고 있으며, 이러한 외적 힘에 의해 야기되는 내적 체계상태의 변화는 긴장(strain)으로 정의되고 있다.

스트레스는 부정적 측면뿐 아니라 긍정적인 측면도 있다. 이 개념은 스트레스의 수준이 지나치게 낮거나 지나치게 높으면 건강에 역기능 스트레스가 되지만, 어느 정도 적정수준을 유지하면 건강에 긍정적인 영향을 끼치게 되어 순기능 스트레스가 된다. 따라서 각 개인마다 스트레스의 최적수준 모델이 있어서 이것을 찾아내는 것이 정신건강의 최종 목표가 된다.

스트레스를 일으키는 인자는 나 자신과 나 자신을 둘러싼 모든 환경이 될 수 있다. 이는 대략적으로 소음이나 습도, 악취, 더위, 추위 등과 같은 물리적 자극으로 이루어지는 생리학적 스트레스 자극, 인간의 인지체계와 관련된 모욕감, 창피감, 위압감, 자존심 손상 등을 초래하는 환경이나 사건들을 의미하는 심리학적 스트레스 자극으로 분류할 수 있다. 또한 사회구조, 사회과정 등의 사회문화적 자극인 정치적 폭력, 경기침체, 사회 불안, 물가고, 고용감축, 봉급동결, 사회범죄 등의 사회환경과 개인이 구체적으로 당면하게 되는 현실인 실직, 이주, 물질적 궁핍 등의 사회적 스트레스 자극 등으로 나눌 수 있다.

2) 스트레스에 대한 반응

일반적으로 스트레스를 받을 경우 네 가지 반응이 생기게 된다. 첫째, 효과적인 방어 반응을 보이는 정상적 상태, 둘째, 불안의 정도가 상당히 커서 효과적으로 방어하지 못하는 신경증(neurotic), 셋째, 불안을 잘못 깨닫거나 무시하는 정신병(psychotic), 넷째, 방어에 실패하여 불안이 생체조직의 변화를 가져오게 되는 정신생리학적 이상(psychophysiological abnormal)이다. 정신생리학적 이상을 중심으로 살펴보면 다음과 같다.

(1) 스트레스에 대한 신체적응 현상

사람에 따라 다르며 20~30대는 정서적 장애가, 중년 이상에서는 신체적 장애가 많다. 급성스트레스를 받으면 맥박이 증가하고 호흡이 빨라지며 동공이 커지고 근육이 긴장된다. 또한 얼굴이 화끈 달아오르며 숨이 가빠지고 심장이 두근거리는 것을 느낀다. 경우에 따라서는 가슴, 배, 허리, 머리가 아프기도 하고 현기증을 호소하기도 하며 손이 떨리기도 한다.

(2) 스트레스와 관련된 질병 및 상태

첫째, 생리적 변화로는 심박수의 증가, 혈압의 상승, 소화기계의 변화, 긴장도의 증가 등이 나타나며, 둘째, 심리적 변화로는 감정상태의 변화, 우울, 분노, 정서불안, 긴장, 낮은 자긍심 등이 나타난다. 셋째, 인지적 변화로는 주의집중 및 의사결정 곤란, 기억력 저하, 비뚤어진 사고, 정신기능의 저하 등이 나타나며, 넷째, 행동적 변화로는 수행능력 저하, 스트레스로 인한 많은 상황의 회피, 신경과민적인 습관(tics), 식사습관의 변화, 신체적 증상 등이 나타난다(〈표 5-8〉).

표 5-8 • 스트레스와 관련된 질병

① 심혈관계	빈맥, 부정맥, 고혈압, 협심증, 심근경색증 등
② 소화기계	식욕부진, 신경성구토, 위경련, 가슴앓이, 딸꾹질, 위궤양, 십이지장궤양, 변비, 설사, 과민성장증후군, 궤양성대장염 등
③ 호흡기계	신경성기침, 건초열, 기관지천식, 과호흡증후군 등
④ 내분비계	당뇨병, 비만증, 갑상선질환 등
⑤ 비뇨생식기계	빈뇨, 발기부전, 불감증, 조루증, 월경불순, 불임증 등
⑥ 신경계	긴장성두통, 편두통, 틱, 수전증, 뇌졸중 등
⑦ 근육계	근육통, 만성요통, 류머티즘성 관절염 등
⑧ 면역계	저항력 감소, 자가면역성질환
⑨ 피부계	여드름, 두드러기, 습진, 원형탈모증, 가려움증, 신경성피부염, 다한증 등
⑩ 정신계	불면증, 우울증, 불안증, 약물남용, 알코올중독, 신경증, 정신분열증, 자살 등
⑪ 기타	피로 및 무기력, 각종 암, 손상, 돌발적인 사망 등

3) 스트레스 측정 및 평가

스트레스를 평가하기 위해서는 우선 스트레스의 원인이 무엇인지를 파악해야 한다. 스트레스를 일으키는 가장 흔한 사건은 변화, 상실, 위협이므로 이를 기억해 두는 것이 도움이 된다. 또한 스트레스와 관련된 문제를 일으키는 중요 분야는 일, 결혼, 부모역할, 친구관계, 여가, 종교, 건강 등이 있다.

스트레스와 긴장 정도를 알아보기 위하여 일상생활에서 누구나 느낄 수 있는 스트레스 증상의 항목에서 자신이 느끼는 빈도수를 표시한 수를 모두 합산하여 긴장 수준을 평가할 수 있다.

개인의 성격에 따라 동일한 스트레스원에도 각기 다른 스트레스 반응을 보이므로 성격유형을 평가하는 것이 필요하다. 성격의 유형을 A형(type A)과 B형(type B)으로 구분하는데 인간의 행동양식은 매우 복잡하여 한 가지만으로 표현될 수 없다.

표 5-9 • 스트레스와 긴장 정도 점검표

증상	자주	일주일에 한두 번	거의 없다
1. 긴장감, 분노를 느끼고 신경성 소화불량이 생긴다.	2	1	0
2. 직장이나 가정에서 주위사람들이 긴장하게 한다.	2	1	0
3. 긴장했을 때 먹거나 마시거나 담배를 피운다.	2	1	0
4. 긴장감, 편두통, 목이나 어깨통증 및 불면증이 있다.	2	1	0
5. 밤이나 주말에 다음날 새롭게 활동할 정도로 쉽게 긴장을 풀 수 없고 머리를 식힐 수 없다.	2	1	0
6. 일에 대한 걱정 때문에 집중하기 어렵다.	2	1	0
7. 긴장을 풀기 위해 진정제나 다른 약을 먹는다.	2	1	0
8. 긴장을 풀기 위한 시간을 충분히 내기 어렵다.	2	1	0
9. 시간 여유가 있어도 긴장을 해소하는 데 사용하지 못한다.	(예) 1	(아니오) 0	
10. 업무의 성격상 마감시간에 쫓기는 편이다.	(예) 1	(아니오) 0	

	점수	긴장 수준
A	14점 이상	심각한 긴장수준
B	10~13점	평균 이상
C	6~9점	평균
D	3~5점	평균 이하
E	0~2점	거의 긴장이 없음

A형 성격은 과도한 경쟁의식, 인정받고자 하는 욕망, 지나친 목표의식, 분명하지 않은 목표에 대한 집착, 반복적인 잡일에 대한 고민, 여러 생각과 행동, 사건의 진행 속도에 인내하지 못하고 휴식에 대해 항상 불안감이나 죄책감이 있으며, 일상생활의 모든 활동들이 성급하다. 이러한 A형 성격의 소유자는 B형 성격에 비해 심장질환 발생률이 높다.

이외에도 직장인들은 직업으로 인한 스트레스도 상당 수위를 차지한다. 직업에서 오는 스트레스는 사회적 활동에서 상당한 노력을 요구하지만 상대적으로 낮은 보상과 자신의 업무를 스스로 관장할 권한이 없는 경우에 주어진다. 즉, 업무상 부담은 많은데 자율적인 판단을 할 수 있는 권한이 거의 없는 경우에 가장 스트레스를 많이 받는다. 특히 시간에 쫓기고, 복잡하고 중요한 문제를 해결해야 하지만 결정권이 없거나 노력만큼의 보상이 주어지지 않을 때 스트레스가 크며, 무엇인가로부터 위협을 받게 되면 심혈관계 질환이나 우울증에 걸릴 가능성이 높아진다. 이와 같이 직업적인 스트레스를 자주 경험하는 경우에는 스트레스의 양과 질이 증가하고 이에 대처할 방법에 문제를 유발시켜 건강한 생활습관을 유지할 수 없게 된다. 스트레스를 받으면 코르티솔(cortisol)이라는 호르몬의 분비가 증가하며 동맥경화를 유발한다. 즉, 스트레스로 인해 야기된 분노는 고혈압, 심장병, 뇌졸중, 그리고 정신적인 질병의 발생률을 높이고 우울과 불안을 증가시켜 자살에 이르게 한다.

4) 스트레스관리

스트레스의 원인이 어떤 것이냐에 따라 대처하는 방법도 다르다. 심리학적 스트레스의 경우에는 개인의 사고과정을 통해 환경에 대한 인식체계를 바꾸려는 심리학적 대응이 필요하다. 다시 말해, 인생의 의미를 재탐색하여 새로운 관점에서 세계관을 보려고 노력하거나, 현실의 고통을 극복하기 위해 새로운 일에 몰두하는 방법이 있다. 사회적 스트레스의 경우에는 환경을 변화시키려는 사회적 대응이 필요하다. 친구나 가족 등 주변 인적자원의 도움을 받아 환경을 변화시키려는 노력이 바로 그 예이다.

스트레스에 대처하는 일반적인 방법으로는 명상을 통한 이완요법이 있으며 자신을 위협하는 일을 도전하는 일로 바꾸어 생각하는 방법 또한 좋은 대처법이다. 자신감을 가질 수 있도록 반복적으로 되새기거나 자신의 의견을 분명하게 이야기할 수 있도록 훈련하는 것도 필요하다.

또한 자신의 스트레스를 이해하고 스트레스 항목을 작성하여 스트레스를 주는 상황을 분석하는 과정이 필요하다. 당면한 문제에 맞서 스트레스에 대처하는 방법들을 나열하면 다음과 같다.

① 해결해야 하는 문제를 절대성이나 당위성으로 생각하지 않고 선호하는 것으로 바꾼다. 어차피 해결해야 하는 문제라면 즐기자는 자세를 갖는다.

② 불확실한 문제에 대해 성급한 결론을 내리기보다 실수는 항상 할 수 있다는 것을 인정한다.

③ 변화하는 문제를 예상하고 이를 최소화하도록 한다. 변화는 언제든지 발생할 수 있는 일임을 예상해야 돌변상황과 의외적인 상황에 대비할 수 있다.

④ 원하는 사항들을 모두 만족시키려는 요구도를 높이지 않도록 한다. 모든 희망사항을 만족시키지는 못하므로 우선순위를 정하여 가장 중요한 일부터 차근차근 해결해 나간다. 우선순위에 밀린 중요하지 않은 일들에 얽매이지 않도록 한다.

⑤ 자신을 사랑하며 자신의 가치를 인정한다. 본인에게 중요한 생의 의미를 알고 일상생활에서 그 의미를 찾기 위해 노력한다.

⑥ 주변사람들에게 상담과 조언을 요청한다. 혼자라는 생각을 버리고 다른 주변인의 경험을 공유하도록 한다.

참고문헌

강영실 (1999). 지역사회 거주 노인의 건강상태와 생활양식의 관계. **한국노년학연구**, 8, 145-160.

대한노인병학회 (2005). **노인병학**. 서울: 의학출판사.

대한임상노인의학회 (2003). **임상노인의학**. 서울: 한우리.

서병진 (2007). **노인복지론**. 서울: 솔바람.

서순림 외 (2007). **노인건강증진**. 서울: 현문사.

석소현, 김귀분 (2000). 노인의 불면증에 대한 이완요법의 효과. **성인간호학회지**, 12, 222-233.

설민신, 한신희, 황승숙, 김은주, 김영돈 (2000). **노인건강을 위한 운동프로그램**. 서울: 학문사.

송미순 외 (2006). **노인일차건강관리**. 서울: 군자출판사.

송미순 외 (2007). **노인건강연구도구집**. 서울: 군자출판사.

예민해, 천병렬, 감신, 이경은 (2005). **질병예방과 건강증진**. 서울: 계축문화사.

유승흠 (2007). **노인보건학**. 서울: 계축문화사.

이양출, 박정훈 (2006). 노인의 신체운동이 삶에 미치는 영향. **한국여성체육학회지**, 20, 135-144.

조주연, 조경환, 조경희 (2006). **노인의학개론(개정판): 노인의 건강관리와 건강증진**. 서울: 한국의학.

진영수 (2002). 노화와 운동. **노인병**, 6, 11-18.

질병관리본부 (2016). 2016 국민건강통계.

최영희 외 (2006). **노인과 건강**. 서울: 현문사.

American Geriatrics Society (2006). Geriatics review syllabus: a core curriculum in geriatric medicine. (6th ed.). (pp. 64-71). American Geriatrics Society.

Buysse, D. J., Reynolds, C. F., Monk, T. H., Berman, S. R., & Kupfer, D. J. (1989). The Pittsburgh Sleep Quality Index: A new instrument for Psychiatry practice and research. *Psychiatry Research, 28*, 193-213.

Fiore, M. C. et al. (2000) *Treating tobacco use and dependence. Clinical Practice Guideline.* Rockville, MD: US Department of Health and Human Services.

Ockene, J. K., Adams, A., Hurley, G., Wheeler, E. V., & Hebert, J. R. (1999). Brief physician-and nurse practitioner-delivered counseling for high-risk drinkers: does it work? *Arch Interm Med, 159,* 2198-2205.

U.S. Department of Health and Human Services (2000). Healthy People 2010 (Conference edition, in two volumes). Washington, D.C.: U.S. Department of Health and Human Services.

U.S. Department of Health and Human Services (2000). Healthy People 2010. Washington,

D.C.: U.S. Department of Health and Human Services.

U.S. Department of Health and Human Services (2000). Physical activity and health: A Report of the Surgeon General. Atlanta. GA: National Center for Chronic Disease Prevention, U.S. Department of Health and Human Services.

U.S. Department of Health and Human Services (2000). Tracking Healthy People 2010. Washington, D.C.: U.S. Department of Health and Human Services.

CHAPTER

06 건강교육 및 예방서비스

학습목차

1. 노인을 위한 건강교육
2. 노인의 신체적 변화와 건강교육
3. 노인건강교육의 전략
4. 노인의 건강유지를 위한 예방서비스

CHAPTER

06

HEALTH MANAGEMENT FOR THE AGED IN THE ERA OF HOMO-HUNDRED

건강교육 및 예방서비스

1. 노인을 위한 건강교육

1) 교육의 목적

현재 대부분의 노인들은 건강교육(보건교육, Health education)을 받을 기회가 많지 않으며, 건강지식의 부족으로 질병 이환의 불안감을 가지고 있다. 노년기의 성공적인 질병예방 및 건강관리를 위해서는 건강교육을 통한 자기관리능력을 향상시키는 데 있다. 따라서 노인을 위한 건강교육의 강화 및 전 생애를 거친 평생건강교육이 필요하다.

건강교육이란 건강을 교육한다는 건강과 교육의 합성어로, 건강을 유지하기 위한 방향으로 변화시켜 주는 것을 말한다. 건강이란 신체적 · 정신적 · 사회적인 요소를 모두 내포하고 있으므로 건강교육이란 단순히 건강에 대한 지식을 알게 하는 것이 아니라 인간이 건강을 유지 · 증진하고 질병을 예방하여 적정기능수준의 건강을 유지하는 데 필요한 지식, 태도, 습성 등을 바람직한 방향으로 변화시키는 과정이라고 정의할 수 있다.

노인을 대상으로 건강교육을 포함한 총체적인 교육프로그램을 계획할 때는 노인에 대한 전반적인 이해가 필요하다. 노년기는 직업 및 사회적 지위의 상실, 배우자의 죽음과 신체능력 저하로 인한 스트레스로 사회경제적 · 심리적으로 침체기를 맞이하는 시기이다. 이로 인해 우울과 집중력의 저하, 수면장애 및 의욕의 감퇴 등의 증상이 유발되며 이는 노인의 학습능력과 참여를 방해하는 요소로 작용한다.

교육자는 교육을 시행 전에 노인대상자의 신체기능상태, 정신인지상태, 교육수준, 관련 분야의 사전지식수준, 과거력 등에 관하여 자세히 평가하고 이를 고려하여 학습효과를 최대한 높이기 위한 다양한 매체를 활용할 수 있어야 한다.

현대사회에서는 학교교육만으로는 평생을 살아가기가 어려우므로 평생교육의 개념이 강조되고 있으며, 특히 고령 사회에서는 노인들 또한 이러한 평생교육의 주체로서 예외가 될 수 없다. 노인을 위한 교육은 노인들로 하여금 보다 창조적인 노년기를 영위할 수 있도록 돕는 데 있으며, 노인교육의 필요성을 다음과 같이 요약할 수 있다.

첫째, 노인을 위한 교육은 노인 스스로 학습의 주체로 성장할 수 있는 기회를 제공한다. 즉, 교육을 통해 학습과 자기계발의 욕구를 충족시킬 수 있으며 다양한 학습의 기회를 가질 수 있도록 돕는다. 또한 이러한 기회를 통해 보다 많은 노인들이 사회에 참여할 수 있고, 노년기에 겪는 여러 가지 변화들에 대한 적응력을 높일 수 있다. 또한 평균수명의 연장으로 증가된 노년기를 보다 유익하게 보낼 수 있도록 도움을 준다. 평생교육적 차원에서 노년기는 쇠퇴와 정체의 시기가 아닌 지속적인 성장과 발전의 기간으로 간주할 필요가 있다.

둘째, 교육의 장을 통해 젊은 세대와의 폭넓은 인간관계를 구축하고 세대 간의 상호조력과 정보교환이 이루어진다. 노인들이 사회의 중요한 자원임을 인식시키고 지역사회에 참여하여 다른 세대와 공유하고 함께 경험하는 기회를 확산시킴으로써 세대 간의 화합을 증대시킬 수 있다.

셋째, 노인들의 사회참여와 취업에 필요한 지식과 기술을 제공함으로써 노인의 경제적 자립과 지속적인 사회참여를 돕는다. 노인들이 사회의 중요한 일원으로 참여·공헌할 수 있으며, 경제와 복지의 주체로 자리매김하고 있기 때문에 교육의 중요성은 더욱 높아지고 있다. 노인들이 일생을 통해 축적한 소중한 경험과 지식이 버려지지 않고 사회에 환원되어 부가적인 가치를 발휘하도록 해야 한다. 따라서 교육은 노인들로 하여금 사회참여의 보람과 자신의 존재 가치를 높일 수 있도록 한다.

노년기는 발달의 과정 중에 있는 시기로 노인들은 학습을 통해 활동이 가능하며, 사회에 영향력을 기여하는 존재로서의 새로운 모습이 요구된다. 또한 다양한 개인차를 지닌 존재로서 돈으로는 환산할 수 없는 삶의 지혜와 경험을 축적한 이들이다. 따라서 노인을 소비하며 부담을 주는 존재가 아닌, 봉사하고 기여하며 실천력을 가진 존재로 인식해야 한다. 이러한 노인들의 욕구가 충족되기 위해서는 우선 건강, 경제력, 환경 등이 뒷받침되어야 하며, 이는 노인에 대한 이해와 전문적인 교육을 통해 실현될 수 있다. 더 이상 경로사상에 의한 노인의 위상정립이 아닌 자기계발을 통한 정체성이 확립되도록 노인교육이 자리매김해야 한다.

2) 노인교육의 내용

노인에게 '무엇을 가르칠까'하는 과제는 학습자들, 즉 노인들의 요구도를 파악하는 데서 출발한다. 노인교육은 노년기의 발달과업을 수행하기 위한 수단이고 성공적인 노화와 보다 나은 미래를 준비하기 위한 것이다. 노인을 위한 교육은 건강교육에만 국한되는 것이 아니며 노인의 포괄적인 일반 교육의 범위 내에서 실시되어야 한다. 앞으로 고령사회에서 노화의 과정과 이로 인한 노년기의 변화, 고령사회의 특성, 노년기의 발달 과업 등 건강교육 이외에 노인과 노년기에 대한 제반교육에도 중점을 두어야 한다.

노인교육에서 다루어야 할 측면은 다음과 같다(〈표 6-1〉).

표 6-1 • 노인을 위한 교육의 주요 내용

구체적인 교육내용		
적응을 위한 교육	건강관리	노화로 인한 신체의 변화, 노년기 질병의 예방과 치료, 치매와 정신건강, 식생활, 운동, 올바른 건강습관 등
	여가와 취미	미술, 원예, 공예, 음악, 무용, 서예, 사진, 요리, 동화구연 등
	사회적 변화	노인의 사회적 역할, 새로운 관계망의 구성, 노인 클럽활동, 노인의 정치적 활동 등
	노인심리	노인의 심리적 변화, 인간의 전생애 발달과정, 상담, 기억술 훈련, 노년기 우울증 등
	노후경제	재산관리, 주거 선택과 관리, 상속과 증여, 지출계획, 저축과 투자, 사회기부의 방법 등
	가족	가족의 의미, 가족 내 노인의 역할, 가족관리기술, 가족과의 대화, 가족 캠프 등
생존을 위한 교육	일반교양	외국어, 컴퓨터, 역사, 정치, 사회문제, 신문 읽기, 도서관과 문화원 이용법 등
	취업	노년기의 일, 직업탐색기술, 구체적인 직종과 관련된 기술과 지식 등
	노인복지	노인복지시설, 노인 이용가능시설, 복지제도, 연금제도, 의료보험, 보험 상품 등
사회참여를 위한 교육	사회봉사	봉사의 중요성, 지역사회에서의 노인의 역할, 각종 봉사단체, 봉사에 필요한 기술훈련 등
	노인의 권리	노인의 권리, 정치의 의미, 의사결정연습, 노인 NGO활동 등
의미 재발견을 위한 교육	죽음	죽음의 의미, 죽음을 위한 준비, 유서 작성, 모의 장례식 등
	종교	종교의 의미, 종교의 역사, 경전 해석, 가족종교행사 참여, 성지순례 등
	기타	자서전 쓰기, 회상, 여행, 견학, 답사, 독서토론 등

출처: 한정란(2001). 교육노년학: 노인을 위한, 노인에 관한, 노인에 의한 교육.

2. 노인의 신체적 변화와 건강교육

노년기의 신체적 변화는 노인교육 실천에 영향을 미친다. 노화에 관한 생리학적 관점에서 다음의 변화들이 나타난다.

1) 감각계의 변화

감각의 변화는 노인의 생활방식에 영향을 미친다. 학습에 가장 영향력을 많이 미치는 감각계는 시각과 청각이다. 감각능력의 감소는 타인과의 의사소통에 방해를 받게 하며, 시력감퇴로 기동성이 저하되어 사회적으로 고립된다. 교육담당자는 다음과 같은 변화들을 고려한 후 교육 시 반영해야 한다.

(1) 시각

안구를 둘러싸고 있는 안와 내에는 지방이 쿠션 역할을 하는데 나이가 들면서 이 지방은 감소하게 된다. 이로 인해 안검이 처지게 되고 눈이 깊게 들어가게 된다. 눈썹은 회색으로 변하고 가늘어진다.

결막은 얇아지며 누렇게 변한다. 눈물 생산이 양적 · 질적으로 감소하여 눈이 건조해지고 불편감이나 자극을 준다. 각막의 내피세포 수가 감소하여 각막의 민감성이 감소하고 손상이나 감염 시 둔감해지며, 각막 반사 또한 감소하거나 없어진다. 각막 주변에서는 노인환이라고 부르는 누르스름한 지방침적물을 발견할 수 있다.

섬모체근의 길이는 근위축으로 감소되는 경향이 있고 상실된 근조직은 결합조직으로 대치된다. 섬모체근의 활동은 수정체 두께 변화와 관련이 있기 때문에 근의 기능이 약화될 때 수정체의 능력은 감소하고 망막에 상이 맺히는 눈의 조절작용도 감소하여 노안이 될 수 있다. 눈의 조절작용은 수정체의 탄력성이 감소하고 수정체낭 안에 늙고 죽은 세포가 축적되어 새로운 세포의 생산이 어려워진다. 홍채, 각막, 수정체낭에 엉키고 변질된 세포의 축적과 함께 수정체의 증가된 밀도는 빛을 산란시키고 눈부심을 초래한다. 수정체는 오랜 기간 자외선에 노출되어 점점 누렇게 변하고 불투명해진다.

동공의 크기와 수축력은 감소한다. 동공의 크기가 감소하면 눈으로 들어오는 빛의 양이 제한된다.

이러한 눈의 해부학적 변화는 시력에 영향을 주어 노인의 일상생활에 문제를 초래한다. 빛순응과 시야가 감소되어 갑작스런 빛의 변화에 적응하려면 더 많은 시간이 요구되며, 눈부심은 통증을 유발하고 사물을 알아보는 능력을 제한한다. 주변시력이 감소하여 사회적인 상호작용과 신체활동에 제한을 가져온다. 동공의 크기도 60세에는 20세의 약 3분의 1로 작아져 빛의 투과양이 감소한다. 이러한 변화로 시력이 흐려지고 조정력이 감소하며 짧은 파장의 빛을 여과하는 능력이 감소해 보라색, 청색과 초록색 등 짧은 파장의 색은 구별이 어려워지고 붉은색, 오렌지색, 황색 등을 이보다 쉽게 구별한다. 따라서 교육자는 노인의 이러한 시각적인 변화를 인식해야 한다.

(2) 청각

노화로 인한 변화로 외이에서는 이개에 변화가 생긴다. 연골형성이 계속되고 피부탄력성이 상실되기 때문에 이개가 커지고 늘어진다. 외이도의 가려움과 건조증이 증가한다.

중이에서는 고막이 두꺼워지고 연령이 높아짐에 따라 감염과 손상 및 다른 질환으로 인해 2차적인 손상이 발생할 수 있다. 중이의 이소골 관절이 퇴행하여 단단해지거나 위축되기도 한다. 이로 인해 음의 전달능력이 감소된다.

내이는 노화로 인한 퇴행이 가장 두드러지는 기관이다. 내이에서는 청신경이 퇴행하고, 전정의 감수성도 감소한다. 음파를 신경충격으로 전환시키는 코르티기관의 섬모세포가 감소하여 노인성난청을 유발한다. 난청은 성인 초기에 시작하여 50세 이후가 되면 본격적으로 나타나기 시작한다. 처음에는 고주파음이 손실되고, 다음으로 중간음, 그 다음으로 저주파음이 손실된다. 낮은 음역의 음만 들을 수 있을 때는 발음이 왜곡되어 들리기 때문에 의사소통이 힘들다. 높은 음역의 손실이 있을 때 '스, 츠, 트, 흐'와 같이 높은 음조로 구성된 음을 구별하기 어려우며, 점차로 중등도음과 저음의 감지력도 감퇴되어 75세 이상 노인의 3분의 1이 청각상실의 어려움을 겪는다. 그러나 청력은 노화로 인한 변화 이외에도 환경적·유전적 요인으로 상실되는 경우가 증가하고 있다. 예를 들어 소란스러운 환경이 청신경세포에 영향력을 미칠 수 있으며, 귀의 염증이나 사고 및 약품에 의해서도 문제가 야기될 수 있다.

2) 신경계의 변화

신경계의 기능적 변화는 개인별로 일정하지 않다. 감각운동기능, 기억력, 인지능력 등의 변화는 다양한 속도로 나타난다.

(1) 기억력

기억이란 학습과정에서 주어진 기억자료와 정보를 저장하고 회상해 낼 수 있는 능력을 말한다. 인간의 기억저장은 크게 세 가지 종류의 단계(감각기억, 단기기억, 장기기억)로 나뉜다.

① 감각기억(Sensory Memory: SM)

기억과정의 첫 번째 단계는 감각기억이다. 감각기억은 시각, 청각, 촉각, 후각, 미각 등과 같은 여러 감각기관을 통해 들어오는 자극이 극히 짧은 시간(대략 2~3초 이내)동안 기억흔적에 남아 있다가 순간적으로 사라져 버리는 기억을 말한다. 우리는 수많은 정보에 둘러싸여 순식간에 많은 것을 듣고 보지만 그 많은 정보들 중 대부분은 즉시 사라지고 제공된 정보 중 주의집중을 받은 정보만이 단기기억이라는 두 번째 단계의 기억으로 들어가게 된다.

② 단기기억(Short-Term Memory: STM)

두 번째 단계인 단기기억은 의식적 사고라고 할 수 있는데, 적은 양의 정보는 비교적 짧은 시간 동안(약 20초 내외) 기억되며 전문가들을 단기기억의 용량이 7±2개(즉, 5~9개 정도) 정도로 제한되어 있다고 한다. 단기기억 속의 정보는 비록 적은 양일지라도 반복연습을 통하여 장기기억으로 변환시키지 않으면 5~10초 내에 망각된다. 따라서 단기기억에 기록되는 모든 정보들이 장기기억으로 저장되지는 않는다.

③ 장기기억(Long-Term Memory: LTM)

마지막 단계인 장기기억은 반복연습을 통하여 정보가 체계적으로 조직하여 저장된 것이며, 용량이나 기간에도 제한을 두지 않는다. 이러한 기억에 대한 회상은 저장된 기억 속에 들어 있는 정보를 인출과정을 통하여 꺼내는 것이다. 감각기억과 단기기억의 저장은 기억용량이 한정되어 있고, 보유기간이 매우 짧으나, 장기기억의 저장은 그 용량과 기간이 무한정하다. 몇 분 전에 알게 된 최근의 정보에서부터 아주 예전에 알았던 과거 정보까지 전부 포함하고, 앞으로 회상해 낼 수 있는 가능성을 가지고 저장되어 있는 정보까지 모두 일컫고, 다양한 정보들이 존재한다.

외부에서 들어온 정보를 기억 속에 담았다가 필요시 회상해 내는 과정은 크게 세 가지 단계를 거친다. 첫 번째 단계는 부호화과정이다. 정보를 장기기억으로 옮기는 과정을 설명하기 위해 '부호화(encoding)'라는 용어를 사용하는데, 부호화는 주의집중(attention)과 연합(association)이라는 두 가지 과정을 거쳐 이루어진다. 부호화는 몇 가지 정신적인 정보체계들로 구성되어 있는데 어떤 것에 주의를 집중하고, 이미 알고 있는 지식과 연관시켜 분석하고 다시 정교화한다. 주의집중은 정보를 단기기억으로 부호화하는 과정의 첫 번째 단계로, 단기기억 안에 저장할 수 있는 정보의 양은 매우 제한되어 있으므로 중요하다고 생각하는 정보에 초점을 맞추어 집중하는 것이 필요하다. 연합은 새로운 정보가 장기기억 내의 기존의 타 정보와 연결되어 부호화되는 과정을 말한다. 새로운 정보의 연합은 흔히 무의식적으로 이루어지지만 우리의 의식적인 노력을 통해서도 이루어질 수 있다.

두 번째 단계인 저장과정에서는 부호화된 자극을 감각적 기억, 단기기억, 장기기억 순으로 저장해 둔다.

마지막으로 인출단계에서는 저장된 정보를 자유회상이나 단서를 이용하여 회상한다. 다시 말해 알고자 하는 정보를 장기기억의 저장소에서 찾아내어 의식화하는 과정이다. 장기기억 안에 저장하여 높은 정보를 인출하는 방법에는 두 가지가 있다. 필요한 정보를 위해 스스로 장기기억을 탐색하는 재생(recall)과 이미 알고 있는 것이나 알고 있는 사람 등이 제시한 정보를 지각하는 재인(recognition)이 그것이다. 신문이나 인터넷을 통해 유명한 영화 제목을 본다면 그 영화를 쉽게 재인할 수 있듯이 대부분의 경우 재인이 재생보다 쉽다. 재생은 필요한 정보에 대해 종종 어떤 단서에 의해 실마리가 제공되는데, 어떤 사건이나 생각, 그림, 단어, 소리 등 장기기억으로부터 정보를 인출시키도록 하는 정보를 의미한다. 예를 들어 유명한 배우의 이름을 제시하면 쉽게 그 배우의 배우자나 그의 유명한 일화 등이 떠오르게 되는데, 이러한 사건들을 촉발시킨 정보가 된 그의 이름이 인출의 실마리가 된 것이다.

(2) 노화에 따른 기억의 변화

노인의 기억력은 노화과정에 따라 다소 차이가 있다. 연령이 증가할수록 인지기능이 퇴화될 수밖에 없지만, 감각기억이나 단기기억의 공간은 나이가 들어도 거의 변화가 없다. 따라서 노인들은 감각기억과 단기기억만을 이용하는 일에 대해서는 별다른 어려움을 느끼지 않는다.

대부분의 노인들이 호소하는 기억의 어려움은 정보를 장기기억으로 견고하게 옮기는 인지활동인 부호화(encoding)와 정보를 필요에 따라 인출하는 재생이다. 노화가 진행될수록 과제 제시 속도가 느려져 부호화가 잘 이루어지지 않고 학습에 장애가 생긴다. 고연령자일수록 학습내용을 효율적으로 부호화하지 못한다. 적절하게 부호화하려면 젊은 계층에 비해 더 많은 횟수의 반복연습이 필요하다. 즉, 노인은 부호화되는 용량이 적으며 이로 인해 저장되는 양도 적기 때문에 인출을 통한 재생과 회상되는 용량도 적다고 볼 수 있다. 그러므로 대부분의 노인은 하나 이상의 것에 주의를 집중하기 어렵고 새로운 것을 배우는 데에도 과거 젊었을 때보다 더 많은 노력이 필요하다. 또한 필요에 따라 익숙한 이름이나 어휘를 이용하는 것에도 어려움을 겪는다. 하고 싶은 말이 생각나지 않고 혀끝에서 맴도는 설단현상(Tip of tongue: TOT현상)이 나이가 들어감에 따라 더욱 빈번히 발생한다.

그러나 저장능력에 관한 선행연구 결과들을 종합해 보면, 나이가 들수록 장기기억의 저장능력은 유지되지만 정보의 인출이 어려워진다고 한다. 즉, 노인에게서 기억력이 감퇴되는 것은 저장의 문제가 아니라 인출의 문제라는 것이다. 이렇듯 연령의 증가와 더불어 기억과정과 단계에 변화가 있기 때문에 새로운 정보를 배우는 데 시간과 노력이 많이 소요되며, 흔히 이름이나 단어를 잊어버리거나 최근의 기억 또는 대화내용을 상기해 내기가 어렵다. 이러한 기억손상에 대한 인식은 노인에게 두려움과 불안, 우울, 스트레스 반응을 유발하여 주의집중과 기억회상을 어렵게 한다.

따라서 교육자는 노인건강교육 시 노인의 최근 능력에 맞게 충분한 시간을 허용하고 편안한 학습환경을 제공해야 한다. 반복교육과 주기적 학습을 통하여 뇌의 경로가 활성화되도록 충분한 자극을 주어야 하며, 창의적이거나 즐거운 학습 분위기를 통하여 기억력을 향상시키도록 한다. 학습능력은 연령과 관련 없이 지속적으로 가지고 있으므로 학습내용이 노인들 스스로가 필요로 하는 내용인 경우에는 학습의욕이 높아진다. 따라서 흥미를 유발할 수 있도록 유도하고 주의집중능력을 사전에 미리 평가하여 노인의 학습능력을 향상시킬 수 있도록 한다.

노인의 교육 참여에 방해가 되는 요인은 현대의 새로운 기술을 배우는 것에 대한 두려움과 무엇인가를 배우기에는 늦었다는 고정관념이다. 그러나 새로운 것을 학습하는 능력은 젊은 사람과 다르지 않으며, 단지 젊은 사람에 비해 정보를 천천히 처리할 뿐이다. 그러므로 충분한 시간을 활용할 수 있게 하고 성취결과에 대한 부담을 최소화하는 등 편안한 학습환경을 제공한다면 젊은 사람 못지않은 학습효과를 낼 수 있다.

3) 건강상태의 변화

노인은 노화에 의해 생기는 신체기능의 저하로 인해 기능적 상태가 전반적으로 저하되어 있다. 노인은 만성질환을 한 가지 이상 가지고 있으며, 이러한 만성질환은 노인의 신체적·정신적 건강상태를 변화시켜 학습을 어렵게 한다. 신체적 활동 부족, 피로, 불안, 우울, 두려움, 스트레스 상황 및 사회적 상호작용 감소 등은 집중력 감소와 기억장애를 증가시킨다. 또한 약물로 인한 부작용, 시력과 청력의 저하, 알코올의 사용, 영양불량상태 등이 기억력 감퇴와 관련이 있다.

3. 노인건강교육의 전략

노인들이 최적의 건강상태를 유지하도록 돕기 위해서는 행동변화를 유도하는 계획적이고 단계적인 교육 전략이 필요하다. 조직적인 건강교육을 통해 노인의 건강잠재력을 확대하며, 영양, 운동, 스트레스관리 등으로 건강을 유지하고 생활습관, 대인관계, 자아실현을 촉진하는 행동변화를 실현할 수 있다. 다방면의 전문가들이 팀을 이루어 계획하고 인력, 건강 관련 자료, 교육장소 등의 지역사회 자원들을 활용하여 교육을 수행할 수 있어야 한다.

노인들은 자신감의 상실이나 건강상의 이유로 배움에 대한 두려움이 커져 교육에 참여하기를 기피하는 경향이 있다. 그러므로 노인이 건강교육에 적극적으로 참여하도록 유도하기 위해서는 노인의 교육참여에 방해가 되는 요인들을 사정하여 이를 최소화해야 한다. 노인 각 개인이 가지고 있는 능력에 맞는 개별화된 교육프로그램을 제공하여 건강을 유지할 수 있도록 하는 노력이 필요하다.

노인들을 위한 교육매체 구상 및 교육 시 다음과 같은 사항들을 고려해야 한다.

1) 시각문제의 고려사항

- 노인들의 시력을 고려하여 글씨는 크고 굵게, 글자 간격을 넓게 한다.

- 흑백의 강한 대비를 사용하고 강조할 부분은 밑줄을 긋는다.
- 번들거리고 광택 나는 종이는 눈부심을 유발하므로 피한다.
- 강의실의 조명은 밝게 하나 눈부심이 없도록 해야 한다.
- 강의실의 조명을 밝거나 어둡게 조절할 경우에는 노인들이 충분히 적응할 수 있는 시간을 제공해야 한다.

2) 청각문제의 고려사항

- 교육자는 교육 시 낮은 음성과 큰 목소리로 천천히 강의한다.
- 주변에서 발생할 수 있는 소음을 최소화하여 내용에 집중할 수 있는 분위기를 만든다.
- 대상자가 잘 들을 수 있는 쪽에서 천천히 분명하게 말한다.

3) 인지 및 난이도

- 강의는 천천히 진행하며 대상자들의 반응시간을 충분히 제공한다.
- 복잡하고 난해한 문장은 가급적이면 사용하지 않는다.
- 기억력을 높일 수 있는 다양한 유인물이나 보조물을 사용하여 강의의 효과를 높인다.
- 다양한 시청각자료 및 연상법을 이용하여 쉽게 이해할 수 있도록 한다.
- 교육내용은 노인이 일상생활에서 적용할 수 있는 실용적이고 접근성이 높은 건강정보로 한다.
- 새로운 개념을 교육할 때는 구체적인 예나 유추법을 이용하여 이해도를 높인다.

4) 교육환경

- 안전하고 접근이 용이한 강의실을 이용한다.
- 조명은 밝으면서도 눈부심이 없는 간접조명 등을 사용한다.
- 실내온도는 적절한 실내환경을 유지하도록 한다.

4. 노인의 건강유지를 위한 예방서비스

1) 선별검사의 실시

노인환자의 질환관리 및 치료를 위해서는 예방을 위한 각종 서비스가 필요하다(〈표 6-2〉).

표 6-2 • 노인에게 추천되는 예방서비스

예방활동	빈도	확인하고 예방할 사항
선별검사		
• 신장, 체중	최소 1년에 1회	비만, 영양실조
• 혈압	최소 1년에 1회	고혈압
• 시력	매년	시력 감소
• 청력	매년	청력 손상
• 우울증 설문	*	우울증
• 알코올중독 설문	*	알코올중독
• 혈청지질(심근경색, 협심증의 과거력)	매년	관상동맥질환의 재발
• 복부 초음파 (흡연력 있는 65~75세 남성)	1회	복부 대동맥류
• 골밀도검사	*	골다공증
• 혈당(고혈압 혹은 고지질혈증이 있는 사람)	*	제2형 당뇨
• 유방촬영	2~3년마다	유방암

• Pap smear	최소 3년마다 1회	자궁경부암
• 분변잠혈검사 /S자결장검사 /대장내시경	매년 3~5년마다 1회	대장-직장암
상담		
• 금연	방문할 때마다	만성폐쇄성폐질환, 암, 관상동맥질환
• 규칙적 치과검진	매년	영양실조, 구강암
• 저지방, 균형 잡힌 식단	매년	비만, 관상동맥질환
• 적절한 칼슘 섭취	매년	골다공증
• 신체활동	매년	부동상태, 관상동맥질환, 골다공증
• 부상 방지	매년	낙상, 교통사고, 화상, 기타 손상
예방접종		
• 인플루엔자 예방접종	매년	인플루엔자
• 폐구균 예방접종	※	폐구균 감염
• 파상풍 예방접종	10년마다	파상풍
화학적 예방법		
• 아스피린	매일	심근경색 재발, 일과성허혈성발작, 뇌졸중

※ 면역에 문제가 없는 환자에게 65세에 접종, 7~10년 후 재접종.
출처: U.S Preventive Service Task Force(2005). http://www.ahrq.gov/clinic/prevenix.htm

(1) 비만 혹은 영양결핍

신장과 체중을 이용한 체질량지수(Body Mass Index, BMI = kg/m^2)로 판단할 수 있다. 비만은 정상체중의 120% 이상의 체중이나, 남자는 BMI > 27.8, 여자는 BMI > 27.3으로 정의하고 있다. 영양실조나 결핍의 경우에는 시간의 경과에 따른 상당량의 체중 감소로 판단할 수 있는데 의도적이지 않게 1개월 내 체중의 5.0% 이상 감소, 3개월 내 체중의 7.5% 이상 감소, 6개월 내 10% 이상 또는 6개월 내 4.5kg 이상 감소되었다면 영양실조 혹은 심각한 질환을 의심해 보아야 한다.

(2) 고혈압

고혈압의 유병률은 고연령일수록 증가한다. 그러므로 노인의 정상혈압의 기준 또한 젊은 성인과는 달리 고려해야 한다. 노인 고혈압의 치료 및 관리는 심근경색, 심부전, 좌심실 비대, 뇌졸중 등의 심뇌혈관질환의 이환율과 사망률을 감소시키는 것과 관련이 있다. 그러나 노인들은 저나트륨혈증, 저칼륨혈증, 우울증, 기립성저혈압과 같은 항고혈압 약제로 인한 부작용 또한 발생할 확률이 높다. 특히 복합질환 이환율이 높고 이로 인해 다양한 약제를 투약하고 있는 노인환자에게 발생한다.

(3) 시력과 청력 감소

굴절이상의 미교정, 녹내장, 백내장, 황반변성이 시력 손상의 원인이다. 청력 손상은 사회적 고립을 유발할 수 있으며, 안전사고를 유발할 수도 있다. 또한 다른 기저질환의 징조일 수도 있다. 청력에 대한 주기적 검사와 보청기 사용에 대한 상담을 추천한다. 선별검사도구로서의 청력검사는 증명된 바가 없다.

(4) 우울증

우울증은 노인에게 있어 명확한 이환율, 사망률을 보이는 질환이다. 미국예방서비스특별위원회(U.S. Preventive Service Task Force: USPSTF)는 일반인들에게 선별검사를 추천하고 있다. 또한 우울증에 대한 선별검사를 시행한 임상의들은 정확한 진단, 효과적인 치료와 추후관리를 위한 체계를 갖추어야 한다고 말한다. 믿을 만하고 효과적인 노인을 위한 우울증 선별검사들이 있으며 여기에 노인우울척도가 포함된다.

(5) 알코올중독

모든 노인들, 특히 남성노인에게는 적어도 한 번 이상은 알코올남용에 대한 선별검사를 시행해야 하며 음주문제가 있는 경우에는 언제라도 시행해야 한다. CAGE

검사지를 이용할 수 있다.

(6) 고지혈증

심근경색, 협심증 등의 허혈성심질환의 과거력이 있는 노인에게 지질 이상을 교정하는 것이 질환의 재발 위험성을 낮춘다는 근거가 있다. 이러한 고위험군은 지질 이상에 대한 선별검사를 실시해야 하며, 지질을 측정하는 각 항목의 기준치는 다음과 같다. 총 콜레스테롤(TC) < 200mg/dL, 저밀도지단백 콜레스테롤(LDL) < 100mg/dL, 고밀도지단백 콜레스테롤(HDL) > 40mg/dL, 중성지방(TG) < 150mg/dL이 정상수준(ATP III)[2)]이므로 이를 목표로 하여 치료를 요한다. 관상동맥질환이 없거나 심장질환 위험요소가 거의 없는 노인에게 선별검사를 시행하는 것에 대해서는 아무 근거가 없다.

(7) 복부 대동맥류

미국예방서비스특별위원회에서는 흡연력이 있는 65~75세 남성에게 복부 초음파를 통한 복부 대동맥류 선별검사를 시행할 것을 권장한다. 선별검사와 5.5cm 이상의 대동맥류의 수술적 교정이 사망률을 감소시킨다는 근거가 보고되었다. 흡연력이 없거나 유병률이 낮은 여성노인에 대해서는 선별검사를 권장하지 않는다.

(8) 골다공증

미국예방서비스특별위원회에서는 65세 이상의 여성에게 골밀도검사를 통한 골다공증 선별검사를 정기적으로 시행할 것을 권장한다. 골다공증으로 인한 골절의 위험성이 높아지기 때문에 60세에 선별검사를 시작하도록 한다. 적절한 칼슘 섭취와 금연 및 운동, 낙상예방을 위한 대책을 전문가와 상담하게끔 한다.

---

2) Executive Summary of The Third Report of The National Cholesterol Education Program(NCEP) Expert Panel on Detection, Evaluation, and Treatment of High Blood Cholesterol In Adults.

(9) 유방암

유방촬영의 효용성에 대해서는 논란이 있음에도 불구하고 여러 전문가 단체에서는 65세 이상의 여성들에게 정기적인 유방촬영을 하도록 권고하고 있다. 활동적 기대여명이 5년 이상일 경우 2~3년마다 유방촬영을 하는 것이 이상적이다. 고위험군의 경우에는 매년 실시하도록 하며, 자가 유방검사는 효과적이지 못하다.

(10) 자궁경부암

자궁경부암으로 인한 사망과 새롭게 발생한 침습적 자궁경부암의 40% 정도는 65세 이상에서 발생한다. 자궁경부 세포진검사(pap smear)는 노인환자에게 가장 비용효과적인 검사이며, 성적으로 활동적이고 자궁경부가 있는 모든 여성들은 1~3년마다 규칙적으로 이 검사를 시행할 것을 권고한다. 선별검사를 받은 적이 없는 노인은 1년마다 시행한 세포진검사에서 2회 정상이 나온 경우에는 검진을 중단할 수 있다.

(11) 대장-직장암

대장내시경을 통한 선별검사가 노인들에게 가장 보편적으로 알려진 검사이다. 경험이 많은 전문가에 의해 전체 대장검사가 이루어지며, 적절한 조직검사를 시행할 수 있다. 분변잠혈검사는 매년, S자결장검사는 2년에 한 번씩 시행하도록 권장하고 있다. 대장조영검사(바륨관장)는 엑스선 투시장치를 이용하여 대장의 해부학적 구조 및 병소를 알아내는 방사선검사로 대장의 폴립, 종양, 게실의 유무 및 위치, 장충첩 등을 진단하기에 적절한 검사이다. 조영검사는 S자결장검사나 대장내시경으로 대체할 수 있다. 저지방 고섬유 식이가 대장-직장암을 예방하는 데 효과가 있다고 보고되었으나 아직까지 이에 대해서는 논란이 있다.

2) 상담

상담은 금연, 절주, 수면, 신체활동 및 운동, 영양과 식습관 등의 건강습관, 투약 순응도, 구강보건, 낙상 및 안전사고예방 등에 대해 수행한다.

우선, 건강한 생활습관의 필요성에 대해 상담해야 한다. 흡연과 음주의 위해성과 금연과 절주로 인해 얻어질 수 있는 다양한 효과를 인지하게 한다. 적절한 수면과 운동은 신체의 면역성을 높이며, 각종 만성질환예방에 효과적이다. 신체활동은 원활한 활동성의 증가, 각종 심혈관질환의 유병률 감소, 골다공증과도 관련 있다. 노인들은 유연성을 길러 주는 스트레칭과 맨손체조, 지구력을 길러 주는 걷기운동과 자전거타기, 근력운동 및 균형감각을 길러 주는 등 다양한 운동프로그램에 대한 전문가의 상담이 필요하다.

안전사고 및 낙상예방과 관련된 행동지침으로는 운전 시 안전띠 착용, 지팡이나 보조기구 사용, 기계작동과 운전 시 금주 등이 있으며, 안전불감증예방을 위한 다양한 가이드라인 등이 포함된다. 이외에도 화상이나 화재예방을 위한 지침이나, 응급상황 시 연락 가능한 핫라인과 대처방법 등도 인지시킬 필요가 있다.

이밖에도 환경개선을 위해 작업치료사나 물리치료사에 의뢰하여 환경평가를 받거나, 가정안전 체크리스트를 통한 평가는 노인들의 손상예방에 도움을 줄 것이다.

3) 예방접종

(1) 인플루엔자 백신

최근의 인플루엔자 백신은 중등도의 면역성을 가진 사백신으로 질환에 대해 70%, 사망에 대해 90%의 효과를 가진다. 백신은 질환을 완전히 예방할 수는 없지만 노년층의 호흡기질환 발생률, 입원율 및 사망률을 명백하게 감소시키는 것으로 나타났다. 매년 백신을 접종해야 하는데, 이는 항원의 변화, 백신효과의 지속시간이 4~5개월로 짧기 때문이다. 최근에는 65세 이상의 모든 환자와 기저질환이 있는 65세 이하의 계층에게도 매년 접종하기를 권장한다. 의료계 종사자들과 고위험군의 보호자들도 접종해야 한다.

(2) 폐구균 백신

폐구균 백신은 65세 이상의 모든 노인, 동반질환을 가진 65세 이하의 계층에 적용된다. 첫 번째 접종 후 5년이 경과하였거나 65세 이전에 접종경험이 있던 사람들은 모두 적응증이 된다. 연구에 따르면 재접종으로 인한 부작용은 드물거나 가볍다고 보고하였다. 따라서 접종 여부를 기억하지 못한다면 폐구균 백신은 접종해야 한다. 폐구균 백신은 부비동염과 같은 점막질환을 예방하지 못하며 폐렴을 예방하는 효과도 명백하게 밝혀지진 않았다. 하지만 백신이 균혈증, 패혈증과 같은 침습적 질환의 위험성을 감소시키고 면역이 약한 노인들에게는 매우 효과적이라고 여러 차례 보고된 바 있다. 폐구균 백신의 예방효과는 60~70%에 지나지 않고 고위험군인 노인들에 대한 효과성에 대해서는 논란이 되고 있지만, 65세 이상의 노인환자들은 반드시 폐구균 백신을 접종받고 7~10년마다 재접종을 하는 것이 좋다.

(3) 파상풍 백신

파상풍 감염의 60% 이상은 60세 이상에서 발생한다. 백신을 접종하지 않은 노인들은 한 달의 간격을 두고 0.5mg씩 두 차례 받고 6, 12개월 후 추가로 접종받는다. 추가 접종 간격의 기준은 정해지지 않았으나 미국예방서비스특별위원회와 캐나다특별위원회(Canadian Task Force)는 10년마다 추가 접종할 것을 권장한다.

참고문헌

기영화 (2007) 노인교육의 실제. 서울: 학지사.

송미순 외 (2006). 노인일차건강관리. 서울: 군자출판사

조주연, 조경환, 조경희 (2006). 노인의학개론(개정판): 노인의 건강관리와 건강증진. 서울: 한국의학.

한정란 (2001). 교육노년학: 노인을 위한, 노인에 관한, 노인에 의한 교육. 서울: 학지사.

한정란 (2005). 노인교육의 이해. 서울: 학지사.

American Geriatrics Society (2006). *Geriatics review syllabus: a core curriculum in geriatric medicine* (6th ed.). (pp. 64-71). American Geriatrics Society.

Aspen center for patient Education (2001). Geriatric Patient Education Resource Manual 1:13~1:19. ASPEN.

Ebersole, P., Hess, P., Touchy, T., & Jett, K. (2005). *Gerontological nursing & healthy aging* (2nd eds.). St. Louis: Elsevier Mosby.

Executive Summary of The Third Report of The National Cholesterol Education Program(NCEP) Expert Panel on Detection, Evaluation, and Treatment of High Blood Cholesterol In Adults (2001). *JAMA, 285,* 2486-2497.

Hazzard, W. R., Blass, J. P., Halter, J. B., Ouslander, J. G., & Tinetti, M. E. (2003). *Principles of geriatric medicine and gerontology* (5th ed.). 85-94, 265-283. NY: McGrasw-Hill Co.

Meiner, S., & Lueckenotte, A. C. (2006). *Gerontological nursing.* (3rd eds.). St. Louis: Elsevier Mosby.

Sanders, C., Seymour, J., Clarke, A., Gott, M., & Welton, M. (2006). Development of a peer education programme for advanced end-of life care planning. *International Journal of Palliative Nursing, 12,* 214, 216-223.

U.S Preventive Service Task Force (2005). http://www.ahrq.gov/clinic/prevenix.htm.

Van Eijken, M., Wensing, M., de konink, M., Vernooy, M., Zielhuis, G., Lagro, T., Rikkert, M. O., & Grol, R. (2004). Health education on self-management and seeking health care in older adults: a randomised trial. *Patient Education&Counseling, 55,* 48-54.

PART

03 건강취약요인 관리

CHAPTER

07 노인의 문제음주

학습목차

1. 노인 문제음주의 개요
2. 노인의 음주로 인한 건강문제
3. 노인 문제음주에 영향을 미치는 요인
4. 노인 문제음주의 예방과 치료

CHAPTER

07

HEALTH MANAGEMENT FOR THE AGED IN THE ERA OF HOMO-HUNDRED

노인의 문제음주

음주로 인한 개인과 가족, 나아가 국가적 차원의 손실이 늘어나는 가운데 국민건강증진법, 정신보건법, 학교보건법, 산업안전보건법에 알코올 관련 법령이 만들어지고 알코올상담센터 및 정신보건센터 및 알코올 전용 사회복귀시설 등이 설치 · 운영되고 있다. 하지만 국내 알코올 소비는 지속적으로 증가하고 있다(보건복지부, 2006). 특히 노인은 만성질환으로 인해 음주로 인한 건강상의 피해를 입기 쉬운 집단이다. 여기에서는 노인의 문제음주에 대해 알아보고 문제음주로 인한 건강문제, 문제음주에 영향을 미치는 요인을 살펴보고자 한다. 마지막으로 알코올 관련 문제를 예방 및 치료하기 위한 방법을 알아보고자 한다.

1. 노인 문제음주의 개요

1) 노인 문제음주의 정의와 특성

문제음주란 '다양한 문제를 일으킬 수 있는 음주'를 총칭하는 것으로 과음, 알코올 남용, 알코올의존 등이 이에 속한다(배지연 · 박현식, 2006). 즉, 음주 시 적당량을 통제하지 못해 알코올을 남용하거나 알코올에 의존하게 되는 것과 더불어 본인과 주변의 사람에게 신체적 · 정신적 · 경제적 · 사회적으로 부정적인 결과를 초래하는 것이다. 국내의 문제음주에 대한 계량적 정의는 정립되어 있지 않지만 외국에서는 위험음주, 위해음주, 알코올의존을 문제음주의 범주에 포함하고 있다(이원재 · 김형수, 2003).

한편 노인의 문제음주는 청장년층의 문제음주와는 달리 다음과 같은 특성을 보인다(윤명숙 · 조혜정, 2007).

① 성인에 비해 음주량은 적지만 매일 지속적으로 마시는 행태를 보인다. 음주빈도는 음주량과 더불어 음주행동의 중요 평가지표로 노인은 일반 성인에 비해 양은 적지만 지속적으로 자주 마신다. 반주 개념으로 식사와 함께 마시거나 수면을 용이하게 하기 위해 마시는 습관적 음주의 경향을 나타내는데, 문제는 이러한 음주행위를 노인 스스로 문제점으로 인식하지 않는다는 것이다.

② 노인 알코올남용 유병률은 노인의 연령 증가에 따라 알코올남용이 줄어드는 경향을 보이는데, 특히 전기고령자에 비해 후기고령자의 음주율이 낮게 나타난다.

③ 노인은 음주와 건강과의 관련성이 다른 연령층에 비해 밀접하다. 노인 문제음주는 건강위험습관이 노인의 건강에 미치는 강력한 예측변인으로, 만성적 음주로 인한 질병발생은 노년기 삶의 질에 부정적 영향을 미치는 주요요인이다.

④ 노인의 음주는 고독감, 가까운 사람과의 사별, 사회적 역할 상실, 소외감, 신체

적 질병 등과 같은 노화에 따른 부정적 경험을 해소하기 위한 방법으로 사용되기도 한다.

2) 노인 음주의 실태

2011년도 노인실태조사에 따르면 노인 음주자는 33.8%이며, 이중 적정음주자(일주일에 7잔 이하)는 20.4%, 과음주(문제음주)는 13.4%로 나타났다. 성별 음주율은 남성이 53.6%로 16.8%인 여성보다 높게 나타났다. 또한 남성의 24.8%는 적정음주를 하였지만 28.8%는 과음주자로 나타났다. 연령별로는 연령이 높을수록 음주율이 감소하는 경향을 보였다(보건복지부·보건사회연구원, 2012).

알코올성 간질환, 알코올성 위염 등과 같은 알코올과 관련된 사망률을 살펴보면, 2016년 기준 총 4,747명으로(1일 평균 13.0명)으로 밝혀졌다. 〈표 7-1〉에 나타난 것처럼, 남성의 사망률은 전년도 대비 40대, 50대, 70대에서 감소하였고, 여성은 전년도 대비 20대와 60대 이상의 연령에서 감소하는 경향을 보였다. 전체적으로 알코올 관련 사망률은 남성이 6.6배 높으며, 남녀 간 격차는 감소하는 추세를 보이고 있다. 또한 알코올 관련 사망률은 30세부터 급증하다가 50대 이후에는 감소하는 경향을 보였다.

표 7-1 • 알코올 관련 질환 전체 사망자 수 및 인구 10만 명당 사망률 (단위: %, %p)

연 령	남녀 전체				남 성				여 성				성비 (남/여)
	2015	2016	2015년 대비		2015	2016	2015년 대비		2015	2016	2015년 대비		2016
			증감	증감률			증감	증감률			증감	증감률	
계	9.3	9.3	-0.0	-0.3	16.3	16.1	-0.1	-0.7	2.4	2.4	0.1	2.9	6.6
20~29세	0.2	0.3	0.0	17.8	0.3	0.4	0.1	43.1	0.2	0.2	-0.0	-14.9	1.9
30~39세	2.3	2.8	0.5	20.3	2.9	3.4	0.5	18.8	1.7	2.1	0.4	22.7	1.6
40~49세	12.4	11.4	-1.0	-7.8	19.9	18.0	-1.9	-9.7	4.6	4.7	0.1	1.1	3.9
50~59세	22.6	21.9	-0.8	-3.4	40.8	38.6	-2.2	-5.3	4.3	4.8	0.6	13.3	8.0
60~69세	20.2	21.0	0.8	4.1	38.2	39.9	1.7	4.5	3.2	3.2	-0.0	-0.4	12.4
70~79세	16.4	15.3	-1.0	-6.2	34.0	32.6	-1.4	-4.2	3.2	2.3	-0.9	-28.5	14.3
80세 이상	10.3	10.4	0.1	1.2	27.4	29.3	2.0	7.2	2.8	1.9	-0.9	-32.0	15.2

※ 인구 10만 명당 사망 수.
출처: 통계청. 2016년 사망원인통계 결과.

3) 노인 문제음주의 증후

노인의 과다한 알코올 섭취로 인한 문제음주는 다음과 같은 증후를 보인다(한국음주문화연구센터, 2002). 따라서 다음의 증후들이 나타나면 음주량을 줄이거나 단주를 해야 하는 시점으로 간주할 수 있다.

- 음주량의 증가와 음주 횟수의 증가
- 대낮의 음주
- 술에 지나치게 많은 돈을 사용
- 자신이 과음하고 있다는 사실을 부인
- 한 잔을 단숨에 마시는 현상
- 음주 사실을 타인에게 비밀로 함
- 외로움이나 상실감을 달래기 위한 음주
- 음주 후 폭력적으로 변함
- 음주 후 물건을 잃어버림
- 건망증세
- 음주 후 우울해지거나 불안해짐
- 수면장애
- 사고유발
- 식욕감소
- 체중감소
- 건강악화
- 자신과 가정에 소홀해짐
- 가족 및 친구와 갈등이 심해짐
- 약의 효과가 떨어짐

2. 노인의 음주로 인한 건강문제

노인의 경우 젊은층에 비해 같은 양의 알코올이더라도 부정적 영향을 더욱 받기 쉽다. 그 이유는 첫째, 체액이 지방으로 변화하여 알코올을 분해할 수분이 부족하다, 둘째, 간 혈류가 감소하여 간이 더욱 치명적인 해를 받는다. 셋째, 간 효소의 감소로 알코올이 효율적으로 분해되지 않는다. 마지막으로 뇌의 감응도 변화로 알코올이 뇌에 더 빨리 영향을 미친다(이혜경, 2002). 특히 노인은 앞서 언급한 것처럼 지속적인 음주행태를 보이기 때문에 더욱 치명적일 수 있다. 과다한 음주는 다양한 건강상의 문제를 유발하게 되는데 여기에서는 신체적인 건강 및 기질성 정신장애로 나누어 살펴보고자 한다.

1) 신체적인 건강

〈표 7-2〉를 통해 살펴보면 알코올 과다 섭취와 같은 문제음주는 영양부족, 간경화, 심근병증, 위염 등의 다양한 신체질환을 유발시키는 원인이 된다.

표 7-2 • 알코올의 신체적인 건강에 대한 영향

분 야	내용
영양부족, 빈혈	장기간 알코올을 섭취한 사람에게 나타난다. 밥을 먹지 않고 오로지 술만 먹는 경우에 잘 나타난다.
지방간, 간염, 간경화	과다한 알코올 섭취는 간에 무리를 주고 이는 간의 이상을 초래한다. 간경화로 진행이 된 후에는 어떤 치료로도 간을 재생시킬 수 없으며, 이로 인해 복수가 차거나 피를 토하는 증상이 생긴다. 특히 간경화는 노인의 알코올로 인한 주요한 사망원인이 되고 있다.
알코올 유발성 심근병증	적당량의 음주는 관상동맥질환을 예방하기도 한다. 하지만 지속적으로 술을 마실 경우에는 심장에 무리를 주어 병을 일으킨다.
위축성위염	위점막이 퇴화되어 생긴 이상으로 피를 토하거나, 혈변이 나타나기도 한다.

급성췌장염	알코올은 췌장에서 효소의 분비를 자극하여 과도한 효소 분비를 유발한다. 이로 인해 췌장조직의 자가소화[1]가 나타나 췌장염이 생기고, 췌장의 기능이 손상을 받을 경우 당뇨병이 나타난다.
말초신경기능의 이상	만성적으로 음주를 한 경우, 신경기능의 이상이 생겨 손과 발의 감각이 없어지거나 무뎌지는 등의 증상을 보인다.
그 외 근육쇠약, 저단백혈증, 부종 등의 신체적인 합병증이 나타난다.	

주 1) 자가소화: 췌장조직이 자신이 분비한 효소에 의해 손상되는 것

2) 알코올과 연관된 기질성 정신장애

표 7-3 • 알코올의 기질성 정신장애에 대한 영향

분 야	내용
수면장애	소량의 알코올은 정신을 각성시킨다. 반면, 다량의 알코올은 뇌를 마비시켜 진정작용을 일으킨다. 술을 마시고 잠을 잘 경우, 알코올의 영향으로 깊은 잠을 잘 수 없게 되며 이로 인해 12시간 이상을 자더라도 피곤하고 나른한 느낌이 남는다.
알코올성 건망증	알코올은 뇌에 작용하는 물질이다. 따라서 술을 마실 경우, 뇌에 직접적인 영향을 준다. 알코올을 장기간 섭취한 경우, 티아민(뇌의 영양공급에 필수적인 영양소)이 결핍된다. 이러한 영향으로 알코올은 뇌에 독성을 가지게 되고, 심한 건망증을 유발할 수 있다.
알코올성 치매	알코올성 건망증이 더욱 진행된 상태로, 전체 치매의 10% 정도를 차지하는 것으로 알려져 있으며 치료가 어려운 상태이다.
알코올 관련 기분장애	55세 이상의 남성 알코올중독 환자의 경우, 54%까지 우울증이 나타난다. 이러한 우울증은 환자들이 더욱 술을 찾게 만든다. 지속적인 음주는 우울증을 더욱 악화시키는 양상으로 악순환이 이루어진다. 또한 지속적인 음주로 인해 나타난 조울증의 사례도 보고된다.
알코올 관련 불안장애	알코올에 의존성이 생긴 경우, 심한 불안을 보인다.
알코올 관련 운동장애	파킨슨병이 나타난다. 지속적인 손 떨림 등을 나타내는 병으로 심각한 운동장애를 보이는데, 이는 음주량의 감소만으로도 증상이 완화될 수 있다.

〈표 7-3〉에 나타낸 것처럼 과다한 알코올은 수면장애, 건망증, 치매, 기분장애, 불안장애, 운동장애를 일으킨다. 그뿐만 아니라 낙상이나 당뇨, 고혈압 등의 간접적인 위험요인이 된다(심재종, 2008). 따라서 노인은 절주 혹은 단주를 위한 건강교육 및 프로그램이 필요한 일차적 대상집단이라 하겠다.

3. 노인 문제음주에 영향을 미치는 요인

노인의 문제음주에 영향을 주는 요인을 개인적 요인, 심리적 요인, 사회환경적 요인으로 나누어 살펴보면 다음과 같다(윤명숙 · 조혜정, 2007).

1) 개인적 요인

노인의 성별, 연령, 동거가족 형태, 종교, 직업, 주관적인 건강상태 및 만성질환 여부 등의 다양한 개인적 요인은 문제음주와 관련 있는 것으로 보고된다. 문제음주와 관련하여 성별은 지속적으로 연구되어 왔으며, 대부분의 연구에서 여성에 비해 남성이 월등히 많은 것으로 나타났다.

노인의 음주는 연령이 증가할수록 음주량 및 문제음주자가 감소하는 것으로 보고된다. 이는 노화로 인한 신체장애 또는 신체대사능력의 저하로 음주소비량이 줄어든 것으로 해석할 수 있다(신승철 외, 1990). 또한 개인적 특성 중 배우자 유무 또는 동거가족 형태가 알코올중독에 영향을 주는 요인으로 보고된다. 독신, 사별, 이혼 등의 상태인 노인들이 결혼한 노인들에 비해 문제음주 비율이 높은 것으로 나타났다(남궁기 외, 1989). 종교는 종교 내 특수한 규범이 개인의 음주행위에 영향을 미친다. 그리고 문제음주와 관련되어 중요한 사회학적 요인으로 분석된다. 여성노인을 대상으로 한 Graham 외(1995)의 연구에서는 종교가 없는 사람이 더 많은 알코올문제를 보이는 것으로 나타났다(이윤로, 2000). 한편 주관적인 건강상태 및 만성질환은 노인음주와 밀접하게 관련되어 있으며, 노인 스스로 신체 및 정신이 건강하다고 생각하는 사람일수록 음주에 대해 관대한 것으로 나타났다.

2) 심리적 요인

(1) 우울

노인의 대부분이 노년기에 경험하는 일상적 스트레스는 노인의 부정적인 정서상태인 우울과 상호밀접하게 연관되어 있다. 노인의 우울은 노년기에 가장 보편적으로 나타나는 정신건강문제로서 음주문제와 연관될 수 있는 변인으로 예측되어 왔다(이윤로, 2000). Dupree와 Schonfeld(1991)의 연구에서 초기 발병 및 후기 발병 알코올남용자 모두 우울이 중요한 영향을 미치는 것으로 나타났다. 즉, 노인 알코올남용자들은 청장년층과 달리 대인관계상의 문제보다 고독감, 노화에 따른 변화, 우울 등과 같은 심리 내적인 요인이 중요하게 작용한다고 지적하고 있다. 지역사회 노인을 대상으로 한 연구를 보면 알코올 관련 문제를 보인 대상자는 부정적인 감정 및 스트레스에 대한 반응으로 알코올 소비가 증가한 것으로 나타났다(Atkinson, 1999).

(2) 음주에 대한 결과 기대

음주기대는 음주 자체뿐 아니라 음주 이후 술에 취했을 때의 행동에 중요한 영향을 미친다. 음주에 대한 기대는 긍정적인 기대와 부정적인 기대로 구분된다. 긍정적 기대가 과도한 음주와 문제음주를 지속시키는 요인으로 일관되게 보고되고 있다.

음주효과에 대한 긍정적 기대는 미래의 특정 시점에서의 음주행위를 결정하는 데 영향을 주게 되며 음주로 인한 경험을 긍정적인 강화로 인식한 개인은 그 행동을 더하게 한다(Rohsenow, 1983). 음주량이 많은 사람일수록 음주량이 적은 사람에 비해 음주로 인한 결과에 긍정적으로 지각하는 경향이 있다. 문제성 음주자에 대한 개입 프로그램에서 알코올효과에 대한 기대를 교정하는 것이 중요한 목표가 될 수 있다.

3) 사회환경적 요인

(1) 가족기능

현대사회의 가족체계 변화로 인해 노인들의 사회적 관계망이 점차 축소되는 경향을 보인다. 특히 노인에게 배우자 또는 자녀가 이들의 노후 삶에 어떻게 기능하고 지지하느냐는 중요한 사회적 자원이다. 또한 지지적인 가족은 스트레스에 의한 알코올사용을 피할 수 있도록 도울 수 있다. 노인 음주와 연관성을 살펴본 연구들을 보면, 가족기능이 나쁘거나 가족자원이 없는 경우일수록 가족의 지지가 부족하고 가족에 대한 만족도가 낮을수록 문제음주수준이 높아지는 것으로 나타나 노인에게 가족기능이 의미 있는 변인으로 파악된다.

(2) 친구의 음주빈도 및 음주자에 대한 태도

사회학습이론(Bandura, 1977)에 의하면 의미 있는 주변인의 행동이 관찰과 모방에 의해 개인에게 습득 및 유지에 영향을 미친다고 하였다. 가족이나 동료, 친척, 친구 집단으로부터 관찰된 행동과 태도가 음주습관에 영향을 미친다는 것은 청소년, 대학생들을 대상으로 한 경험적 연구에서 입증되어 왔다(김인석 외, 2003).

노인 음주에 주변인의 음주와의 연관성에 대한 연구들을 보면 친구 또는 이웃이 음주 상대자인 경우가 많았으며, 가족이나 친척, 친구 등 주변사람들 중 술을 즐겨 마시는 사람의 비율이 높을수록 사교를 목적으로 하는 상황에서 음주를 하는 경향이 높게 나타났다(이효정, 2006). 특히 지역사회에 있는 노인들의 알코올 소비를 증가시키는 요인은 친구의 음주 권유 및 승인이라고 지적하고 있다. 이러한 선행연구를 살펴볼 때, 주변인들 중 친구의 행동모방과 태도가 알코올사용 패턴 및 문제음주에 가장 의미 있는 영향을 미친다는 것을 알 수 있다.

(3) 여가 및 사회활동 참여도

노년기에는 과거 직업을 중심으로 활동의 범위가 축소되기 때문에 상대적으로 취미나 친목활동의 비중이 높다. 친구의 영향에 대해 살펴본 것과 같이 대다수의 노인들은 동일연령집단과의 친교 및 사교적인 동기를 갖고 음주하는 성향을 보인다. 선행연구에 의하면 문화활동 단체에 참여하거나 사회활동이 있는 사람일수록 사람들과의 친밀감이나 친교, 모임의 분위기를 띄울 목적으로 술을 마시는 경향이 높은 것으로 나타났다(서희숙 외, 2004; 이효정, 2006). 따라서 노년의 건강한 삶을 유지하기 위해 건전한 여가활동을 증진시키는 것은 중요하다고 볼 수 있다.

4. 노인 문제음주의 예방과 치료

알코올중독의 치료에는 일반적으로 입원치료, 약물치료, 재활치료, 상담치료 및 AA(Alcoholic Anonymous, 단주친목) 등이 있다(권진숙 외, 2009). 하지만 앞서 살펴본 노인 문제음주의 특성에서 언급한 것처럼 젊은층과는 달리 음주가 지속적으로 이루어지는 경우가 많아 치료과정에 어려움이 있다. 이로 인해 노인의 알코올 관련 건강문제가 심각함에도 불구하고 건강교육 혹은 건강증진영역에서 노인 알코올 관련 연구가 부족한 실정이다. 특히 노인의 문제음주를 해결하기 위해서는 가족의 개입이 중요한데, 우리나라에서는 노인이 원하는 대로 해주는 것이 효도라는 잘못된 인식이 있어 알코올 문제해결에 걸림돌이 되고 있다.

1) 문제음주의 예방

문제음주가 되지 않기 위한 노인의 적정음주 가이드라인을 살펴보면 다음과 같다.

① 알코올을 현명하게 활용해야 한다.

- 특별한 식사와 함께
- 특별한 날을 기념하기 위해
- 친구나 가족과 함께 기분을 풀기 위해
- 모임에서 즐거움을 더하기 위해

② 알코올을 수면제 대용으로 사용하지 말아야 하며, 통증을 감소시키거나 외로움을 달래기 위해 혹은 스트레스를 풀기 위해 섭취하지 말아야 한다.

③ 이전보다 음주가 과해지는 것이 스스로 느껴진다면 술을 줄이거나 끊어야 한다.

④ 알코올문제를 일으킨 적이 있다면 단주하는 것이 좋다. 의사나 전문가와 의논하는 것이 바람직하다.

⑤ 만약 조제약을 복용 중이라면 의사나 약사의 승낙 없이 술을 마시지 않아야 한다. 알코올과 약을 섞는 것은 매우 위험하다.

⑥ 노인은 특히 젊은 사람에 비해 더욱 알코올로 인해 주의력이 떨어지기 쉬우므로 음주운전을 삼가야 한다.

2) 치료와 재발방지

일반적으로 중독상태가 되면 환자 스스로 술을 끊는 것은 거의 불가능하다. 따라서 가족과 전문가의 도움이 필요하다. 치료 및 재발방지를 위한 방향을 살펴보면 다음과 같다(한국음주문화연구센터, 2002).

(1) 치료

가장 먼저 술과의 격리가 필요하다. 술을 끊으면 심각한 금단증상이 나타나므로 알코올의 해독은 입원치료과정에서 이루어지는 것이 바람직하다. 해독은 평균적으로 2~3주 과정이 필요하다. 해독과 더불어 개별상담, 집단치료, 교육, 인지행동치료, 심리극 등의 심리재활치료를 실시하여 환자 스스로 알코올중독에 대해 인지하는 것이 중요하다.

치료과정에서는 다음과 같은 원칙을 숙지해야 한다. 첫째, 환자가 술에 대해 무기력하다는 것이다. 둘째, 중독에 대한 구체적인 지식을 제공해야 하는 것이며, 마지막으로 완전한 단주를 유지할 수 있도록 본인 스스로가 관리하는 능력과 기술을 갖출 수 있도록 환자를 지원해야 한다.

(2) 재발방지

재발방지를 위해서는 환자 스스로 알코올로 인해 심각한 문제가 발생한다는 사실을 철저히 인식하는 것이 필요하다. 알코올중독 환자는 자신의 건강과 자신의 주변을 지나치게 낙관적으로 인식하는 특징이 있다. 이로 인해 자신의 문제음주에 대해 부정하거나 합리화하는 경향이 많다. 또한 술에 대한 조절능력이 없음을 환자가 인식하는 것이 중요하다. 음주로 인해 발생하는 신체적 증상, 가족 간의 갈등, 대인관계의 문제 등을 충분히 인식하도록 치료자 및 상담자가 개입해야 한다.

한편 알코올중독은 다음과 같은 위험상황에 접하게 되면 쉽게 단주상태에서 벗어나 재발하게 된다.

① 부정적인 감정상태: 분노, 외로움, 우울감 등
② 대인관계의 갈등: 부부간의 갈등, 자녀와의 갈등 등
③ 사회적 압력: 술을 권하는 사회 분위기, 회식 등
④ 생리적인 욕구: 배고픔, 불면, 통증 등

마지막으로 재발방지를 위한 전략을 소개하면 다음과 같다. 첫째, 술을 잊을 수 있는 다른 일을 찾아 몰두한다. 둘째, 재발을 초래하는 충동을 조절한다. 셋째, 자극을 피한다.

참고문헌

권진숙, 김정진, 전석균, 성준모 (2009). 정신보건사회복지론. 일산: 공동체.

김인석, 이연희 (2003). 성격, 주변인의 영향, 음주동기가 음주 및 음주문제에 미치는 영향. 한국심리학회지: 임상, 22(3), 525-541.

남궁기 외 (1989). 한국 일 농촌지역(강화도) 노인 주정 중독의 역학적 연구. 신경정신의학, 28(6), 1082-1089.

배지연, 박현식 (2006). 노인의 위험행동에 관한 탐색적 고찰. 한국노년학, 26(4), 785-800.

보건복지부 (2006). 파랑새플랜 2010(안). 과천: 보건복지부.

보건복지부 (2012). 2012년 정신보건사업 안내. 과천: 보건복지부.

보건복지부, 한국보건사회연구원 (2012). 2011년도 노인실태조사.

서희숙, 송경애, 조명숙 (2004). 노인의 음주와 삶의 만족도에 관한 연구. 노인간호학회지, 6(1), 115-124.

송미순 외 (2006). 노인 일차 건강관리. 서울: 군자출판사.

심재종 (2008). 음주가 어르신들 건강에 안 좋은 이유: 노인음주가 신체에 미치는 영향. 건강생활, 봄호, 6-8.

오숙희, 선정주 (2009). 알코올 교육프로그램이 문제음주를 가진 노인의 음주관련 지식과 행동에 미치는 영향. 한국보건간호학회지, 23(1), 17-26.

윤명숙 (2006). 한국노인의 문제음주 현황과 관련 요인에 관한 연구. 2006년 한국알코올과학회 추계국제학술대회 자료집, 41-72.

윤명숙, 조혜정 (2007). 지역사회 노인의 음주행위, 문제음주 실태와 관련 요인에 관한 연구. 정신보건과 사회사업, 26, 254-287.

이원재, 김형수 (2003). 노인 음주문제 연구를 위한 고찰. 보건과 사회과학, 13, 5-28.

이윤로 (2000). 노인과 알코올중독. 노인복지연구, 여름호, 7-24.

이효정 (2006). 남성노인의 음주동기와 음주문제의 관계에 관한 연구. 연세대학교 사회복지대학원 석사학위논문.

통계청 (2017). 2016년 사망원인통계.

한국음주문화연구센터 (2002). 알코올백과. 서울: 광고산방.

Atkinson, R. M. (1987). Alcohol problems of the elderly, (Editorial.) *Alcohol and alcoholism, 22*. 415-417.

CHAPTER

08 고령자운전

학습목차

1. 고령자운전 개요
2. 고령운전자의 신체적 특성과 운전 특성
3. 외국의 고령운전자 대책
4. 고령운전자 교통안전을 위한 대책

CHAPTER

08

HEALTH MANAGEMENT FOR THE AGED
IN THE ERA OF HOMO-HUNDRED

고령자운전

운전면허 보유자가 증가하는 가운데 인구고령화의 영향으로 65세 이상의 고령운전자도 더불어 증가하고 있다. 고령운전자의 경우 증가 속도가 전체 면허증 소유자를 앞지르고 있으며, 이에 따른 고령운전자의 교통사고 빈도도 심각한 수준이다. 특히 고령자는 신체적 노화와 더불어 운전에 필요한 감각기능 등이 저하되어 운전에 있어서 취약한 집단이라 할 수 있다. 여기에서는 고령자운전에 대해 살펴보고 교통사고로부터 고령자를 보호하기 위한 안전대책을 살펴보고자 한다.

1. 고령자운전 개요

1) 고령운전자

80년대 이후부터 우리사회의 자동차 수요가 급격히 많아지면서 교통체계가 승용차 중심으로 변화하고 있으며, 향후 도시의 이동기능 또한 승용차에 더 의존하게 될 것으로 전망하고 있다(김은정, 2006). 한편 평균수명의 증가로 고령자의 생산활동이 늘어나면서 고령운전자가 증가하고 있다. 그뿐만 아니라 현재 자가 운전자들은 고령자가 된다 하더라도 운전을 지속적으로 하길 희망하고 있어 향후 고령운전자는 더욱 증가할 것으로 예측된다. 하지만 현행법령의 고령운전자 교통안전에 대한 관심과 준비는 미흡한 실정으로, 현행 도로교통법상에 65세 이상 고령운전자에 대한 직접적인 조치는 면허 갱신 주기를 5년으로 단축하는 법령이 전부였지만(박준환, 2010), 2018년 개정된 도로교통법에 따라 2019년 1월 1일부터는 75세 이상 고령운전자의 면허 갱신기간을 5년에서 3년으로 단축하고, 고령자 교통안전교육을 이수해야 면허취득과 갱신이 가능하게 되었다. 교통안전교육 시 인지기능검사와 안전운전에 필요한 정보를 제공하게 되었다.

2) 고령운전자의 실태

총인구 중 면허소지자 비율(보유율)과 전체 면허자 중 65세 이상 고령자의 운전면허 보유율은 〈표 8-1〉과 같다. 2013년 전체 인구의 운전면허 보유는 28,848천 명이었으며, 2017년에는 31,665천 명으로 증가하였다. 전체 면허소지자 중 65세 이상 운전면허 소지자는 2,112천 명에서 2,797천 명으로 증가하였고, 고령자의 운전면허 보유율을 보면, 2017년 기준 8.8%를 나타내고 있다.

표 8-1 • 고령층 운전면허 소지자 추이

구분	전체		65세 이상	
	소지자(천 명)	보유율(%)	소지자(천 명)	고령자 면허 보유율(%)
2013	28,848	56.8	2,112	7.3
2014	29,544	58.2	2,339	7.9
2015	30,293	59.3	2,545	8.4
2016	31,190	60.8	2,492	7.9
2017	31,665	61.5	2,797	8.8

※ 보유율 = (면허소지자÷총인구)×100
고령자 면허 보유율 = (65세 이상 면허소지자÷전체 면허소지자)×100
출처: 사이버 경찰청(http://www.police.go.kr); 국가통계포털(http://kosis.kr).

3) 고령운전자의 교통사고 현황 및 특성

(1) 고령운전자의 교통사고 현황

도로교통관리공단의 통계를 보면 고령운전자의 교통사고 발생건수와 사망자 수가 점차 증가하고 있다. 〈표 8-2〉에 나타낸 고령운전자 교통사고 추이를 살펴보면 2012년에 비해 2015년 고령운전자의 사고건수는 연평균 8.0% 증가하고 있다. 특히 우리나라 교통안전의 전반적 여건은 점차 개선되고 있는 반면, 고령운전자의 교통사고 발생은 점유율과 부상자수 모두 증가하고 있다는 점에 주목해야 한다.

표 8-2 • 고령운전자 교통사고 추세 (단위: %)

구분	고령자 교통사고(전체 사고)							전체 교통사고(전체 사고)				
	발생건수			사망자 수			부상자 수 (명)	발생건수		사망자 수		부상자 수 (명)
연도	(건)	전년 대비 증감률	점유율[1]	(명)	점유율[1]	노인 인구 10만 명당		(건)	전년 대비 증감률	(명)	인구 10만 명당	
2012	28,185	6.4	12.6	1,864	34.6	31.6	29,699	223,656	0.9	5,392	10.8	344,565
2013	30,283	7.4	14.1	1,833	36.0	29.9	32,178	215,354	−3.7	5,092	10.1	344,565
2014	33,170	9.5	14.8	1,815	38.1	28.4	35,352	223,552	3.8	4,762	9.4	337,497
2015	36,053	8.7	15.5	1,814	39.3	27.4	38,582	232,035	3.8	4,621	9.1	350,400

주 1) 점유율 = 노인사고 발생건수(사망자 수) ÷ 전체 사고 발생건수(사망자 수) × 100
출처: 도로교통관리공단(2016).

(2) 고령운전자의 교통사고 특성

지우석(2006), 신연식(2001) 등 고령운전자에 관한 국내외 여러 연구결과를 종합하면 고령운전자의 교통사고 특성은 다음과 같이 요약할 수 있다. 첫째, 고령운전자는 운전 중 좌회전 시, 교행 시 전측면사고를 상대적으로 많이 발생시켰고, 특히 이는 곡선도로 구간에서 많이 발생하였다. 둘째, 운전면허 취득 경과연수가 10년 이상인 고령운전자의 사고도 많은 것으로 나타났다. 따라서 이와 같은 고령운전자 교통사고의 원인 및 사고 특성을 고려한 고령운전자 교통안전 대책 마련이 필요하다. 다시 말해 젊은 층에 대한 안전운전교육은 위반을 억제시키는 것에 초점을 맞추어야 하는 반면, 고령운전자에게는 순간적 오류를 줄일 수 있는 인지능력 강화 방안을 마련해야 한다. 또한 운전경력이 높은 고령운전자의 사고도 많다는 사실을 인식하여 고령자의 운전경력을 맹목적으로 신뢰하기보다 신체적 · 심리적 기능 저하에 대한 고려가 필요하다.

4) 우리나라의 고령운전자 관련 법령

국내에는 고령운전자를 대상으로 한 별도의 법률체계가 없으며, 몇몇 관련 법률에 고령자에 대한 단편적인 규정만이 마련되어 있는 실정이다. 고령운전자를 포함한 고령자의 보행이나 통행의 편의성 확보 및 교통안전에 대한 법규는 「교통약자의 이동편의 증진법」에서 일부 규정하고 있는데, 고령자를 교통약자로 정의(제2조)하며, 고령자의 자가운전지원을 규정하고 있고, 고령자를 특별교통수단의 이용대상 범위에 포함시키는 등 고령자를 위한 교통서비스제공에 관해 명시하고 있다.

한편 65세 이상의 고령운전자와 관련하여 「도로교통법」 제87조에서는 정기적성검사와 운전면허증의 갱신에 관하여 규정하고 있다. 여기에서는 65세 이상의 운전면허자에 대해 최초 정기적성검사 및 일반 정기적성검사 기간의 단축을 명시한다.

도로교통법에 나타난 고령운전자에 관한 규정

제87조 【운전면허증의 갱신과 정기 적성검사】 ① 운전면허를 받은 사람은 다음 각 호의 구분에 따른 기간 이내에 대통령령으로 정하는 바에 따라 지방경찰청장으로부터 운전면허증을 갱신하여 발급받아야 한다. 〈개정 2016.5.29., 2018.3.27.〉

1. 최초의 운전면허증 갱신기간은 제83조제1항 또는 제2항에 따른 운전면허시험에 합격한 날부터 기산하여 10년(**운전면허시험 합격일에 65세 이상 75세 미만인 사람은 5년, 75세 이상인 사람은 3년,** 한쪽 눈만 보지 못하는 사람으로서 제1종 운전면허 중 보통면허를 취득한 사람은 3년)이 되는 날이 속하는 해의 1월 1일부터 12월 31일까지
2. 제1호 외의 운전면허증 갱신기간은 직전의 운전면허증 갱신일부터 기산하여 매 10년(**직전의 운전면허증 갱신일에 65세 이상 75세 미만인 사람은 5년, 75세 이상인 사람은 3년**, 한쪽 눈만 보지 못하는 사람으로서 제1종 운전면허 중 보통면허를 취득한 사람은 3년)이 되는 날이 속하는 해의 1월 1일부터 12월 31일까지

② 다음 각 호의 어느 하나에 해당하는 사람은 제1항에 따른 운전면허증 갱신기간에 대통령령으로 정하는 바에 따라 도로교통공단이 실시하는 정기(定期) 적성검사(適性檢査)를 받아야 한다.

1. 제1종 운전면허를 받은 사람
2. 제2종 **운전면허를 받은 사람 중 운전면허증 갱신기간에 70세 이상인 사람**

③ 다음 각 호에 해당하는 사람은 운전면허증을 갱신하여 받을 수 없다. 〈개정 2018.3.27.〉

1. 제73조제5항에 따른 교통안전교육을 받지 아니한 사람
2. 제2항에 따른 정기 적성검사를 받지 아니하거나 이에 합격하지 못한 사람

④ 제1항 또는 제2항에 따라 운전면허증을 갱신하여 발급받거나 정기 적성검사를 받아야 하는 사람이 해외여행 또는 군 복무 등 대통령령으로 정하는 사유로 그 기간 이내에 운전면허증을 갱신하여 발급받거나 정기 적성검사를 받을 수 없는 때에는 대통령령으로 정하는 바에 따라 이를 미리 받거나 그 연기를 받을 수 있다.

[전문개정 2011.6.8.][시행일 : 2019.1.1.]

2. 고령운전자의 신체적 특성과 운전 특성

1) 시각의 노화와 운전

시력은 운전행동을 이루기 위한 필수조건이다. 운전자가 받아들이는 정보의 90% 이상이 시각이고, 시각기능은 운전의 가장 중요한 요소로서 운전 의사결정에 영향을 미친다.

일반적으로 시력은 40세 이후에 급격히 감소하고 그후 지속적으로 감소한다. 흔히 나이가 들어 생기는 시각기능의 퇴화를 노안이라고 하는데 노안은 두 가지 영역이 변화한다. 첫 번째는 시각전달과 원근조절능력으로 원거리시력, 섬광에 대한 감각과 양의의 깊이지각, 색체감각에 영향을 준다. 두 번째는 망막과 신경체계인데 이 변화는 적은 빛에 대한 민감성 시야의 범위에 영향을 준다. 이러한 시각의 노화는 정지시력, 동체시력, 야간시력, 섬광회복력 등 운전에 필요한 중요한 시각적 기능을 제대로 발휘하지 못하게 한다.

2) 청력의 노화와 운전

청력은 운전자의 시력의 한계를 도와줄 수 있는 기능을 가진 감각기관이다. 그러나 인체의 노화는 시력과 함께 청력으로도 이어진다. 청력은 점진적으로 감퇴를 하다가 55세 이후에는 급격히 감퇴한다. 이러한 청력의 노화는 운전자의 판단에 영향을 주는 요소 중 하나인 경적소리를 듣지 못하게 하여 정보수집에 어려움을 준다.

3) 반응속도 저하와 운전

반응속도가 저하한다는 것은 운전환경의 변화에 대처하는 시간이 길어지는 것을 의미한다. 이것은 둔화된 시 · 지각능력과 인지적 특성에 기인하는 것으로 운전 시 고령운전자의 운전수행능력에 어려움을 느끼게 한다. 반응속도는 운전행동 중 판단처리 기능에 문제를 야기한다. 생물학적으로 노화와 함께 뇌의 신경세포가 감소되어, 대뇌의 기능이 현저하게 감퇴가 된다. 이로 인해 신경반응이 둔화되어 정보의 판단처리가 늦어지고 부정확해지면서 올바른 운전행동으로 이어지기 어렵다.

4) 운동기능의 감소

운동기능도 나이가 들면서 점차 저하된다. 근육을 구성하는 세포 수는 유지되지만 근육의 굵기와 신축성이 크게 떨어지면서 악력과 배근력 등이 감퇴하여 손발과 허리 움직임의 범위가 축소되며 요통으로 고통받는 경우도 생긴다. 이러한 근육계통의 쇠퇴는 허리부위의 운동에 제약을 주어 원활하고 민첩한 조작을 어렵게 한다.

5) 인지정보처리

고령운전자 사고의 주요 원인 중 하나는 우선통행권을 양보하거나 회전에 실패하는 것이다. 도로표지 인지를 잘못한 것인데, 고령자는 표지를 빠르게 읽고 해석하기 어렵고 고령운전자의 25%가 교통표지판을 읽을 때 표지의 위치, 크기, 글자의 선명함에서 불편을 경험하고 있다. 또한 색채지각이 약한 고령운전자는 교통신호와 자동차의 미등, 차폭 등이 색채 구분이 어려워 교통신호에 대한 반응속도가 2배가 걸리며 시야손상운전자의 사고율이 정상시야를 가진 운전자의 사고율에 비해 2배가 높았다. 더불어 고령운전자는 야간시력이 저하되어 사고의 위험이 높다.

표 8-3 • 고령운전자의 인적요인과 운전

인적요인	관심사항	주요내용	연구자
신체적 기능 저하	시각적 결함	• 시각은 운전의사결정에 영향을 미침 • 고령자는 원근조절능력의 저하, 섬광에 대한 감각이 저하됨 • 노화에 따라 수정체의 이완과 초점이 변화됨	Owslehy(1991) Rockwell(1972)
반응력 저하	동체능력, 민감성	• 동체능력인 안구조절능력 감소 • 동체능력은 조도가 높아질수록 증가하고 목표물의 속력이 증가할수록 감소	Burg(1977)
	섬광 회복력	• 암순응의 역치가 노화에 따라 증가함 • 섬광회복력은 연령이 증가하면 감소 • 야간운전, 교차로 운전은 피하도록 권고함	Burg & Corso (1988)
인지정보 처리능력 저하	색채구별 능력 저하	• 표지판의 크기와 디자인, 야간조도에 조정 필요 • 연령층별로 주야 도로표지판 인지력에 차이가 있음 • 고령운전자에게 도로표지판은 근접해야 하고 고령층은 정보처리에 긴 시간이 필요	Tee(1991) Kline & Graca (1982)
	시야 축소	• 고령층은 젊은층보다 13% 시야가 좁아짐 • 시야에서 젊은층은 170도, 50세에 140도로 감소	Koltnow(1983)
심리 저하	심리적 위축 운전 포기 결정	• 운전면허 적성검사서를 주간에만 실시하는 문제제기, 80세 이상 노인은 법적 실명상태수준 • 낮에 측정한 시력은 밤에는 무의미함 • 고령자는 심리적으로 위축되고 양보받기를 기대함	이원영(2005) Kosnik & Kilne(1990)

출처: 심은석(2009).

6) 심리적 위축

시력저하의 요인뿐만 아니라 심리적 위축도 운전 포기의 결정 요인이다. 고령운전자는 자신의 부주의를 당연하게 여기며 다른 교통 운전자들이 자신을 존중하여 양보하기를 기대하기 때문에 사고율이 높다. 고령자는 법규나 신호, 도로표지판, 차량 증가 등 변화하는 교통환경에 적응하기보다는 기존 경험대로 행동하며 심리적으로 위축되어 있다.

3. 외국의 고령운전자 대책

1) 일본

(1) 고령자 운전면허 자진반납제도 실시

1998년 4월에 도입된 이 제도는 초기에는 면허 반납에 따른 혜택이 없는 점 등으로 인해 반납자 수가 저조하였으나, 2008년부터 각종 혜택을 부여하면서 새롭게 주목받고 있다(박준환, 2010). 도야마 현은 공공기관의 1년치 승차권을 지급하고 후쿠이 현은 운전면허 유효기간까지 시민버스 무료이용 승차권 시행 중에 있다. 도쿄에서는 기업 및 단체가 고령자의 교통사고 방지를 목적으로 고령자 운전면허 자진반납지원협의회를 구성하여 상품할인 등의 혜택을 주고 있다.

(2) 면허증의 유효기간을 차등화

일본 도로교통법에는 70세 이상 고령자에 대한 특례조항을 만들어 면허증의 유효기간을 차등화하고 있다. 70세 미만은 유효기간 만료 후 5년, 70세는 4년, 71세 이상은 3년으로 하고 있어 이를 통해 고령운전자의 운전능력을 객관적으로 평가하여 갱신 여부를 결정한다.

(3) 노인전용주차제도

2010년 4월부터 노인전용주차제도를 실시하고 있다. 70세 이상 노인을 대상으로 차에 정부에서 발급하는 고령자표시를 부착하면 관공서나 병원 등과 같이 노인이 자주 이용하는 시설 근처의 도로에 주차할 수 있도록 하는 제도이다. 지방자치단체에서도 주차장의 일정부분을 노인을 위해 할당해야 하는데, 이는 장애인 전용 주차공간과 비슷한 개념으로 이해하면 된다.

(4) 75세 이상 운전면허 갱신 시 인지기능검사

75세 이상의 고령운전자가 운전면허 갱신 시 인지기능 검사 통과를 의무화하였으며, 검사 결과 치매로 판정되는 경우에는 면허가 취소된다.

2) 미국

(1) 도로교통안전국의 고령운전자 보호지침 및 각 주별 고령자 교통사고 관리체계

미국에서는 고령자 교통한전담당 기관을 설립하고 고령자의 교통사고 관련 자료수집 및 고령 피해자 지원을 위한 의료기관의 역할 등을 정하고 있다. 또한 각 주별로 고령운전자의 운전면허 갱신 주기 또는 적성검사 주기를 주의 상황에 맞게 정하도록 명시하고 있다.

이에 따라 고령운전자는 낮에만 운전을 할 수 있도록 허용하기도 하고, 고속도로 운행을 제한하는 경우도 있다. 워싱턴 DC, 일리노이 등과 같은 지역에서는 고령운전자 면허 갱신 시 건강증명서를 제출하도록 정하기도 한다.

(2) 미국은퇴자협회(American Association of Retired Persons: AARP) Driver Safety Program

AARP에서는 50세 이상의 운전자들을 대상으로 사고방지를 위한 교육프로그램을 실시하고 있다. 이 프로그램은 다음과 같은 다섯 가지 목적을 위해 운영된다(박준환, 2010). 운전과 노화의 관련성을 이해시키는 것, 나이가 들면서 겪게 되는 변화를 고려한 새로운 운전방법의 교육, 노인이 당하게 되는 가장 흔한 교통사고상황 및 사고상황을 예방할 수 있는 방법, 도로 및 차량에 대한 최신정보 제공, 고령의 나이에 운전함으로써 따르는 위험요소 지각과 같은 교육이다.

(3) 전미자동차협회(American Automobile Association: AAA) Drivers 55 Plus

55세 이상을 대상으로 운영하는 사고예방프로그램으로, 중고령자가 스스로 운전습관을 체크하고 개선할 수 있도록 하는 프로그램과 운전태도를 자가 진단하는 프로그램 등으로 구성되어 있다.

3) 뉴질랜드

(1) 운전면허 갱신주기

뉴질랜드는 고령운전자가 별도의 운전면허 갱신과정을 거치도록 하고 있으며, 75세 이상 운전자의 경우 운전면허를 유지하기 위해서는 75세, 80세 그리고 이후에는 2년마다 운전면허 갱신의 과정을 거쳐야 한다. 국토교통국(Land Transport New Zealand: LTNZ)은 운전면허 만료 8주 전에 갱신신청서 및 절차안내를 하며 운전자는 면허갱신을 위한 신체검사를 거친다. 신체적 · 정신적 능력을 검사하여, 통과, 조건부 통과, 도로주행시험 후 통과, 전문가진단 후 통과, 운전부적합의 다섯 단계로 구분한다.

(2) 고령운전자 주행시험

고령운전자가 면허를 갱신하기 위해서는 의사진단과 더불어 주행시험을 통과하여야 한다. 주행시험에서는 기본주행능력, 위험상황 포함 기본주행능력, 위험상황 포함 고난이도 주행능력을 시험하여 운전능력을 확인한다. 구체적인 확인 내용은 다음과 같다.

- 기본주행능력: 도로진입, 교차로 우회전, 출발지점 도착 등
- 위험상황 포함 기본주행능력: 교차로와 로터리 운전, 무신호 교차점 좌회전 등
- 위험상황 포함 고난이도 주행능력: 제한속도 50~80km의 교통량이 많은 도로상 주행 및 좌회전

(3) 고령운전자 안전교육

고령운전자를 대상으로 하는 안전교육프로그램도 실시하고 있는데, 55세 이상을 대상으로 한 'Safe with Age'프로그램은 새로운 교통규칙과 교통시설, 운전 팁 등을 알려준다.

이상에서 살펴본 외국의 고령운전자 대책을 통해 다음과 같은 시사점을 찾아볼 수 있다. 첫째, 고령운전자의 통행에 관한 체계적인 분석과 연구를 바탕으로 교통안전대책을 세웠다는 공통점이라는 것이다. 미국의 경우에는 2006년부터 지속적인 투자를 통해 고령운전자를 위한 정책방향을 제시하였다. 따라서 우리나라에서도 고령운전자의 특성이나 통행 행태, 안전취약점 등에 대한 기본적인 조사와 연구가 필요하다.

둘째, 고령운전자를 대상으로 한 교통안전프로그램을 실시하고 있다는 것이다. 이를 위해서는 우리나라도 고령운전자 스스로가 자신의 운전에 대해 점검하고 신체능력 변화에 대한 인식을 교육하는 것이 필요하다. 나아가 고령운전자가 안전운전에

대한 세부사항을 숙지할 수 있도록 안내하고 교육하는 과정이 포함되어야 한다.

셋째, 노화에 따른 신체적 변화를 평가하고 운전 여부를 주관적 혹은 객관적으로 판단할 기회를 부여한다는 점이다. 일본의 경우 인센티브제공방식과 운전면허를 자진하여 반납할 수 있도록 하는 프로그램이 있으며, 운전면허 갱신과정을 합리적으로 개선하고 세밀한 평가를 시행하는 프로그램도 제공하고 있다.

4. 고령운전자 교통안전을 위한 대책

인구고령화가 가속화되면서 노인인구를 위한 정책이 강화되어야 하며 교통정책은 사람의 생명과 직결되는 가장 중요한 정책인 만큼 시급한 개선이 요구된다. 특히 65세 이상 고령운전자의 교통사고는 신호위반, 과속 등 의도된 행동의 결과라기보다 위험지각에 따른 반응시간 지연 등 노화에 따른 운전적성과 관련이 높기 때문에 이를 개선하기 위해서는 다음과 같은 대책이 마련되어야 할 것이다.

1) 고령자 교통안전교육 강화

최근 국내에서 고령자를 대상으로 한 교통안전교육이 이루어지기 시작했고, 일부 손해보험회사에서는 교통안전교육을 이수한 고령운전자의 보험료를 할인해 주고 있다(최창희, 2015). 현재 교통안전교육은 「도로교통법」 제73조 등에서 명시하고 있다. 여기에서는 주로 운전면허 취득이나 법규 위반 시 재교육을 위한 프로그램에 대해 규정하고 있다.

한편 고령운전자를 위한 교통안전교육은 교육내용과 목적에 있어서 일반 교통안전교육과는 다음과 같은 차이가 있다.

첫째, 고령운전자에게는 지속적으로 변화하는 도로환경 및 교통법규에 대한 새로운 안내와 교육이 필요하다. 고령운전자는 오랫동안 익숙해진 운전습관과 교통법규에 대한 변화 필요성을 인식하기 어려우므로 운전면허 갱신 등과 같은 일정기간마다 운전에 필요한 안전운전지침, 변화된 법규 등을 새롭게 익히는 기회를 제공해야 한다. 교육비 관련하여 정부의 교육재원 마련도 동시에 필요할 것으로 보인다(조병구, 2015).

둘째, 교통법규에 대한 교육보다 더욱 중요한 교통안전교육의 목적은 고령운전자 자신의 신체적 · 정신적 능력을 인식하고, 운전을 지속하기 위해 필요한 사항을 스스로 판단할 수 있는 기회를 제공하는 것이다. 고령운전자 스스로 혹은 주변 가족이 안전하고 원활한 운전을 위해 요구되는 신체적 · 정신적 능력에 대해 이해하고, 운전자 자신의 상태를 인식하도록 하여 더욱 신중한 운전을 하도록 유도하는 것이다.

셋째, 고령운전자의 능력에 맞는 운전방법에 대한 개발과 안내를 위한 노력이 필요하다. 『교통약자의 이동편의 증진법』에서 명시한 바와 같이 정부는 고령자의 자가운전을 돕기 위한 노력을 기울여야 하는데, 그중 고령자를 위한 운전연수프로그램의 개발 및 교육프로그램 마련도 고령운전자를 위한 중요한 시책이라 할 수 있다.

2) 운전면허제도 개선

운전면허제도 개선을 통해 고령운전자의 신체적 · 정신적 능력을 객관적으로 평가하는 체계의 마련도 고려되어야 한다. 이는 해외의 고령운전자에 대한 운전면허 갱신 절차 개선이나 운전면허 자진반납제도 등을 참고하여 고령자의 신체기능 변화에 초점을 맞춰 고령자와 관련한 운전면허제도를 개선하는 방안을 의미한다. 특히 택시나 버스와 같은 여객자동차나 화물자동차의 경우, 사고발생 시 자가용 운행의 경우보다 더욱 큰 인명피해와 재산피해가 발생할 수 있으므로 일반 고령운전자의 경우보다 고령의 여객 및 화물자동차 운전자에 대한 운전능력 평가에 있어서는 더욱 엄격하고 주의 깊은 판단이 요구된다.

앞서 해외 사례에서 제시한 바와 같이 일본의 경우, 70세 미만은 5년, 70세는 4년, 71세 이상은 3년 단위로 적성검사를 시행하고 있다. 고령운전자가 안전한 차량운행을 위해 요구되는 신체적 · 정신적 능력을 유지하는지에 대한 판단을 위해, 운전자의 연령 증가에 따른 운전면허 갱신기간의 단축, 연령대에 따른 적성검사 내용의 세분화, 적성검사 후 문제발생 시 후속조치 마련 등 다양한 측면의 운전면허 갱신제도 개선이 필요하다.

이때 유의해야 할 점은 운전면허 갱신 여부를 판단하는 기준은 고령자의 연령이 아닌 운전자의 신체적 · 정신적 운전능력 자체가 되어야 한다는 사실이다. 고령운전자에 대한 단일한 기준을 강요하기 이전에 운전에 필요한 신체적 · 정신적 능력에 대한 객관적 기준을 마련하는 연구가 선행되어야 한다. 이러한 기준을 바탕으로 고령자뿐만 아니라 모든 운전자들에 대한 적성검사의 내실화를 기할 수 있도록 하는 정책적 노력이 필요하다.

한편 고령운전자에 대한 운전적성검사 절차의 개선 혹은 강화는 자칫 고령자에 대한 차별로 인식될 수도 있으나 교통사고는 운전자뿐 아니라 승객과 상대 차량 운전자의 생명과 안전에 직결되는 문제인 만큼 차분하고 이성적인 판단이 요구된다.

3) 교통서비스 강화를 통한 고령운전자의 운전수요 감축

고령자에 대한 교통서비스를 강화하여 고령자의 운전수요를 감축시키는 방안이 필요하다. 주관적 · 객관적 기준을 바탕으로 고령운전자의 운전가능 여부를 판단하도록 하는 방안도 중요한 대책이 될 수 있지만, 이를 고령자의 삶의 질과 함께 고려하는 접근이 요구된다. 고령자는 이동수준이 높아질수록 더 행복하고 만족스러운 삶을 살게 되는데, 고령자의 운전 제한이 고령자의 이동성 제한으로 이어질 경우, 고령자의 삶의 질에 악영향을 줄 수 있다는 사실을 인식해야 한다(조병구, 2015). 따라서 고령자의 운전 제한 시 대체 교통수단 확보 및 이동성 유지에 대한 점검이 선행되어야 하고, 고령자의 교통안전성과 이동성을 함께 고려하는 접근이 중요하다. 이를 위해서는 고령자의 운전을 포기시키는 개념이 아닌 운전자에서 승객으로 합리적 전환을 할 수 있도록 도와주는 정책이 필요하다.

또한 고령자에 대한 자가운전 이외의 교통서비스 강화를 통해 운전수요 자체를 감소시키는 방안에 대한 검토도 요구된다. 즉 고령자의 통행빈도가 높은 출발-도착지를 연결하는 대중교통 노선 확충, 특히 고령자의 왕래가 집중되는 노인보호구역[3]을 중심으로 고령자 교통수요를 처리할 수 있는 대중교통이 제공되어야 할 것이다.

이러한 다양한 방안을 통해 향후 증가할 고령운전자 교통사고를 방지하고, 고령사회를 대비한 교통안전성 증진을 위한 노력이 시급한 우리사회의 과제이다.

---

3) 「도로교통법」 제12조의2(노인 및 장애인 보호구역의 지정 및 관리) ① 시장 등은 교통사고의 위험으로부터 노인 또는 장애인을 보호하기 위하여 필요하다고 인정하는 경우에는 제1호부터 제3호까지 및 제3호의2에 따른 시설의 주변도로 가운데 일정 구간을 노인 보호구역으로, 제4호에 따른 시설의 주변도로 가운데 일정 구간을 장애인 보호구역으로 각각 지정하여 차마의 통행을 제한하거나 금지하는 등 필요한 조치를 할 수 있다.

참고문헌

김은정 (2006) 고령자 이동실태에 관한 연구. 건양대학교 경영행정대학원 사회복지행정학 석사학위논문.

김중한 (2008) 고령화사회에 따른 고령층 교통안전대책 방안.

도로교통공단 (2009). 고령자를 위한 교통안전 교재: 나의 교통 나이는?

도로교통공단 (2011). 교통사고 분석자료집: 노인교통사고 특성분석.

박준환 (2010). 고령사회를 대비한 고령운전자의 교통안전대책. 국회입법조사처 현안보고서 85.

서울대학교 심리과학연구소 (2000). 운전적성검사 개발 최종보고서.

송미순 외 (2006). 노인 일차 건강관리(pp. 633-673). 서울: 군자출판사.

송수연 (2008). 교통안전교육논문. 고령운전자 사고 예방을 위한 연구, 168-173.

심은석 (2009). 고령운전자 인적요인이 교통사고 피해손상에 미치는 실증연구. 한남대학교 일반대학원 행정학 박사학위논문.

양훈철 (2008). 고령운전자 인적특성을 활용한 사고위험군 판별 모형 개발. 서울시립대학교 일반대학원 교통공학과 박사학위논문.

조병구 외 (2015). 고령화·저성장 시대 대한민국의 지속발전을 위한 정책과제, 경제·인문사회연구회, 475-492.

최상복, 박용억, 이동호 (2005). 노인안전개론. 서울: 도서출판 골드.

최창희 (2015). 해외 고령운전자 관리의 시사점. 보험연구원 334호, 1-12.

PART 04 노년기 정신건강

CHAPTER

09 노년기 우울증

학습목차

CHAPTER

09

HEALTH MANAGEMENT FOR THE AGED
IN THE ERA OF HOMO-HUNDRED

노년기 우울증

정신의학에서 우울은 정상적인 기분변화로부터 병적인 상태까지의 연속선상에 있으며 근심, 침울함, 무력감 및 무가치감을 나타내는 기분장애로 분류된다. 이러한 우울증은 노년기의 중요한 정신과적 장애로 여겨지고 있다. 특히 우울증 경향은 노년기 전반에 걸쳐 증가하기 때문에 노년기에 해결해야 할 중요한 과제이다. 또한 노인우울증은 삶의 만족을 저하할 뿐 아니라 최근 사회적으로 문제가 되고 있는 노인자살의 위험성을 높이는 것으로 보고되고 있다(허준수 · 유수현, 2002). 따라서 노인자살과 관련하여서도 노인우울증의 문제는 노년기에 중요하게 다루어져야 할 문제가 된다.

1. 노년기 우울증의 증상

노년기 우울증은 일반 대상자의 우울증과 같이 우울감정, 정신운동제지, 불면, 우울증에 수반되는 신체증상의 출현이 나타나지만, 다음과 같은 특징적인 증상이 나타나기 쉽다(大森健一 & 新老年学, 2000).

1) 불안과 초조감

노인우울증환자는 불안이나 초조감에 휩싸여 계속 앉아 있을 수 없어 실내를 우왕좌왕하기도 하며 머리나 손목을 쥐어뜯기도 하며 신음소리를 내기도 한다. 말을 걸어도 제대로 응답하지 못하며 혼돈상태에 빠진다.

2) 히스테리증상

신체증상, 불면증, 식욕부진 등을 과다하게 호소하여 히스테리증상으로 오해받을 수도 있다.

3) 신체적 호소

여러 신체기관의 불쾌감, 불편함, 동통 등을 호소하고 다른 정신증상을 호소하지 않는 경우로 소위 신체적 가면우울증에 해당한다. 신체적 호소는 구강 내 이상감각, 배설기관의 이상감각, 동통 등이 많으며 그 외에 전신권태감, 요통, 흉통 등이 있다.

4) 망상 경향의 강화

우울증의 3대 망상에 해당하는 심기망상,[1] 빈곤망상,[2] 죄업망상[3]이 나타나기 쉽

---

1) 불치병에 걸려 생명이 얼마 남지 않았다고 확신하는 망상
2) 돈이 한 푼도 남지 않아 삶의 재미도, 미래에 대한 희망도 잃어버려 비관적이고 자책적인 생각만 하여 극단적인 경우 자살기도까지 이어질 수 있는 망상
3) 되돌릴 수 없는 과오를 범하여 가족이나 주변사람에게 폐를 끼치고 경찰에게 잡혀가는 생각을 하는 망상

다. 또한 공동체로부터 배제당한다는 피해망상도 보일 수 있으며, 코타르증후군(Cotard's syndrom)이라는 부정망상도 초로기부터 특히 여성을 중심으로 나타날 수 있다. 코타르증후군은 자신의 신체인 뇌와 장기 등이 손실을 입어 뼈와 피부만 남는다는 부정망상이 존재하여 신도 악마도 천국이나 지옥도 존재하지 않는다고 주장하게 된다. 그리고 자신이 죄를 많이 지었다고 하는 죄책망상, 절대로 죽지 않는다는 불사망상 등이 나타나기도 한다.

5) 우울성 가성치매

우울증이 있는 노인은 우울증으로 인해 정신운동기능이 제제를 받아 치매환자처럼 보이기도 한다. 표정이 굳어 있고 응답을 하지 못하거나 느려지고 일과성이기는 하나 지능테스트를 하면 지능이 저하하기도 한다. 하지만 우울증이 회복되면 치매증상도 소멸하기 때문에 이를 가성치매라 한다.

6) 의식장애

노년기 우울증은 의식의 고갈과 함께 착각, 환각, 불안이나 흥분상태를 동반하는 섬망이 생기기도 한다. 빈도는 10% 전후로 알려져 있으며 우울증에 의한 정신상태의 악화로 인해 생긴다. 이는 우울증 치료제에 포함된 특히 항정신병약이나 항우울제에 포함된 중추성 항코린작용에 의한 것이 많다.

7) 사고 및 의욕의 저하가 가벼운 경우

이야기를 잘하여 표정도 비교적 풍부하나 세상에 대한 흥미나 관심이 떨어졌다고 호소하고 기명력이 저하했다고 호소하여 신경증으로 착각된다. 기존에는 경증우울증이라고 하기도 했으며 항우울제를 통해 효과를 볼 수 있다.

2. 노년기 우울증의 원인

앞서 설명한 바와 같이 일반 대상자에 비해 노인성 우울증은 여러 요인에 의해 발생한다. 일반적으로 노인성 우울증의 원인은 내적요인보다 외적요인, 즉 환경요인, 뇌의 기질적 변화, 신체적 이상이 관여하는 부분이 크다.

1) 유전적 요인

유전적 요인은 일반 대상자에 비해 노인우울증환자와의 연관성이 낮게 보고되고 있다. 즉 유전적 원인에 의한 노인성 우울증은 많지 않다.

2) 환경요인

노년기에 발생하는 다양한 환경변화는 우울증이 발생하게 하는 상황요인이 된다. 예를 들면 배우자의 상실과 같은 대상상실을 경험하게 되면 본인의 존재에 대한 회의나 위협을 느끼며 우울증의 발생원인이 된다. 배우자 상실과 같은 인물 상실뿐 아니라 역할, 일, 재산, 건강, 생활습관과 같은 것을 잃게 되어도 사람에 따라서는 우울증이 발생할 수 있다.

3) 성격요인

중년기 이후 우울증을 보이는 환자의 경우, 특유의 성격 경향이 나타나는데 멜랑콜리아 친화형(Typus Melancholicus), 집착성격이 그것이다. 전자는 꼼꼼하며 타인에 대한 배려와 양심이 있는 사람이며, 후자는 열중성 · 철저성 · 집착성 등이 있다. 또한 강박적 경향이 있는 사람도 우울증환자가 되기 쉽다.

4) 신체질환

노년기에는 다양한 신체질환이 나타나기 쉽고 이로 인해 우울상태가 되기 쉽다. 신체질환의 한 증상으로 우울상태가 되는 즉 후유성우울증, 신체질환을 심인으로 하는 반응성우울증, 신체질환에 의해 유발되는 내인성우울증, 신체증상이 앞서 나타나는 가면우울증 등으로 구별되나 실제 임상에서는 감별이 어려운 경우도 많다.

노년기 우울상태를 동반하는 대표적 질환은 본태성고혈압, 동맥경화증, 관동맥질환, 소화기의 궤양성질환, 파킨슨병 등이며, 수술 후에 우울증이 나타나기도 한다.

5) 뇌기질병변

뇌혈관성장애나 알츠하이머형 치매도 우울증을 동반하는 경우가 있다. 예로 Robinson (1992)은 허혈성뇌혈관장애 이후에 우울증 발생률은 25%, 기분변조성장애는 30% 나타난다고 보고하고 있다. 또한 大森 외(1989)는 65세 이상 노인 중 치매증상을 보이는 입원환자 중 알츠하이머형 치매, 뇌혈관성치매 모두 약 반수에 해당하는 환자가 경과과정에서 우울증상을 보였다고 보고하고 있다.

3. 노년기 우울증의 관련 요인

노인의 우울증에 영향을 미치는 요인을 검토한 선행연구가 다수 이루어졌으며, 노인의 우울증에 영향을 미치는 요인들은 건강, 사회 · 경제적 지위, 연령, 배우자 유무, 사회활동의 정도, 종교 등으로 지적되고 있다(김철규 · 박승미, 2012). 노년기의 우울 성향에 영향을 미치는 요인은 다양하지만, 노인의 인구사회학적 특성, 건강요인, 경제상태, 사회적 지지 정도와 사회활동, 심리적 상태의 다섯 가지 요인을 생각할 수 있다.

1) 인구사회학적 특성

노인의 우울에 영향을 미치는 인구사회학적인 요인들은 다양하다. 재가노인을 대상으로 우울에 영향을 미치는 요인을 검토한 송양순(2001)의 연구에 의하면 노인우울 정도에 대한 인구사회학적 변인들로는 주로 성별, 연령, 교육수준, 종교 유무, 배우자 유무, 동거형태 등이 제시되고 있다.

노인의 인구사회학적 특성에 따라 우울성향수준의 차이를 살펴보면, 성별에서는 남성보다 여성노인의 우울수준이 높았다. 이는 여성노인이 남성노인에 비해 의존성이 높기 때문에 배우자나 친구의 죽음 등으로 인한 상실감이 더 크기 때문이다.

또한 연령에 따라서는 연령이 낮은 노인에 비해 연령이 높은 노인일수록 우울수준이 높게 나타나는데, 이는 나이가 많은 노인일수록 배우자나 친구를 상실한 경우가 많으며 또한 죽음에 대한 생각을 자주하기 때문이라 할 수 있다.

결혼상태에 따라서는 사별노인이 가장 높은 우울수준을 보였으며 다음으로 이혼, 별거, 배우자가 있는 노인 순으로 나타났다. 배우자가 있는 노인의 우울수준이 낮은 이유는 배우자로부터 받는 지지가 많기 때문인 것으로 파악된다.

교육 정도에 따라서는 학력이 높아질수록 상대적으로 우울수준이 낮은 것을 볼 수 있다. 이는 현재 노인 중에서 고등학교 이상의 교육을 받은 노인은 대부분 사회적 지위가 높고 안정된 삶을 영위해 온 계층인 경우가 많기 때문에 자아통합성과 삶에 대한 만족도가 상대적으로 높다고 해석할 수 있다.

2) 건강요인

노인의 우울감에 가장 큰 영향을 미치는 요인들 중 하나는 노인의 건강상태이다. 선행연구에 의하면 노인의 건강상태는 우울감에 직접적인 영향을 미친다고 보고하고 있다(강희숙 외, 2000). 송양순(2001)의 연구에서 노인의 건강상태가 좋으면 우울감이 낮아지고, 건강상태가 나빠지면 우울감의 정도가 높아지는 경향이 나타났다. 구체적으로 건강상태는 노인이 주관적으로 평가한 주관적 건강평가, 일상생활동작 능력, 질병의 유무 등이다. 특히 주관적 건강평가는 노인우울과 직결되는 것으로 자신의 신체건강수준을 높이 인식할수록 우울 정도가 낮은 것으로 나타났다.

3) 경제상태

일반적으로 경제적인 어려움은 건강상의 문제나 기타 관련 변인들과 연관될 때 더욱 우울 정도에 영향을 미치게 되는데(김동배 · 손의성, 2005 재인용), 남녀 모두 월수입이 낮은 집단이 우울 정도가 높은 것으로 나타났다(김영숙 · 서경현, 2002).

4) 사회적 지지 정도와 사회활동

많은 연구에서 사회적 지지가 높은 경우 우울 정도가 낮은 것으로 나타났다(고승

덕 외, 2001; 허준수 · 유수현, 2002). 나아가 사회활동 참여가 활발한 노인이 우울 정도가 낮게 나타났다(이수애 · 이경미, 2002). 사회적 지지 정도는 개인의 심리적 적응을 돕고 문제해결능력을 강화하여 우울과 같은 정신건강에 긍정적인 영향을 미치는 것으로 해석되었다.

5) 심리적 상태

노인의 경우 고독의 증가는 신체적 · 사회적 상실로 인한 노년기적 특징이라 할 수 있다. 또한 그로 인해 전체적인 삶의 만족도가 낮아지기 쉽다. 따라서 고독감이 증가할수록 부정적 성향이 강해지기 쉽고 삶의 만족도가 낮아지게 되며 이로써 자아통합성이 낮아지고 우울수준이 증가하게 된다. 노인우울과 관련하여 가장 빈번하게 사용되고 있는 변인은 생활만족도로, 대부분 연구에서 유의미하게 우울 정도의 차이가 나는 것으로 나타났다(김영숙 · 서경현, 2002; 허준수 · 유수현, 2002). 즉 생활만족도가 높을수록 우울성향은 낮아질 수 있다. 또한 자아존중감, 생활스트레스, 자아통제감 등도 노인의 우울증과 관련되는 심리적 상태요인으로 생각할 수 있다.

이상으로 노인의 우울성향에 영향을 주는 다양한 요인을 살펴보았다. 각각의 요소들이 노인의 우울성향에 영향을 주지만, 또한 알아두어야 할 사실은 각 변인들 간의 상호 작용도 의미 있는 영향을 미친다는 것이다. 즉, 각 변인들이 모두 우울수준에 영향을 주지만 각각의 요인 간의 상호작용에 의해 우울수준이 더욱 높아지거나 낮아질 수 있다.

4. 노년기 우울증의 진단 및 치료

1) 우울증의 진단

우울증의 진단을 위해서는 우울상태를 파악하는 것이 우선되어야 한다. 우울상태는 ① 우울기분(슬픔, 공허감, 불안, 초조 등), ② 일상적인 활동에 대한 흥미, 관심, 기쁨을 잃어버림, ③ 현저한 체중의 감소나 증가, 혹은 식욕의 급격한 감퇴나 증가, ④ 불면증이나 수면과다, ⑤ 안정감을 잃거나 초조감이 증가하고 운동하기 싫어함, ⑥ 쉽게 피로해지고 기력이 감퇴, ⑦ 비관적 생각, 죄책감, 본인에 대한 무가치감, ⑧ 사고능력이나 집중력이 감퇴하고 결단력이 저하, ⑨ 자살을 언급하는 일이 많아짐과 같은 것이다. 특히 ①과 ②의 상태를 기본으로 하고 몇 가지 증상이 추가되는 경우가 대부분이다.

우울상태가 파악이 되면 다음 단계에서는 신체질환, 뇌기질병변의 검사를 실시한다. 또한 생활상황, 일상생활의 변화, 심인성 및 반응성 우울증의 감별을 하여 마지막에 내인성 우울증을 검토하는 순서로 진단하는 것이 바람직하다.

유의할 점은 노인에게서 우울증이 자주 발견된다고 인식하는 것이다. 또한 앞서 설명하였지만 노인은 우울증을 호소하지 않는다는 점과 신체질환이나 뇌기질병변이 존재하여도 단정하지 말고 그러한 질환과 우울증의 합병증이 발생할 수 있다는 가능성을 배제하지 않아야 한다.

(1) 한국형 노인우울검사 척도

일반적으로 노인우울증을 측정하는 도구는 서구를 중심으로 다양하게 개발되었으며, 한국형 노인우울검사 척도를 소개하면 다음과 같다.

표 9-1 • 한국형 노인우울검사 척도(Korean Form of Geriatric Depression Scale: KGDS)

※ 아래는 지난 일주일 동안 어르신의 기분을 알아보기 위한 질문입니다. 질문을 잘 읽으시고 그렇다면 '예', 그렇지 않다면 '아니요'에 ○표 하십시오.

질문	응답	
1. 자신의 삶에 대체로 만족하십니까?	예	아니요
2. 활동이나 관심거리가 많이 줄었습니까?	예	아니요
3. 삶이 공허하다고 느끼십니까?	예	아니요
4. 지루하거나 따분할 때가 많습니까?	예	아니요
5. 앞날이 희망적이라고 생각하십니까?	예	아니요
6. 떨쳐버릴 수 없는 생각들 때문에 괴롭습니까?	예	아니요
7. 대체로 활기차게 사시는 편입니까?	예	아니요
8. 자신에게 좋지 않은 일이 생길 것 같아 걱정스럽습니까?	예	아니요
9. 대체로 행복하다고 느끼십니까?	예	아니요
10. 아무것도 할 수 없을 것 같은 무력감이 자주 듭니까?	예	아니요
11. 불안해지거나 안절부절못할 때가 자주 있습니까?	예	아니요
12. 외출하는 것보다 그냥 집안에 있는 것이 더 좋습니까?	예	아니요
13. 앞날에 대한 걱정을 자주 하십니까?	예	아니요
14. 다른 사람들보다 기억력에 문제가 더 많다고 느끼십니까?	예	아니요
15. 지금 살아 있다는 사실이 정말 좋다고 느껴지십니까?	예	아니요
16. 기분이 가라앉거나 울적할 때가 자주 있습니까?	예	아니요
17. 요즘 자신이 아무 쓸모없는 사람처럼 느껴지십니까?	예	아니요
18. 지난 일에 대해 걱정을 많이 하십니까?	예	아니요
19. 산다는 것이 매우 신나고 즐겁습니까?	예	아니요
20. 새로운 일을 시작하는 것이 어렵습니까?	예	아니요
21. 생활의 활력이 넘치십니까?	예	아니요
22. 자신의 처지가 절망적이라고 느끼십니까?	예	아니요
23. 다른 사람들이 대체로 자신보다 낫다고 느끼십니까?	예	아니요
24. 사소한 일에도 속상할 때가 많습니까?	예	아니요
25. 울고 싶을 때가 자주 있습니까?	예	아니요
26. 집중하기 어렵습니까?	예	아니요

27. 아침에 기분 좋게 일어나십니까?	예	아니요
28. 사람들과 어울리는 자리를 피하는 편이십니까?	예	아니요
29. 쉽게 결정하는 편이십니까?	예	아니요
30. 예전처럼 정신이 맑습니까?	예	아니요
	총점: (	)점/30점

① 점수의 계산방식은 다음과 같다. 각 문항에 대해 우울성 응답에는 1점, 비우울성 응답에는 0점을 준다. 이 검사의 최종점수는 우울성 응답의 합계이다.
② 30개 문항 중 A(14~18점)는 우울 의심 및 경도의 우울증, B(19~21점)는 중도의 우울증, C(22점 이상)는 심한 우울증으로 간주한다.

2) 노년기 우울증의 치료

노년기 우울증에 대한 정신과적 치료의 접근방법은 크게 신체적 치료와 심리·사회적 치료로 나눌 수 있다. 신체적 치료는 약물치료가 주가 되고 전기충격치료 등 기타 여러 방법이 포함되며 심리·사회적 치료는 정신치료, 환경치료 등으로 나뉜다. 이 책에서는 역동적 정신치료, 인지치료, 행동치료, 집단치료, 가족치료에 대해 알아보고자 한다. 한편, 정신과적 치료가 노인들에게 좋은 효과를 나타내기 위해 치료기간을 정하는데 이것은 다음과 같은 특성 때문이다. 첫째, 노인환자들의 남은 삶의 유한성을 고려하고 있으며, 과거의 스트레스를 스스로 해결할 수 있었던 것처럼 현재의 스트레스도 해결할 수 있다는 기대를 가지게 하며 둘째, 언제까지 계속될지 모르는 치료에 의존해야 된다는 공포심을 줄여 주고 마지막으로 치료의 끝이 있다는 것과 경제적인 부담이 줄어든다는 점이다.

(1) 역동적 정신치료

① 통찰정신치료

20세기 초반기에 많은 노인환자들은 정신치료와 정신과 의사에 대해 부정적인 생각을 갖게 되어 치료적인 관계를 갖는 것을 꺼리게 되었다. 치료 첫 시간에 치료자는 환자의 치료에 대한 부정적 반응과 저항을 해결하기 위해 적극적으로 노력해야 한다. 만약 치료 초반에 환자나 보호자가 생각하기에 얻은 것이 없다고(어려움에 처한 자신에 대한 공감적 이해, 치료 성공에 대한 희망) 생각하면 치료는 중단할 수밖에 없게 된다. 노인우울증환자들과 논의되어야 할 문제로는 노화와 관련된 여러 상실과 스트레스에 직면하여 어떻게 적응해야 하며 자신의 권위와 자기평가를 어떻게 유지하느냐 하는 것이다. 또한 늙는다는 스트레스에 의해 일깨워진 이전의 정신내면적 갈등과 대인관계의 갈등을 해결하는 것, 그리고 자신의 인생과 그 의미를 돌이켜 생각해 보는 일 등이다.

치료자와 환자 사이에 많은 나이 차가 있더라도 환자는 치료자를 부모, 형제, 배우자 또는 자녀와 연관시키기도 한다. 절망과 낙담에 빠져 있는 자신에 대해 치료자가 희망과 능력으로 여겨지면 이상화된 전이가 일어난다. 반면 희망이 없고 절망감만이 느껴질 때면 치료자와 치료 자체를 깎아내리기도 한다. 이런 상황에서 환자의 부정적인 이유를 밝혀 주고 희망적인 태도를 격려해 줄 때, 치료에 대한 허무주의를 없앨 수 있다. 또 치료자가 환자로부터 부정적인 반응을 경험하기도 하는데 이는 치료자의 능력에 대한 위협, 환자의 나이가 너무 많음 등에서 나타난 역전적 반응 때문이다.

노인우울증환자를 치료할 때 유용한 방법은 환자가 상실을 어떻게 경험하였으며, 상실에 대한 애도가 어떻게 처리되었는지를 검토하는 것이다. 그리고 환자가 과거로부터 회복하고 만족을 가질 수 있는 새로운 인간관계와 활동을 찾고 자긍심을 높일 수 있도록 부드럽게 격려하는 것, 부정적인 전이반응을 알게 해주는 것, 인생의 의미에 대하여 새로운 통찰과 이해를 하고 대인관계를 더 잘할 수 있게 도와주는 것 등이 있다.

② 지지적 정신치료

인지기능의 장애가 있거나 입원 중인 우울증환자인 경우, 필요한 도움말을 준다거나 비교적 건강한 방어기제를 사용하도록 도와주는 것이 좋다. 또한 지지적이고 보살핌을 주는 환경을 마련해 주거나, 가족 또는 직접 보살펴 주는 사람에게 필요한 도움을 주는 일 등의 지지적 정신치료가 필요하다. 항우울제 약물사용에 대한 순응도 긍정적인 치료관계가 있어야 더 효과적이다.

(2) 인지치료

인지치료는 우울증치료를 위한 효과적이고 구조화된 치료기법 중의 하나이다. 인지치료의 이론에 의하면 우울증은 세 가지 중요한 인지 형태에 따라 환자는 자신과 주위환경을 비합리적이고 왜곡된 관점에서 보게 된다고 한다. 잘못되어 있는 사고의 세 가지 인지 형태는 ① 자신을 부정적으로 본다, ② 자신의 여러 경험을 부정적으로 본다, ③ 미래를 부정적으로 본다는 것이다.

사람들은 대개 나이가 들어가면서 노화를 부정적으로 본다. 우울증환자는 불안과 우울증상에 선행하여, 늙는 것은 열등한 것이라는 생각과 부정적 사고가 연결되어 있다. 인지치료환자의 단기치료는 부정적인 인지왜곡을 해석·설명하고, 실제적 정보제공을 통하여 우울증환자의 상동적이고 자기패배적인 생각과 비기능적인 태도를 교정해 주는 것이다. 치료목적은 긍정적 인식과 사고 형태의 통합을 증진시켜서 우울증상을 감소시키는 데 있다. 환자는 자신의 부정적 사고체계를 다음의 5단계를 통해 바꾸는 방법을 배운다. ① 부정적 사고를 스스로 살피는 방법을 배운다, ② 부정적 사고와 우울증상 간의 연관성을 인식한다, ③ 특정 자동 사고에 따르거나 또는 거부하는 증거를 살핀다, ④ 부정적 인식을 지속시키고 있는 비기능적 신념을 파악하고 바꾸는 방법을 배운다, ⑤ 우울증에 대처하는 현실에 바탕을 둔 적응대책을 개발한다.

(3) 행동치료

노인우울증환자 중에서도 인지기능상의 문제, 경제적 이유, 시간상의 이유 등 여러 이유로 인지치료나 역동적 정신치료를 받지 못하는 환자들에게 도움이 되는 치료방법이다. 행동치료는 환자의 과거에 대한 통찰보다는 현재의 문제되는 행동에 초점을 맞춘다. 행동치료의 장점은 다음과 같다.

① 단기적이다. 즉, 시간 소모가 많은 환자의 과거를 파고드는 작업보다 현재 행동 변화에 초점을 맞춘다. 현재 행동에 초점을 맞춘다는 사실은 과거의 좋았던 시절과 비교하여 현재를 부정적으로 인식하는 노인우울증환자에게 도움이 된다.
② 노년기의 흔한 스트레스와 불안을 치료하는 데 효과적이다.
③ 치료자의 역할이 적극적이며 방향을 제시해 주고 구조화되어 있으며 목표가 뚜렷하다.
④ 변화의 주체는 노인 자신이며 자신이 어느 정도 어려움을 극복할 수 있음을 강조한다. 이런 강조를 통해 희망감을 갖게 하고 무원감을 감소한다. 환자들은 자기조절과 자기통제방법을 배움으로써 주위 환경을 조절할 수 있다는 자신감을 갖게 된다.

행동치료 시 고려사항은 다음과 같다.

① 치료자는 기분상태와 행동 간의 상관관계를 보여 주어야 한다. 치료자는 환자의 활동뿐만 아니라 동반되는 기분의 변화도 평가하고 기록하도록 돕는다. 기록활동을 통하여 치료자는 우울증환자의 행동 형태에 대한 통찰을 갖는다. 그 다음, 활동계획이 시작된다. 한 주일 간의 활동계획 중 즐겁고 흥미 있는 활동을 어디에 배치할지를 결정하게 하고 매일 하루에 한두 개씩의 즐거운 활동이 포함되도록 한다.

② 즐거운 활동을 증가시키고 불쾌한 활동의 효과를 감소시키는 데 도움이 되는 새로운 기술을 발달시킨다. 처음에는 저항이 있기 마련이지만 심각한 우울증 환자도 즐거움을 느낄 수 있는 활동거리를 찾을 수 있다. 이런 즐거움을 가질 수 있는 활동을 찾으면 환자가 이런 활동에 참여할 수 있도록 돕는다.

③ 이 치료과정에서 가장 중요한 부분은 강화, 격려, 새로운 기술에 대한 칭찬이다. 특히 강화는 긍정적 행동을 유지함에 있어서 필수적이다.

④ 환자가 더욱 스스로 만족할 수 있도록 돕는다. 환자가 약간의 성공을 경험하면 치료자는 환자가 계속해서 변화와 활동을 따라갈 수 있도록 격려한다. 자신감과 통제능력이 증가함에 따라 환자는 활동을 정확히 선택할 수 있고 흥미를 가지므로 활동범위가 커지고 사회적 참여가 가능해진다.

⑤ 새로 습득한 기술을 사회에서 실제로 시도한다. 이 과정이 치료과정 중 가장 어려운 부분으로 대부분 노인환자의 경우, 계속 잘 응용하도록 하기 위해, 그리고 자신감을 유지하도록 하기 위해 주기적인 평가시간을 가져야 한다. 이 방법이 모든 환자에게 적합한 것은 아니지만, 환자가 즉시 다양한 활동과 사회적 접촉에 참여할 수 있고 이런 참여를 통하여 빠르게 성취감을 가질 수 있다는 큰 장점이 있다.

(4) 집단치료

집단치료방법을 통해 사회성 향상과 태도변화, 개인적 발달, 학습, 행동변화, 정서적 안정, 문제해결 등을 기대할 수 있다. Yalom은 집단의 치료적 변화에 필요한 열한 가지 치료적 요소를 제시하였는데 그중 다섯 가지가 노인에게 적합하다.

① 정보의 나눔

집단의 구성원들은 치료자나 다른 구성원들로부터 약물, 사회적 서비스, 오락활동, 직업서비스, 기타 도움말에 대한 정보를 얻는다.

② 재사회화와 재동기화

노인환자는 외로움과 격리로 고통을 받는다. 집단에 참여함으로써 다른 사람들과 의미 있는 관계를 이루는 것을 배우며 이를 통해 격리감이 줄어든다. 집단은 오랜 시간 동안 녹슬었던 사회적 기술을 다시 발달시키게 한다. 다른 노인들이 문제해결을 위하여 노력하는 것을 보면서 변화의 가능성을 서서히 깨닫게 된다.

③ 자기평가의 강화

집단을 통해 어려움을 느끼는 개인적인 문제들이 자신만의 문제가 아니며 다른 사람들도 비슷한 어려움을 갖고 있다는 것을 알게 된다.

④ 감정의 정화

격리된 노인들은 자기연민, 죄책감, 실패감을 느낀다. 집단환경은 그런 감정을 당황이나 두려움 없이 표현할 수 있도록 격려한다.

⑤ 실존적인 관심에 대한 표현

죽음에 대한 불안, 존재의미 파악 등 노년기 상실에 대한 의문의 해결이다. 회상은 상실에 대한 애도, 우울증상, 절망감, 자기비하 등의 문제를 정리하는 좋은 도구이다.

(5) 가족치료

가족은 중요한 치료적 요소이다. 노인환자의 치료에는 환자 본인뿐만 아니라 가족 전체를 치료에 포함해야 한다. 가족은 노인에게 있어서 가장 중요한 사회적 집단이므로 가족에 대한 접근은 치료에 필수적이다.

5. 노년기 우울증의 예방과 대처

1) 우울증의 예방

노년기 우울증 예방을 위해서는 노인의 특성을 이해하고 노인우울증에 대한 인식을 개선하는 것이 우선되어야 한다. 앞서 언급했듯이 노인우울증은 다른 우울증과는 달리 가성치매나 가성우울증이라는 독특성을 지니는데 이러한 이유로 오진되거나 간과되는 경우가 발생한다. 또한 현대사회는 노인의 정신질환이 매우 흔한 일임에도 불구하고 다른 질환에 비해 편견과 낙인 등의 이유로 쉽게 드러내지 못하거나 다른 질병에 비해 간과하는 경향이 있다. 따라서 노인우울증에 대한 인식을 개선하여 적극적인 진단과 치료를 실시하는 것이 우울증이 심각해지는 것을 예방하는 첫걸음이 될 수 있다.

우울증 예방을 위해서는 우울증과 관련이 있는 경제적 요인, 건강 관련 요인, 사회적 관계망 차원의 접근이 필요하다.

첫째, 경제수준과 관련해서는 노인의 경제수준이 낮을수록 우울의 정도가 심한 것으로 나타났으므로 저소득층 노인을 위한 일할 수 있는 기회의 제공과 소득분배를 할 수 있는 프로그램을 개발하고 소득보장 프로그램의 기능을 활성화한다.

둘째, 건강과 관련하여 유병률이 높을수록 우울의 정도가 심한 것을 고려하여 유병률을 경감시키기 위한 건강 관련 프로그램 도입이 필요하다. 또한 질병이 있는 노인들이 진료를 받을 수 있도록 진료비 혜택의 범위를 넓혀 줌으로써 노인의 일상생활동작능력을 향상시켜 간접적으로 우울 경감에 영향을 준다.

셋째, 사회적 지지와 관련하여 배우자가 없거나 친구나 가족 수가 적을수록 우울의 정도가 높았던 것을 참고하여 적극적인 자원봉사체계의 활용과 상담원제도의 활성화 등을 통해 노인의 우울 성향을 예방할 수 있을 것이다.

2) 우울증에 대한 대처

우울증이 있는 노인에게는 다음과 같은 유의사항을 기억하여 대처해야 한다(柴田 & 長田, 2003).

① 우울증을 일으킨 원인에 해당하는 노인생활과 건강상의 변화에 유의한다. 노인성 우울증은 내적요인보다 외적요인에 의해 발생하기 쉽다고 설명하였듯이 외적요인 중 특히 이사와 같은 생활상의 변화나 최근 건강상에 일어난 변화가 무엇인지 파악하는 것이 중요하고, 가능하면 변화를 최소화하는 것이 바람직하다.

② 우울증이 있어도 노인은 호소하지 않는 경우가 많다. 나아가 현재 본인의 능력이 없고 자신이 부주의하여 우울해진다고 생각하기 때문에 의료기관에서 진료를 받지 않는 사례가 많다. 가족을 비롯한 주변에서 돌보는 사람은 우울증이 의심되면 가능한 빨리 전문의를 찾아가 정확한 진단을 받고 대처해야 한다.

③ 담당의사는 원인에 맞게 적절히 치료한다. 우울증은 약물치료나 심리치료가 주축을 이루지만 우울증의 원인이 되는 신체질환에 대해서도 절절한 대응이 필요하다. 또한 자살의 위험이 있는 환자는 주의 깊게 관찰해야 하며, 환자로부터 절대로 자살을 시도하지 않을 것을 약속받는 것이 좋다.

④ 가족이나 케어자의 기본적 대처방법은 다음과 같다.

가. 여러 차례에 걸쳐 우울증상을 호소하더라도 인내심을 가지고 들어주고 따뜻하게 응대하도록 노력한다. 성가시게 여겨 들어주지 않거나 무시하면 더 이상 호소하지 못하고 우울증이 심해질 수 있다.

나. 불안감과 죽음에 대한 공포로 두려워할 수 있다. 따라서 우울증이 계속되는 것이 아니라 치료를 잘 받으면 점차 개선된다는 것을 확인시켜 주고 안심시키는 것이 필요하다.

다. 환자가 잘못한 실수나 실패를 꾸짖거나 반성하도록 요구하지 않는다. 자책

하는 마음만 커지게 할 뿐이며 우울증의 치료에는 역행하기 때문이다.

라. 자살시도가 잦아질 수 있으므로 작은 행동에도 민감하게 대응할 필요가 있다. 특히 환자의 말과 행동에 주의 깊은 관찰이 필요하며 자살예방을 위해 노력한다.

마. 본인뿐만이 아닌 가족이나 케어자가 노인의 질병이나 장애를 받아들이지 못한다면 우울증에 부정적으로 작용할 수 있다. 주변사람들도 노화에 따른 신체적·심리적 및 사회적 변화를 이해하고 노인을 이해하는 태도와 지식이 필요하다. 이러한 이해를 기본으로 하여 노인을 접하는 것이 요구된다.

참고문헌

강희숙, 김근조 (2000). 일부지역 노인들의 신체적 건강과 우울과의 관련성. **대한보건협회학술지, 26(14)**, 451-459.

고승덕, 손애리, 최윤신 (2001). 노인의 일반적 특성에 따른 우울감에 관한 연구. **한국가족복지, 6(1)**, 3-15.

김동배, 손의성 (2005). 한국노인의 우울관련변인에 관한 메타분석. **한국노년학, 25(4)**, 167-187.

김영숙, 서경현 (2002). 생활환경에 따른 한국노인들의 생활만족과 우울수준. **노인복지연구, 18**, 273-290.

김철규, 박승미 (2012). 지역사회에 거주하는 여성과 남성노인의 우울 위험요인 비교. **대한간호학회지, 42(1)**, 136-147.

류종훈 외 (2004). **노인 건강생활과 호스피스케어**, 115-122. 서울: 학문사.

박정모, 한신희 (2003). 노인운동프로그램이 노인의 건강상태와 우울에 미치는 효과. **대한간호학회지, 33(2)**, 220-227.

송양순 (2001). 재가노인의 우울성향에 영향을 미치는 요인에 관한 연구. 목원대학교 산업정보대학원 석사학위논문.

이수애, 이경미 (2002). 농촌지역 노인의 우울증 결정요인에 관한 연구. **한국노년학, 22(1)**, 209-226.

이영자, 김태현 (1999). 단독가구 노인의 스트레스와 우울감. **한국노년학, 19(3)**, 79-93.

장인순 (2004). 일부 지역사회 여성노인의 영적안녕, 우울, 주관적 건강상태에 관한 연구. **여성건강간호학회지, 34(3)**, 477-484.

허준수, 유수현 (2002). 노인의 우울에 영향을 미치는 요인에 관한 연구. **정신보건과 사회사업, 13**, 7-35.

大森健一 (2000) うつ病 997-1001. **新老年学（第2版）**折茂肇編. 東京: 東京大学出版会.

大森健一 & 駒橋徹 & 藤沼仁至 (1989). **精神経誌**, 91, 770-775.

柴田博 & 長田久雄 編集 (2003). 老いのこころを知る, ぎょうせい.

本間昭 (1998) 高齢者の心の病, 262-264, サクセスフル・エイジング東京都老人総合研究 ワールドプランニング.

小山恵子 (1998) せん忘, **睡眠障害**, うつ病, **幻想妄想状態**, 209-212, 高齢者の保健と医療 柄澤昭秀編 早稲田大学出版部.

Blazer, D. (2007). **노년기 정신건강: 노인의 정서문제를 다루는 전문가의 개입전략**, 87-119. 김동배, 김유심, 문수경, 박인아, 손의성, 채수진, 홍은진 (공역). 서울: 학지사. (1998년 원저 발간).

Robinson. R. (1992). 92国際長寿科学シンポジウム 長寿科学シンポジウム実行委員会事務局. 名古屋, 284-301.

CHAPTER

10 노인자살

학습목차

1. 노인자살에 대한 이해
2. 노인자살의 실태
3. 노인자살에 대한 문제점과 대책
4. 노인자살예방

CHAPTER

10

HEALTH MANAGEMENT FOR THE AGED IN THE ERA OF HOMO-HUNDRED

노인자살

1. 노인자살에 대한 이해

최근 우리나라의 자살률은 세계최고수준을 지속적으로 유지하고 있으며 이러한 높은 자살률은 우리나라의 대표적인 사회병리적 현상이며 이는 국가발전을 저해하는 요소라 할 수 있다. 이에 우리 정부는 '자살예방 및 생명존중문화확산'을 국정과제로 포함시켰으며, 자살문제 해결을 위해 '자살예방 국가행동계획'을 수립하고 2018년 1월 23일에 공표하고 있다.

자살(suicide)이란 '어떠한 수단과 방법으로 행위자가 자신의 죽음을 초래할 의도를 가지고 스스로 목숨을 끊는 행위'를 말한다(통계청, 2009). 따라서 노인자살이란 65세 이상 노인층에서 자살생각, 자살시도, 자살행위에 이르는 연속적인 개념이다(서혜경, 2009). 특히 노인의 빈곤, 질병, 역할상실, 가족상실 등과 같은 노화에 따른 스트레스는 높은 자살률로 이어지게 한다. 생애주기의 마지막 단계인 노년기는 지금까지 살아온 인생을 정리하며 자아통합을 추구하고 죽음의 질에 관하여 생각해야 할 시기이나 노년기에 적지 않은 사람들이 여러 신체적 · 경제적 혹은 정서적인 어려움을 동시에 겪고 있다.

노인층에서의 자살 성공률은 그 어느 연령층보다도 높게 나타나고 있다. 이러한 결과는 다른 연령층에서의 자살이 대부분 충동적인 행동의 결과이지만, 노인의 자살은 일정기간 심사숙고하여 결정한 필사적 해결대안이라는 것을 시사한다(서혜경, 2009).

1) 노인자살 위험요인

노인자살은 여러 상실요건이 복합적으로 작용하여 발생한다. 이러한 노인자살 위험요인은 사회 및 환경적 요인, 신체적 요인, 심리적 · 정신적 요인으로 나누어 볼 수 있다.

(1) 사회 및 환경적 요인

사회 및 환경적 요인으로는 은퇴, 사별 등을 들 수 있는데 이는 사회적 고립이나 노동시장으로부터의 분리에 따른 낮은 사회경제적 상태를 가져온다. 특히 퇴직이라는 직업역할의 상실은 노인에게 충격적인 사건으로 경제적 상실을 비롯하여, 자아존중감, 권력과 명예, 그리고 미래에 대한 안정감을 위협하게 한다. 퇴직이나 은퇴가 노인자살에 있어 주요한 위험요인은 아니지만 성격이 소심하고 융통성이 부족한 경우에는 위험요인이 되기도 한다.

다음으로 사별은 자살을 유도하는 심각한 위험요인으로 추정된다. 배우자의 상실 또한 노년기에 견디기 어려운 스트레스이자 생애적 사건으로, 배우자의 상실로 홀로 된 노인들은 자살의 위험에 처할 가능성이 높다. 또 다른 요인으로는 지리적 · 사회적 · 정서적 고립을 들 수 있다. 노인들은 각종 장애로 인하여 사회관계와 사회참여가 서서히 줄어들어 점차 고립감에 젖어들게 된다. 노후의 경제적 불안정과 가족관계를 포함한 사회적 관계망의 축소가 노인의 삶의 질에 부정적인 영향을 끼치며 고립된 노인일수록 자살에 이를 가능성이 높다.

(2) 신체적 요인

신체적 요인으로는 노화와 건강약화에 따른 신체적 · 정신적 능력장애와 당뇨, 뇌졸중, 퇴행성 관절염 등의 만성질환을 들 수 있다. 만성 또는 중증 신체질환은 자살을 유발하지 않지만 신체질환으로 인한 우울증이나 다른 정신병리가 유발한다면 자살에 큰 영향을 미칠 수 있다. 암환자의 경우 진단을 받은 2년 이내에 자살률이 증가하는 것으로 보고되고 있으며 이들 환자의 약 60~80%는 우울장애나 불안장애 같은 정신질환을 동반하는 것으로 보고되고 있다.

(3) 심리적 · 정신적 요인

심리적 · 정신적 요인에서는 노인자살을 노인성치매나 우울의 전형적인 증상적 행동으로 인식하고 정신질환을 자살의 주요 원인으로 보고 있다. 자살한 노인의 75% 이상은 자살 당시에 정신질환상태에 있던 것으로 추정되어 정신질환은 노인자살의 주요한 위험요인으로 손꼽히고 있다. 특히 자살한 노인의 50~87%는 자살 당시에 우울증상태였던 것으로 보고되고 있으며 이러한 경향은 고연령층의 노인에 더 많이 적용되는 것으로 보인다.

즉 퇴직, 건강 약화, 만성질환, 신체적 · 정신적 장애, 사회관계 범위의 축소, 배우자의 상실, 경제적 불안정, 가족불화, 우울증상 등의 요인이 복합적으로 얽혀 노인자살을 유발한다고 할 수 있다.

표 10-1 • 주요 자살유발 요인 및 내용

주요 자살유발 요인	내용
사회 및 환경적 스트레스	퇴직, 사별, 소외
신체적 질환	암, 만성 또는 중증 신체질환
정신적 질환	우울증

출처: 서혜경 (2009). 재인용.

2) 노인자살 경로

노인자살 경로란 '자살 전의 부정적인 경험(negative experiences) – 자살사고(thinking) – 자살시도(attempt)'로 이어지는 것을 말한다. 인구사회적 특성으로 노인의 연령이 높고 학력이 낮을수록 노년기의 부정적인 생활사건으로 인해 정신건강에 많은 영향을 받아 자살사고 및 시도를 하는 경향이 늘어난다. 또한 생활사건 측면에서는 배우자가 사망 또는 이혼했을 때 여성노인의 우울경향이 높아지며, 남성노인의 경우 자살시도와 성공률이 높아진다.

Chia(2001)는 성격적 요인과 부정적인 생활사건이 노인자살의 일차적 촉발요인으로 작용한다고 하였다. 자살을 사고하는 노인들의 성격적 특성은 스트레스에 취약한 성격일수록, 의존적 성향이 강할수록, 완고하고 융통성 없는 성격일수록 자살에 노출되는 경향이 많아지며, 이러한 노인들이 퇴직, 경제능력 상실에 따른 빈곤, 배우자 상실과 같이 스스로 통제하기 어려운 상실이나 분리를 경험함으로써 우울과정을 거쳐 자살사고 또는 자살시도를 하게 되는 것으로 설명하고 있다.

박지영(2006)은 이러한 연구들을 종합하여 다음과 같이 정리하였다([그림 14-1]). 먼저 서구의 노인자살경로는 노년기의 부정적인 경험에 대하여 노인 개인의 성격적 특성 혹은 사회적 지지가 자살로 이어지는 중요한 과정요인으로 설명되고 있다. 그러나 우리나라를 비롯한 홍콩, 중국 등지에서의 연구들은 서구와는 달리 노인 개인의 인구사회적인 특성이 강조되고 있고 사회적 지지와 더불어 사회문화적 요소가 노인자살을 초래하는 중요한 변수로 작용한다고 한다.

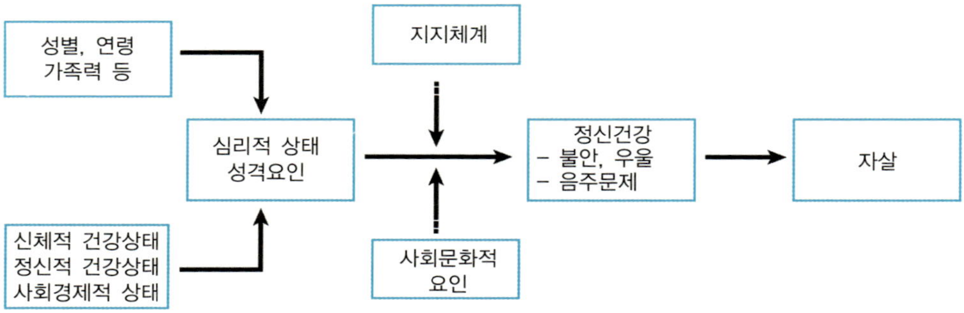

그림 10-1 • **노인자살 경로**

출처: 서혜경(2009). 노인죽음학개론.

3) 노인자살의 특성

노인자살과 관련된 최근 보고에 의하면 우리나라 노인자살의 특성은 다음과 같이 요약할 수 있다.

(1) 인구사회학적 특성

우리나라 노인자살의 인구사회학적 특성을 살펴보면 초등학교 졸업 이하가 자살자의 70% 이상을 차지하고 있다. 이는 낮은 학력이 자살의 위험요인이 아니라 교육정도가 직업, 소득, 삶의 질과 관련이 있기 때문이라고 해석할 수 있다. 실제로 노인의 직업과 자살을 살펴보면 무직, 기타, 농업, 노동, 상업, 일반 봉급자 순으로 나타나 직업이 없고 학력이 낮은 노인에 대한 선별적 지원도 필요할 것으로 보인다.

자살동기는 병고와 비관이 높은 이유였으나 그와 관련된 배경원인은 알 수 없고 지나치게 단순화되어 실제적인 이유와는 거리가 있을 것으로 판단된다. 이러한 한계를 극복하여 자살자 주변인의 탐색을 통한 심리·사회학적 부검에 의한 원인연구가 심층적으로 이루어져야 할 것이다.

자살수단은 도시지역의 노인은 목맴, 농어촌지역의 노인은 주로 살충제 등 농약류가 주된 수단이었다. 자살 장소와 연관해 볼 때 목맴은 주로 집에서 이루어졌고, 시설에서의 자살도 8건 모두 목맴이었다. 그러나 노인자살의 허위신고가 가장 높다는 연구를 참고할 때, 노인의 곡기를 끊는 것과 같은 소극적 자살수단은 통계에 잡히지 않아 어려움이 있을 뿐 아니라 목맴과 같은 수단은 자살예방을 위한 수단통제가 어렵다는 문제가 있다. 그러나 농촌 노인의 농약류 음독은 수단 통제가 가능하다는 면에서 이에 대한 적극적인 예방 전략이 요구된다.

자살노인의 50% 이상이 배우자가 있었으며 그 다음 순위로 평균 40% 이상이 모두 사별한 노인이었다. 주로 독거노인의 자살 위험성에 대한 우려가 많이 제기되고 있으나 50% 이상이 배우자가 있다는 면에서 노년기 부부의 빈둥지에서의 재적응 과정, 노화와 사별에 대한 준비와 삶의 재통합을 돕는 지원 전략이 노인자살 예방에 도움이 될 것으로 판단된다. 또한 배우자 사별 직후의 노인에 대한 선별적 지원 전략 모색도 필요하며 저소득 독거노인에 대한 지원뿐 아니라 차상위계층 이상의 독거노인에 대한 파악과 접근 및 지원 전략의 모색도 필요하다.

(2) 노인자살의 보건학적 특성

노인자살 예방을 위한 보고서에서는 국민건강영양조사 자료를 분석하여 다음과 같은 결과를 보여 주고 있다.

① 주관적 건강인식에 따른 자살생각

지난 일 년간 자살생각 여부를 살펴보면 1~3기 모두 건강이 '매우 나쁘다'고 지각하는 노인의 자살생각이 50% 이상으로 매우 높게 나타났고, '나쁘다'고 지각하는 경우에도 35%를 상회하는 것으로 나타나 주관적 건강인식과 자살생각의 관련성이 높은 것으로 조사되었다.

② 음주량과 자살생각

노인의 지난 한 달간 평균 음주량과 지난 일 년간 자살생각 여부를 살펴보면 음주량과 자살생각에는 관련이 없는 것으로 나타났다. 다만 음주로 인한 죄책감을 경험하는 경우는 알코올의존을 의심할 수 있는 단계에서 나타나는데 1기의 경우 죄책감을 경험하는 노인의 자살생각이 46.8%인 것으로 보아, 알코올중독과 자살생각의 관련성에 대한 추후 연구가 필요하다.

2. 노인자살의 실태

노인인구의 증가와 함께 노인자살자 수와 자살률은 지속적으로 증가하고 있다. 자살률의 증가뿐만 아니라 노인의 연령별 인구비례에 따른 자살인구 비율은 타 연령층에 비해 상대적으로 높게 나타났다. 그러나 노인에 대한 차별적 인식과 노인공경 등 전통적 사상에 반하는 노인자살에 대한 논의를 사회적으로 은폐하려는 경향이 있기 때문에 노인자살에 대한 관심은 낮다고 할 수 있다.

흔히 '황혼자살'이라 불리는 노인들의 자살은 사회적 · 문화적 특성으로 인해 알려지기를 꺼려한다. 자살통계에서도 누락되는 비율이 적지 않으며, 자살의 범위를 자살생각과 자살시도까지 포함하여 생각한다면 노인의 자살문제는 매우 심각한 사회문제가 되고 있음을 인식해야 한다.

1) 사망원인별로 살펴본 자살 비율

2016년 기준으로 우리 국민의 10대 사망원인 순위는 남녀 모두 악성신생물(암), 심장질환, 뇌혈관질환이 가장 주요한 이유였다([그림 10-2]). 한편 남성의 경우 자살로 인한 사망이 4번째로 높은 비율을 보였고, 여성은 6번째 원인으로 나타나, 자살로 인한 사망 비율이 남녀 모두 높은 비율을 차지하고 있다.

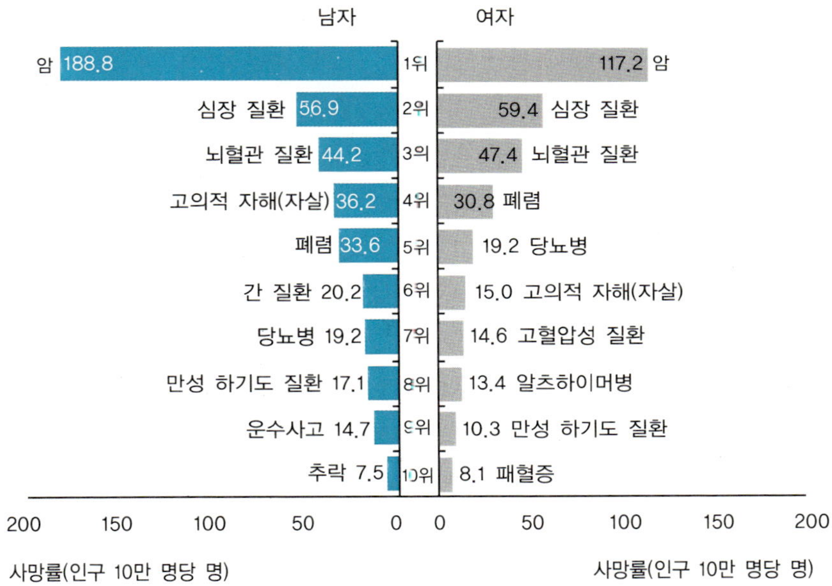

그림 10-2 • 2016 성별 사망원인 순위

출처: 통계청 (2017). 2016년 사망원인통계 결과.

2) 노인의 자살사망률

〈표 10-2〉는 성별, 연령별 자살률 추이를 나타내었다. 남성은 연령이 증가할수록 자살률이 증가하였고, 특히 70대 이상에서 자살률이 급증하였다. 여성의 경우 30대까지 연령과 더불어 자살률이 높아지다가 40대부터 자살률이 감소하는 경향을 보였지만, 70대부터 다시 자살률이 증가하는 양상을 나타내고 있다. 또한 전 연령대에 남성이 여성보다 자살률이 높았지만, 80대 이상의 고연령층에서 남녀 자살률이 역전되고 격차도 두드러졌다.

표 10-2 • 2016년 기준 성별, 연령별 자살현황 (단위: 명, 인구 10만 명당 명)

구분		9세 이하	10대	20대	30대	40대	50대	60대	70대	80대	전체
남성	자살자수	0	162	702	1,206	1,871	2,008	1,395	1,237	662	9,243
	자살률	0.0	5.6	19.9	31.3	42.3	48.3	55.7	90.3	15.05	36.2
여성	자살자수	0	111	395	651	708	669	388	478	449	3,849
	자살률	0.0	4.1	12.5	17.7	16.5	16.3	14.6	26.5	45.7	15.0
전체	자살자수	0	273	1,097	1,857	2,579	2,677	1783	1715	1111	13092
	자살률	0.0	4.9	16.4	24.6	29.6	32.5	34.6	54.0	78.1	25.6

출처: 보건복지부 · 중앙자살예방센터 (2018). 2018 자살예방백서.

[그림 10-3]에 나타난 OECD국가의 평균 자살률을 보면, 인구 10만 명당 평균 11.8명인데 비해 한국은 24.6명으로 OECD국가 중 가장 높은 자살률을 보이고 있다.

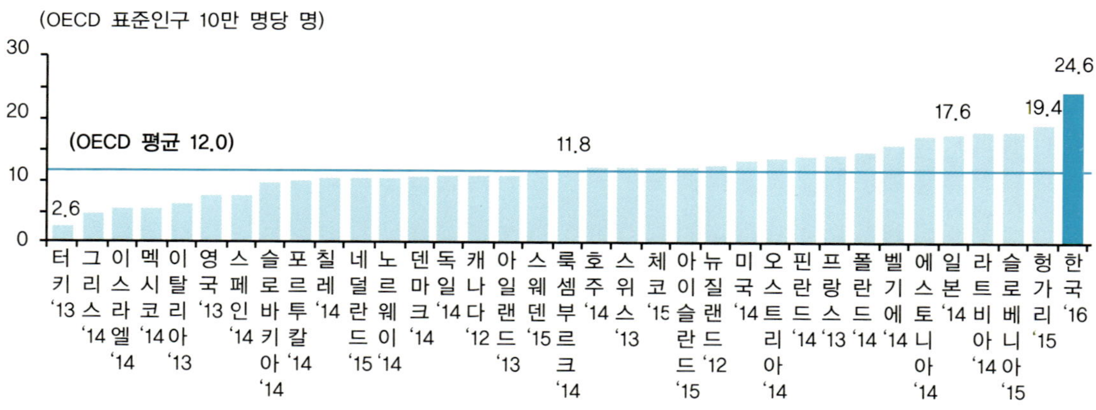

그림 10-3 • OECD 국가 자살률 비교

※ OECD 표준 인구 10만 명당 자살자 수.

3) 연령별 자살 이유

[그림 10-4]에 연령별 자살 이유를 제시하였다. 20세 이하, 30세 이하의 연령에서는 정신과적 문제의 비중이 크고, 40세 이하, 50세 이하 연령층에서는 경제적 문제가 다른 연령층에 비해 많으며, 61세 이상은 신체질병 문제가 큰 비중을 차지하고 있다(보건복지부 · 중앙자살예방센터, 2018).

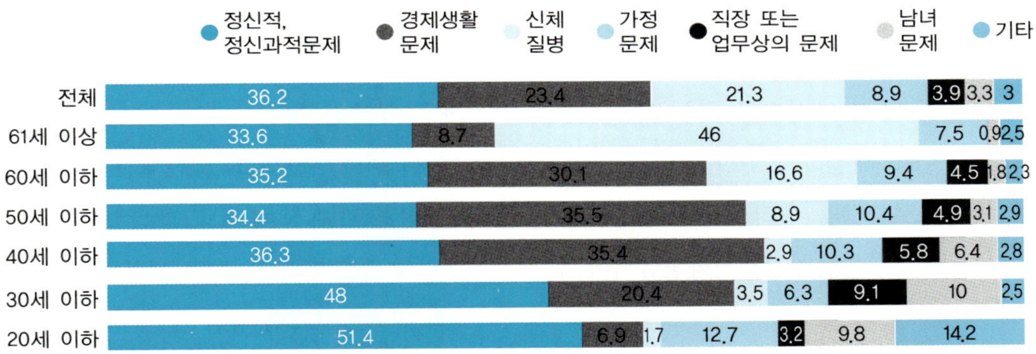

그림 10-4 • 연령별 자살 이유

3. 노인자살에 대한 문제점과 대책

1) 노인자살의 문제점

노인자살의 현황과 경향성, 즉 자살의 방법과 동기에 관한 정보나 노인자살자의 개인적 특성 및 노인자살과 관련된 사회구조적 요인에 대한 정보가 매우 부족한 실정이다. 그 이유로는 자살에 대한 연구자료를 얻는 데 따르는 여러 제약점과 선행연구의 결여 등을 들 수 있다.

또한 노인들은 고독과 소외 속에서 자신의 힘든 상황을 이야기하고 도움을 받을 수 있는 사회적 지지체계를 절실히 필요로 하고 있다. 자살예방센터, 정신건강증진센터, 노인보호전문기관, 보건복지부콜센터(129), 중앙자살예방센터 사이버상담실(www.spckorea.or.kr) 등 도움을 받을 수 있는 곳이 있음에도 불구하고 정작 이러한 사회적 지지체계에 대한 홍보가 매우 부족하여 실제 급박한 상황에서 노인들이 이용하지 못하고 있다.

우리사회에서 '사랑의 전화', '노인의 전화' 등 전화상담센터에서 다양한 연령층을 포괄하는 자살예방 관련 기관으로서의 기능을 일부 담당하고 있지만 아직은 노인인구를 중점 대상으로 하는 자살예방기관이 매우 부족한 형편이다.

이를 해결하기 위한 하나의 방법으로 외국에서 현재 시행되고 있는 2차적 자살예방프로그램을 우리사회에도 적용해 볼 필요가 있다. 현재 미국에서 성공적으로 실시되고 있는 노인전용전화상담서비스, 노인자살예방전용센터, Tele-help/Tele-check 서비스, 게이트키퍼 프로그램, 다양한 지역사회 교육프로그램 등을 우리사회의 문화적 특수성을 감안하여 평가 · 적용한 후 우리만의 예방프로그램을 만드는 것도 하나의 방법이 될 수 있을 것이다.

2) 노인자살의 대책

첫째, 노인자살을 예방하기 위해서는 개인의 구조적 문제를 해결하는 것도 중요하나 자살시도자, 유가족에게 지원체계 구축, 사회제도(의료보험, 응급구조) 개선, 전문가 양성의 제도화, 일자리창출 등 사회구조적인 개선이 필요하다. 노인문제는 사회의 지원으로 상당한 효과를 나타낼 수 있다.

둘째, 노인자살 문제를 개인적 접근을 통해 대책을 세울 수 있다. 개인 및 가족의 문제해결을 통해 노인자살 문제에 접근하는 것이다. 자살문제나 자살충동으로 힘들어하고 있는 자살 고위험자에게 위기개입 및 상담서비스를 제공하거나, 자살시도자를 위한 예방프로그램, 사후관리, 자살가족모임 등으로 심각한 노인과 그 가족의 문제에 즉각적으로 개입하여 위기상황을 막을 수 있다.

셋째, 노인자살 증가의 사회적인 원인으로는 노인에 대한 관심의 부족을 들 수 있다. 대중들이 노인자살을 사회문제로 인식하게 하여 그들에게 관심과 사회제도 개선이 가능하도록 하게 한다. 이러한 활동으로는 공익광고, 캠페인, 강연, 연극이나 영화 등의 영상매체를 활용, 인터뷰 및 언론기고, 다큐프로그램 제작지원 등이 있다.

넷째, 자살에 대한 예방과 홍보 및 계몽활동이 무엇보다 중요하다. 자살예방 홍보 및 계몽을 함으로써 생명존중의 정신을 함양하고 자살에 대한 오해와 편견을 줄이며, 자살위험이 높거나 이미 자살시도를 했던 사람들에게서 발생할 수 있는 자살행동의 재발을 방지할 수 있다.

4. 노인자살예방

1) 보편적 · 선택적 · 집중적 예방

노인의 자살의 위험도를 측정한 표준화된 척도는 아직 미흡하고 이로 인해 사전 예방에 어려움이 적지 않다. Conwell(2004)은 자살예방을 다음의 보편적 예방, 선택적 예방, 집중적 예방으로 분류하여 다차원적인 접근이 필요하다고 지적하고 있다(한국자살예방협회 · 이홍식, 2009).

(1) 보편적 예방(universal prevention)

연령이나 성별, 자살위험도와 상관없이 전체 주민을 대상으로 자살예방을 실시하는 방법이다. 노인자살의 중요한 위험요인이 되는 우울증이나 자살사고(思考)에 대해 파악하기 힘든 특성을 고려한다면 자살에 대한 인식 개선 등을 통한 보편적 예방이 필요하다.

(2) 선택적 예방(selective prevention)

현재 긴급한 자살위험을 가지고 있지는 않지만 자살에 이를 수 있는 취약집단인 노인을 대상으로 하는 자살예방 전략이다. 사회적 지지가 부족한 독거노인 등을 타깃으로 하는 미국 샌프란시스코의 노인자살예방센터에서 실시하는 '우정의 전화(Friendship Line)' 등이 이에 속한다.

(3) 집중적 예방(indicated prevention)

정신질환이나 긴급한 상황으로 인해 자살의 위험이 높은 집단을 대상으로 실시하는 자살예방방법이다. 우울증이 있는 노인을 대상으로 한 약물치료, 정신치료 등이 이에 속한다. 또 다른 고위험집단으로는 최근 사별한 노인, 병원에서 퇴원한 노인, 자살가족력이 있는 노인 등을 들 수 있다.

2) 정신건강 증진을 통한 예방, 서비스대상별 자살예방, 사회적 대책을 통한 예방

서혜경(2009)은 노인자살예방을 위해 노인 정신건강 증진을 통한 자살예방, 서비스대상별 자살예방 및 사회적 대책으로 나누어 다음과 같은 방안을 제시하고 있다.

(1) 노인 정신건강 증진 및 자살예방대책

노인연령층의 자살사고원인을 분석하고 다각적인 대책을 추진함으로써 고령화사회에서 노인계층의 자살사고를 방지하고자 함이 자살예방대책사업의 목표이다. 이를 위한 사업내용으로는 노인자살예방에 관한 조사·연구를 정책과제로 삼고, 노인자살예방 인프라를 구축하는 것이다.

첫째, 노인자살예방 및 죽음준비교육 전문가 양성 및 교육훈련을 실시한다. 이 교육은 국립서울병원(정신보건연구과) 또는 보건복지인력개발원에 노인자살예방 전문가과정을 개설하여 운영하며 노인복지시설, 재가노인복지 종사자 등 노인계층을 빈번하게 접촉하는 직원을 대상으로 노인자살예방 및 정신건강 증진을 내용으로 교육을 실시(별도과정 또는 노인복지 관련 교육커리큘럼에 포함)한다.

둘째, 노인 정신건강 증진 및 죽음예방 가이드북을 개발하여 보급한다. 내용은 노인의 심리 특성, 노인의 정신사회적 특징 및 문제들, 노인들의 생물학적 신체변화, 노년기 정신건강의 평가, 노인들에게 흔한 정신장애(우울증 및 노인자살, 신체장애, 수면장애, 배우자 사별, 노인학대), 노인 정신장애의 치료지침·약물치료 등 서비스대상별 자살예방대책 치료, 환자 및 가족 상담기법이 포함된다.

(2) 생애주기별 서비스대상별 자살예방대책

생애주기별 자살예방대책은 〈표 10-3〉에 제시하였다. 지역사회를 대상으로 한 사회환경적 접근, 일반 인구를 대상으로 한 정신건강 증진, 정신건강 위험인구를 대상으로 한 자살위험요인예방, 자살위험자를 대상으로는 조기발견 및 조기개입 대책, 자살시도 경험자를 대상으로 한 치료 및 사후관리대책이 필요하다.

표 10-3 • 서비스대상별 자살예방대책

사회환경적 접근 (지역사회 대상)	• 공동체의식 강화 • 경제성장률 제고 및 실업률 감소 • 개인워크아웃제도 등 신용불량자에 대한 대책 • 인터넷 자살사이트 단속 폐쇄 • 고층건물 및 강의 다리관리 강화 • 수면제/독극물 판매의 적절한 규제 • 생명존중문화조성 • 매스컴의 선정적 자살보도 억제 • 자살위험도 모니터링체계 구축
정신건강 증진 (일반 인구 대상)	• 일반 국민 대상의 정신건강 중요성 홍보 • 정신보건센터에서 스트레스관리 프로그램 제공 • 직장 정신보건사업(직무스트레스관리) 시행
자살위험요인예방 (정신건강 위험인구 대상)	• 배우자 사망, 독거노인, 만성질환자 대상 우울증예방 프로그램 및 사회지지체계 연결사업
자살위험자 조기발견 및 조기개입 (자살위험자 대상)	• '우울증 선별의 날' 등 국가적인 행사로 우울증에 대한 조기발견 분위기 조성 • 정신보건센터의 조기발견체계 구축 • 자살상담 등 정신건강 전화 구축 • 인터넷상담 활성화 • 생명의 전화 활성화 • 생명의 전화 상담 이후 정신보건센터로의 연계 활성화 • 자살징후에 대한 주민교육 홍보 • 정신과 치료상담에 대한 편견 감소 홍보
자살시도자 치료 및 사후관리 (자살시도자 대상)	• 정신보건센터 상담전화 및 생명의 전화와 119연계 강화 • 우울증 및 자살시도 대상자의 치료연계 및 사례관리 강화 • 저소득층에 대한 정신과 치료비 지원 • 자살시도로 응급실에서 치료받은 자에 대한 정신과 치료 강화

출처: 서혜경 (2009). 보건복지부 노인자살예방사업, 재인용.

3) 노인자살을 예방하기 위한 사회적 대책

노인자살을 예방하기 위한 사회적 대책은 노인의 자살을 가져오는 다양한 요인에 대한 종합적인 대책이 필요하다. 경제적 어려움에 대한 소득보장 지원, 노인취업알

선, 건강유지와 질병치료 등에 대한 의료보장제도, 계속적인 가정보호가 가능한 지역중심의 재가노인복지사업의 확충, 고독함, 소외감, 상실감을 극복할 수 있는 다양한 여가프로그램 확충, 노인복지회관 등의 노인종합복지센터의 설립 등이 필요하다.

노인자살을 적극적으로 예방할 수 있는 '사랑의 전화', '노인의 전화', '생명의 전화', '노인학대상담전화', '한국노인의 전화' 등의 다양한 노인전용의 전화상담서비스나 자살예방센터 등의 자살예방프로그램의 도입도 필요하다.

참고문헌

권진숙, 김정진, 전석균, 성준모 (2014). 정신보건사회복지론. 일산: 공동체.
박지영 (2006). 노인자살 생존자의 자살경험에 관한 연구. 이화여자대학교 박사학위논문.
보건복지부 · 중앙자살예방센터 (201). 2018 자살예방백서.
서혜경 (2009). 노인죽음학개론. 서울: 경춘사.
통계청 (2017). 2016년 사망원인별통계 결과. 서울: 통계청.
한국자살예방협회 (2008). 노인자살예방을 위한 실천적 정책수립방안을 위한 보고서.
한국자살예방협회 (2008). 노인자살예방을 위한 실천적 정책수립방안을 위한 보고서.
한국자살예방협회, 이홍식 (2009). 자살의 이해와 예방. 서울: 학지사.

CHAPTER

11 노인성치매

학습목차

1. 노인성치매의 개념 및 정의
2. 치매의 원인과 유형
3. 치매의 현황
4. 노인성치매의 위험요인
5. 노인성치매의 증상 및 문제행동
6. 치매의 진단 및 치료
7. 노인성치매의 예방

CHAPTER

11

HEALTH MANAGEMENT FOR THE AGED IN THE ERA OF HOMO-HUNDRED

노인성치매

1. 노인성치매의 개념 및 정의

치매(dementia)라는 말은 라틴어에서 유래된 말로 '정신이 없어진 것, 제정신이 아닌 것'이라는 의미를 가지고 있다. 한문으로는 어리석을 치(痴 혹은 癡)와 어리석을 매(呆)가 합쳐진 단어로 '의심이 많거나 아는 것에 병이 든 상태'를 뜻한다(권중돈, 2004). 치매는 특정 질환을 가리키는 병명이 아니라 점진적인 뇌기능 감퇴가 나타나는 증후군(syndrom)으로 뇌병변에 따른 기억장애, 사고장애, 판단장애, 지남력(식별력)장애, 계산력장애 등과 같은 인지기능과 고등정신기능이 감퇴되고 정서장애, 성격변화, 일상생활동작능력장애 등이 수반되어 결과적으로 직업, 일상적 생활 및 대인관계장애를 초래하는 노년기의 대표적인 기질적 정신장애의 하나이다(권중돈, 2016).

치매는 주로 노년기에 많이 생기며, 따라서 나이에 따라 50세 이후 발생하는 초로성치매(presenile dementia)와 노년기인 65세 이후에 발생하는 노인성치매(senile dementia)로 구분된다(이경순 외, 2006).

국제질병분류(International Classification of Disease: ICD)에 의하면 치매(F00−F03)는 기억력, 사고력, 지남력, 이해력, 계산능력, 학습능력, 언어능력 및 판단력을 포함하는 여러 고위피질기능의 장애가 있는 만성적 또는 진행성의 뇌질환에 의한 증후군이다. 의식은 흐려지지 않으며, 인지기능의 장애가 동반되고 때로는 감정조절, 사회적 행동 또는 동기부여 등의 저하가 먼저 일어난다(WHO 홈페이지, 2007).

한편 치매의 개념이 예전에는 망령, 노망이라고 불리면서 자연스러운 노화과정으로 인식되었으나 최근에는 뇌질환으로 인식되고 있다. 특히 최근 일본에서 치매라는 용어의 차별적 요소를 배제하고 조기발견과 조기진단을 저해하는 요소로 받아들여 '치매용어검토회'를 통해 '인지증' 혹은 '인지장애'라는 용어로 바꾸어 사용하고 있으며(介護白書, 2007), 우리나라에서도 이와 같은 움직임을 보이고 있다.

2. 치매의 원인과 유형

1) 치매의 원인

치매는 단일 질병명이 아니라 기질적 정신장애로 인해 특정 증상들이 나타나는 증후군에 해당한다. 이러한 치매증상을 나타내는 원인성질환은 퇴행성뇌질환, 뇌혈관질환, 뇌염증 및 감염대사장애, 내분비장애, 결핍성장애, 중독성장애 등 다양하다. 일반적인 알츠하이머, 혈관성치매 이외에도 우울증, 약물, 알코올 및 화학물질 중독, 대사성 원인으로 인한 전해질장애, 갑상선질환, 비타민결핍증, 뇌기능장애를 초래하는 감염성뇌질환, 두부외상 등에 의해서도 치매증상이 나타난다. 따라서 치매증상의 원인이 무엇인지를 파악하는 것이 가장 중요하며 원인을 제거함으로써 치매증상을 완화 혹은 제거할 수 있다.

노인성치매의 원인은 뇌의 병변만으로 설명할 수 있을 만큼 단순하지 않다. 실제로 치매노인들을 한 사람 한 사람 주의 깊게 살펴보면, 이사나 시설 입소 등처럼 환경의 변화, 배우자와의 사별 등과 같은 인간관계의 상실, 소변을 못 가리거나 걷기 곤란과 같이 노화에 따른 신체적 장애 등 여러 계기로 치매가 나타난다. 더 나아가 주변사람의 대응, 지금까지 생활해 온 과정, 인생관·가치관까지도 관련이 있다고 여겨질 정도로 치매의 원인은 복잡하고 심오하다(大田 & 三好, 2005).

2) 가역성치매와 비가역성치매

치매는 원인에 따라 크게 가역성치매와 비가역성치매로 분류할 수 있다(〈표 11-1〉 참조). 가역성치매는 치료가 가능한 치매를 말하며 비가역성치매는 치료가 불가능한 치매를 말한다. 치료가 가능한 가역성치매는 국내에는 정확한 통계가 없지만 약 10% 전후로 알려져 있으며(조맹제 외, 2008) 다음과 같은 치매가 가역성치매로 분류된다.

① 약물중독, 중금속중독, 알코올중독 등의 중독성장애
② 심혈관계 질환 및 호흡기질환, 만성간질환, 만성신장질환, 전해질장애, 저혈당 및 고혈당, 갑상선기능항진 및 저하증 등의 대사장애
③ 비타민B12결핍, 엽산결핍 등 결핍성장애
④ 신경매독, 결핵성수막염, 뇌종양, 진균성뇌염, 정상압수두증 등 감염성질환

상기의 장애 이외에도 우울증이나 영양결핍으로도 치매증상이 나타날 수 있다.

한편 비가역성치매의 원인질환으로는 알츠하이머병, 혈관성치매, 파킨슨병, 픽병 등이 포함된다(이경순 외, 2006).

표 11-1 • 치매의 종류

치매의 종류		주요 위험요인	치료·예방	비율
비가역성 치매	퇴행성뇌질환에 의한 치매: 알츠하이머병, 전측두엽치매, 루이소체치매 등	• 고령 • 가족력 • 저학력 • 우울증 • 성별(여성) • 두부손상력, 흡연 등	• 초기에 진단을 받으면 인지기능개선제를 통하여 질병의 진행 지연 가능 • 중기 이후는 정신행동증상에 대한 대증적 치료 병행	40~50 %
반가역성 치매	뇌혈관성치매	• 고혈압 • 심장병 • 당뇨병 • 동맥경화 • 고지혈증 • 흡연 등	• 알츠하이머병 다음으로 많은 치매 • 위험요인들을 관리하면 예방도 가능함 • 인지기능개선제, 항혈소판제제, 항응고제 등의 치료제 사용	30~40 %
가역성 치매	대사성치매, 뇌종양에 의한 치매, 영양결핍에 의한 치매 등	• 갑상선기능저하증 • 경막하출혈 • 정상압뇌수종 • 양성뇌종양 • 비타민B_{12}결핍 등	원인문제를 해결하면 치료 가능	10~15 %

출처: 보건복지가족부 (2008). 치매 종합관리대책.

(1) 알츠하이머병

알츠하이머병은 가장 흔하고 원인적 치료가 불가능한 질환이다. 이 병은 독일인 의사인 알로스 알츠하이머의 이름을 따서 붙인 병명으로 기억, 사고 및 행동의 장애를 초래하는 뇌의 진행성, 퇴행성 병변이다. 현재까지 밝혀진 알츠하이머병의 주된 위험인자는 연령, 성, 치매의 가족력 및 두부손상이다. 진단된 대부분의 환자들은 65세 이상이 많다.

알츠하이머병 환자에게서 발견되는 특징적인 변화로는 기억과 그 외에 다른 지적능력을 유지하는 데 중요한 뇌 부위에 있던 신경세포들과 이러한 뇌신경세포 사이에서 오가는 아주 복잡한 신호들을 서로 전달해 주는 데 필요한 특정 화학물질의 양이 많이 떨어졌다는 것이다. 알츠하이머병의 첫 번째 증상은 아주 가벼운 건망증이다. 그 이후에 병이 진행되면서 언어구사력, 이해력, 읽고 쓰기 능력 등의 장애가 나타난다.

(2) 혈관성치매

치매의 원인들 중에서 두 번째로 흔한 것은 혈관성치매이다. 혈관성치매의 위험인자로는 고혈압 · 심장질환 · 흡연 · 당뇨 · 비만 · 뇌졸중의 기왕력 등 뇌졸중 자체의 위험인자와 관련되어 있다. 이중 뇌혈관들이 막히거나 좁아진 것이 원인이 되어 나타나거나, 반복되는 뇌졸중에 의한 질환은 뇌 안에서 흐르는 혈액의 양이 줄거나 막혀 발생하게 된다.

이런 종류의 치매를 가지고 있는 사람들은 가끔 인지능력이나 정신능력이 나빠졌다가 유지하다, 또 갑자기 나빠지기를 반복하는 단계적 악화의 양상을 보이곤 한다. 또한, 팔, 다리 등의 마비나 언어장애, 시야장애 등도 흔하게 나타난다. 일단 발생하면 완치될 수는 없지만 초기에 진단을 받고 치료를 하면 더 이상의 악화는 막을 수 있다.

(3) 파킨슨병

퇴행성질환의 하나인 파킨슨병의 환자들 중 30~40% 정도는 파킨슨병의 말기에 치매의 증상을 나타내게 된다. 파킨슨병은 신경전달물질인 도파민 부족으로 인하여 운동신경이 원활하지 못하게 되어 발생하는 운동신경장애로 알츠하이머병과는 달리 초기에는 기억장애나 언어장애가 두드러지지 않으며, 치매증상이 호전되기도 한다. 또 반대로 알츠하이머병 환자의 일부는 병이 진행하면서 파킨슨병의 증상을 보이기도 한다. 파킨슨병은 약물복용으로 증상을 완화시킬 수 있지만 부작용으로 환각, 망상 등이 나타날 수 있다.

(4) 루이소체치매

루이소체는 파괴되어 가는 신경세포 안에서 발견되는 단백질 덩어리로 파킨슨병 환자의 주요 병변부위인 뇌간의 흑질 부위에서 잘 관찰된다. 이런 루이소체가 대뇌 전체에 걸쳐서 광범위하게 발견될 때에는 알츠하이머병의 증상과 매우 유사한 치매 증상을 보이게 된다. 루이소체치매는 인지능력장애의 심한 변화를 보이면서 간혹 의식장애도 나타날 수 있다. 또한 환자들은 환각을 경험하기도 하며 이것이 실제인지 또는 환각인지 구별하기 어려워지게 된다.

(5) 헌팅턴병

헌팅턴병은 뇌의 특정 부위의 신경세포들이 선택적으로 파괴되어 가는 진행성퇴행성 뇌질환의 하나로 사람의 몸과 마음에 모두 침범하여 증상을 나타내는 질환이다. 병이 진행함에 따라 인격과 지적능력이 점차 떨어지고 기억력, 언어능력, 판단력 등도 점차 감소하게 된다. 치매증후군은 이 병의 말기에 나타난다.

(6) 크로이츠펠트-야코프병

흔히 인간광우병이라 불리는 것으로 매우 드문 질환이지만 치명적인 뇌질환으로 프라이온단백질이라 불리는 물질에 의해 발생하는 것으로 알려져 있다.

(7) 픽병

행동장애, 인격장애 그리고 결국은 기억장애가 나타나는 것을 특징으로 하는 질환이며 비가역적 치매의 약 5%를 차지하는 비교적 드문 뇌질환이다. 남성에서 더 높은 유병률을 보이며 알츠하이머와 매우 유사하지만 좀더 젊은 사람들에게 발병하여 진행속도가 빠른 것이 특징이다.

(8) 다운증후군 치매

다운증후군의 50%에서 40세가 지나면 치매가 발생하며, 기억력상실이 최초의 증상이다.

(9) 알코올성치매

술의 과다한 남용과 지속적인 알코올섭취로 인해서 성격이 과격하게 변하고, 단기기억의 장애, 불안정한 걸음걸이 등이 나타난다(이경순 외, 2006). 오랫동안 알코올을 섭취하는 것은 비타민의 일종인 티아민결핍을 초래하여 뇌손상의 직접적 원인이 된다. 알코올건망증장애는 음주를 중지하면 치유할 수 있으므로 기억력장애가 치매처럼 반드시 악화되지 않을 가능성도 있다.

(10) 뇌손상으로 인한 치매

각종 산업재해 및 교통사고 등으로 인한 뇌의 외상 후에 나타나는 치매이다. 대개 사고로 인한 무의식의 상태가 길었던 경우에 더 많이 나타난다(이경순 외, 2006).

3) 치매의 문제행동에 따른 유형

일본의 다케우치 다카히토(竹內孝仁)가 주장하는 것으로, 실제 자신의 모습에 적응하지 못하는 상태라고 볼 수 있다. 실제생활에서 실감할 수 있는 분류로 문제행동에 따라 갈등형, 회귀형, 유리형 등 세 가지로 나눈다(大田 & 三好, 2005).

(1) 갈등형

갈등형이란 소변을 보거나 건망증이 있는 현실 속의 자신을 받아들일 수 없어, 어떻게든 자신을 되찾으려 발버둥치는 유형을 말한다. 그러나 현실적으로 노화현상도, 신체적 장애도 회복할 수 없기 때문에 갈등이 생긴다. 흥분하여 소리를 지르거나 거칠고 난폭한 행동을 한다. 또한 정서불안을 보인다. 갈등이 이식, 과식, 농변으로 나타나기도 한다. 갈등형은 환자의 입장에서 보면 부당한 현실과의 싸움이라고 할 수 있다.

(2) 회귀형

회귀형은 현실 속 자신을 인정하지 못한다는 점에서는 갈등형과 같지만, 갈등형이 현실에 머무르는 데 반해 회귀형은 과거의 자신으로 돌아가 자신을 되찾으려고 한다. 이 경우 과거는 '자신의 가장 좋았던 시절'이라는 점이 특징이다. 주로 배회라는 형태로 나타난다. 방향감각장애를 보일 때도 있으며 행복했던 과거 시절로 돌아가, 그 시절을 바탕으로 지금의 현실세계를 재구성한다.

(3) 유리형

유리형은 자신을 현실로부터 분리한다는 것에서는 회귀형과 같다. 그러나 회귀형이 과거의 좋은 시절로 돌아가는 데 반해서, 유리형은 과거도 현실도 아닌 자신만의 내부세계에 틀어박혀 자신을 지키려고 한다. 스스로도 식사를 하지 않으려 하고, 케어하는 사람이 입에 넣어 줘도 먹지 않는 등의 무위자폐증, 또는 혼잣말을 하는 증상을 보인다. 유리형은 이미 현실에 저항하는 것을 포기하고, 마음은 여기에 없는 상태이다.

3. 치매의 현황

〈표 11-2〉에 나타낸 바와 같이 급속한 고령화로 인해 우리나라 65세 이상 노인 인구의 치매 유병률은 지속적으로 상승해 왔으며(중앙치매센터, 2018), 앞으로도 지속적으로 증가할 것으로 예측되고 있다. 남성에 비해 여성의 치매 유병률이 높게 나타났으며, 이러한 경향 또한 지속될 것으로 보인다.

표 11-2 • 65세 이상 한국 노인의 치매 유병률 연도별 추이

연도	2012	2013	2014	2015	2016	2017
남성	6.42	6.52	6.62	6.72	6.83	6.92
여성	11.12	11.42	11.70	11.99	12.27	12.55
전체	8.07	8.76	8.94	9.08	9.74	9.61

출처: 중앙치매지원센터.

2017년을 기준으로 치매 유형별 비율을 살펴보면 알츠하이머가 71.8%, 혈관성치매가 16.4%로 나타나 압도적인 비중을 차지하고 있고, 이 두 유형을 제외한 기타 치매의 비율은 11.7%로 나타났다(중앙치매센터, 2018). 미국이나 유럽에서도 알츠하이머가 전체 치매의 50~70%를 차지하고 혈관성치매가 20~30%를 차지하는 것으로 보고되고 있어 치매 유형에서는 알츠하이머 및 혈관성치매에 대한 우선적 이해가 필요하다고 할 수 있다.

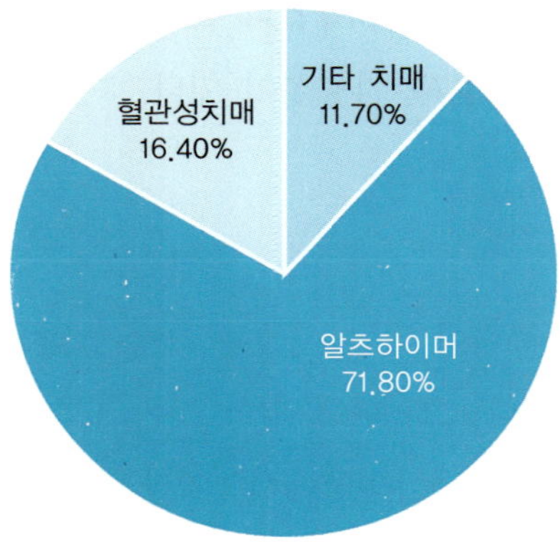

그림 11-1 • 치매 유형별 비율

4. 노인성치매의 위험요인

대표적인 치매 유형인 알츠하이머병 및 혈관성치매의 위험요인을 살펴보면 다음과 같다.

1) 알츠하이머병

(1) 연령

일반적으로 치매의 유병률은 60세 이후에 급증하여 매 5년마다 두 배로 증가한다.

(2) 성별

알츠하이머병은 여성이 남성보다 두 배 더 많다. 여성의 평균수명이 남성보다 길고, 호르몬의 차이, X 염색체의 역할, 확인되지 않은 환경적 영향의 차이 등이 성별에 따른 유병률 차이의 원인이 될 가능성이 있다.

(3) 가족력

알츠하이머병의 경우 가족력이 있는 이들은 그렇지 않은 경우에 비해 약 4배 정도 높은 발병 위험성을 보인다. 그러나 주의할 것은 가족성이 곧 유전성을 의미하는 것은 아니라는 사실이다. 쌍생아연구에서 일란성과 이란성의 일치율이 모두 40~42% 정도로 낮을 뿐만 아니라 양군의 차이가 없었고, 또 발병연령이 많게는 10년 이상 차이가 나서 환경적인 요소의 영향도 크다는 것을 알 수 있다.

(4) 교육수준

교육수준이 낮을수록 알츠하이머병 치매의 빈도는 높게 나타난다. 하지만 교육수준은 사회계층과도 밀접한 관계를 갖고 있으며, 직업으로 인한 위험인자에 대한 노출 등과도 관련성이 있어 이러한 해석에 대해서는 이견이 있는 상태이다.

(5) 두부손상(외상)

알츠하이머병 환자는 정상인에 비해 과거에 두부손상을 받은 빈도가 높다고 알려져 있다. 반복적인 두부손상이 치매의 발병연령을 5~7년 정도 앞당긴다고 보고되었다. E4 대립유전자를 가진 이들의 경우 두부손상이 발병 위험성을 높인다는 등의 보고를 통해서도 알 수 있듯이 적어도 두부손상이 유전적 혹은 환경적 소인을 가진 이들에게는 주요한 위험인자가 될 것으로 보인다.

2) 혈관성치매

혈관성치매의 대표적인 위험요인들로는 고혈압, 흡연, 심근경색, 심방세동, 당뇨병, 고콜레스테롤혈증 등이 있다. 그밖에 혈관성치매와 관련성이 의심되는 것으로는 헤마토크릿 상승, 지혈이상, 말초혈관질환, 과다한 알콜섭취 등이 있다. 이러한 위험요인들 외에 인구학적 요인들 중 연령, 남성, 인종(흑인), 저학력 등도 혈관성치매 발병에 영향을 미치는 것으로 알려져 있다. 명확하게 상염색체 우성의 유전양식을 보이는 몇 가지 종류의 유전성 혈관성치매가 있기는 하지만 이들은 혈관성치매 중 극히 일부에 불과하며, 대부분의 혈관성치매에 대한 유전적 요인의 기여에 대해서는 명확히 밝혀져 있지 않았다. 다만, 혈관성 위험요인으로 알려져 있는 당뇨병, 고콜레스테롤혈증 등 개별요인의 유전성을 통해 유전적 영향이 발휘되는 것으로 추정되고 있다.

5. 노인성치매의 증상 및 문제행동

1) 치매의 주요 증상

치매노인은 기억력, 추상적 사고능력, 판단력 및 충동자제능력, 언어기능 등의 저하와 성격변화, 신체적 기능의 변화로 인하여 직업, 일상적 사회활동, 대인관계 등에 상당한 침해를 받게 된다. 그러나 치매의 초기 증상은 매우 모호하여 정상적 노화과정으로 잘못 알고 있는 경우가 많고 치매라고 하여 다 같은 증상을 보이는 것도 아니며, 원인에 따라 나타나는 증상이나 문제행동 역시 다양하다.

이러한 치매의 주요 증상과 문제행동을 ① 인지장애, ② 정신장애, ③ 언어장애,

④ 행동장애, ⑤ 신체장애, ⑥ 일상생활수행장애의 범주로 나누어 그 특징적인 행동을 표로 정리하여 제시하면 〈표 11-3〉에서부터 〈표 11-8〉과 같다(권중돈, 2010).

표 11-3 • 인지장애

구분	특징적 증상과 행동	
기억장애	• 방금 한 말을 기억하지 못한다. • 남의 말을 잘 전하지 못한다. • 물건을 놓아 둔 곳을 잊어버린다. • 자신의 나이를 모른다. • 고인이 살아 있는 것처럼 이야기한다.	• 새로운 것을 기억하지 못한다. • 많은 것을 물어보면 어쩔 줄 모른다. • 집 주소를 모른다. • 가족의 이름을 모른다. • 과거를 현재처럼 이야기한다.
지남력장애	• 가족이나 친지를 알아보지 못한다. • 며느리에게 아주머니라고 한다. • 계절에 맞지 않는 옷을 입는다. • 지금 몇 시인지 모른다. • 길을 잃어 헤맨다.	• 아들을 남편이라고 한다. • 오늘 날짜를 모른다. • 현재 계절을 모른다. • 자신이 있는 곳을 모른다. • 남의 집 초인종을 누른다.
판단장애	• 내 것과 남의 것을 구별하지 못한다. • 더러워진 옷을 벗지 않는다. • 시장에 혼자 가지 못한다. • 상황에 맞지 않는 행동을 한다. • 사회적인 일에 무관심하다. • 발병 전 취미에 흥미가 없다. • 내 집을 남의 집으로 생각한다.	• 급하게 서두르면 혼란스러워한다. • 자신이 잘못한 것을 모른다. • 일을 신속하게 처리하지 못한다. • 이웃사람과 친하게 지내지 못한다. • 반상회 같은 것에 관심이 없다. • 관혼상제의식을 제대로 모른다. • TV 내용을 현실로 착각한다.
계산능력장애	• 돈 관리를 못한다. • 간단한 계산을 하지 못한다.	• 물건을 구매하지 못한다.

표 11-4 • 정신장애

구분	특징적 증상과 행동	
망상	• 주위사람을 의심한다. • 자신의 재산, 돈을 가져갔다고 주장한다. • 가족으로부터 피해를 받는다고 생각한다. • 약을 주면 죽이려 한다며 먹지 않는다. • 물건을 도둑맞았다며 소동을 피운다.	• 먹는 음식에 독을 넣었다고 한다. • 가족이 자신을 버릴 것이라고 생각한다. • TV 속의 인물을 집에서 찾는다. • 배우자나 며느리가 바람을 피운다고 주장한다.
불안	• 어쩔 줄 몰라 서성인다. • 불안해서 아무 일도 하지 못한다. • 수시로 집에 가야 한다고 말한다. • 몸이 떨린다고 말한다. • 집 밖을 무서워하여 아무도 나가지 못하도록 한다.	• 정서가 불안정하다. • 식사할 때 안정하지 못한다. • 보따리를 싸서 가지고 다닌다. • 항상 지나치게 긴장되어 있다. • 신경이 예민해서 숨이 차고 가슴이 두근거리거나 속이 불편하다고 한다.
우울	• 늘 잠만 자려 한다. • 죽겠다(자살하겠다)고 이야기한다. • 항상 몸이 아프다고 호소한다. • 낯선 사람 만나기를 거부한다.	• 무엇이든 하려는 의욕이 없다. • 자신이 쓸데없는 사람이라고 생각한다. • 낮에 멍하게 있다.
조증	• 지나치게 기분이 좋아 보인다. • 유치해 보일 정도의 장난을 친다.	• 재미없어 보이는 것도 재미있어 한다.
환각	• 아무 소리도 들리지 않는데, 사람의 목소리가 들린다고 한다. • 귀신이 붙었다며 물건을 밖으로 던진다. • 아무 냄새도 나지 않는데, 냄새가 난다고 한다.	• 보이지 않는 사람, 동물 등이 보인다고 한다. • 누가 왔다 갔다고 이야기한다. • 피부에 무언가 기어 다닌다고 말한다. • 야간에 헛것을 본다.
성적 이상 행동	• 집 안에서 옷을 벗은 채 다닌다. • 성기를 노출하거나 보호자에게 만지라고 한다. • 목욕하는 것을 훔쳐본다.	• 자위행위를 한다. • 배우자가 아닌 이성의 몸을 만지거나 성행위를 하자고 한다.
무감동	• 대화를 먼저 시작하지 않는다. • 감정표현이 매우 부족하다. • 예전에 비해 다정다감한 면이 줄었다. • 친구나 가족 등 친밀한 것에 관심이 전혀 없다.	

표 11-5 • **언어장애**

구분	특징적 증상과 행동
동어반복	• 반복해서 같은 말을 물어본다. • 계속 먹을 것을 달라고 이야기한다.
작화증 (作話症)	• 없는 말을 만들어 한다. • 가족이 밥을 주지 않는다고 이야기하고 다닌다. • 다른 사람들에게 가족이 자신을 학대한다고 말한다.
혼잣말	• 앞뒤가 맞지 않는 무의미한 말을 혼자 중얼거린다.
폭력적 언어	• 가족에게 욕설을 한다. • 고함을 지르며 악을 쓴다. • 특정한 사람을 험담한다.
실어증	• 말의 의미를 이해하지 못하고 엉뚱한 대답을 한다. • 단어를 잊어버려 말을 못하고 소리만 낸다. • 전하고 싶은 말을 제대로 표현하지 못한다. • 말하는 것이 두서가 없다.

표 11-6 • **행동장애**

구분	특징적 증상과 행동	
배회	• 돌보는 사람이 없으면 밖에 나가 배회한다. • 하루 종일 서성거린다.	• 옛날 집을 찾아가겠다며 나가서 길을 잃는다.
수면장애	• 밤에 일어나 무슨 일을 하려고 한다. • 밤과 낮이 바뀐다. • 깊이 잠들지 않고 잠깐씩 깜빡깜빡 존다. • 밤중에 몇 번이고 눈을 뜬다.	• 밤에 일어나 식구들을 깨우고 소란스럽게 한다. • 좀처럼 잠들지 못한다. • 며칠씩 잠을 자지 않는다.
흥분폭력	• 문을 세게 닫고 물건을 집어던지기도 한다. • 참을성이 없다. • 칼이나 예리한 물건을 휘두른다.	• 타인에게 폭력을 휘두른다. • 가족에게 폭력을 쓴다. • 돌보는 사람을 꼬집고 깨문다.
수집벽	• 밖에서 쓰레기를 주워 온다. • 먹을 것을 구석에 숨긴다.	• 집 안의 물건을 자기 방에 감춰 둔다. • 돈만 보면 숨긴다.
반복행동	• 하루 종일 스위치를 켰다 껐다 한다. • 손을 가만히 두지 않고 무언가를 계속해서 만진다.	• 수시로 화장실에 들락거린다. • 옷을 자르고 꿰매기를 반복한다.
거부행동	• 돌보는 사람에게 화를 낸다. • 병원가기를 거부한다. • 목욕하기를 거부한다.	• 돌보는 사람을 의심한다. • 약 복용을 거부한다.

표 11-7 • 신체장애

구분	특징적 증상과 행동	
보행	• 구부정한 자세로 종종걸음을 친다. • 걷기보다는 기어 다닌다. • 걸을 때 중심을 잡지 못하고 한쪽으로 기울어진다.	• 하체에 힘이 없어 팔로 짚고 엉덩이로 밀고 다닌다. • 걸을 때 무엇이든 잡고 의지하려 한다. • 대부분 누워 지낸다.
시력	• 백내장이 있을 수 있다.	• 녹내장이 있을 수 있다.
청력	• 청력의 이상으로 들리지 않는 소리를 들었다고 한다. • 상대방의 말을 못 알아듣고 자신의 생각대로 판단하여 반응한다.	• 청력이 약하다. • 청력이 약하여 매우 큰 소리로 말한다.
편마비	• 한쪽 손발을 사용하는 데 불편하다.	• 보행이나 이동 시 도움이 필요하다.

표 11-8 • 일상생활수행장애

구분	특징적 증상과 행동	
세탁	• 이불을 펼 수 없다. • 세탁기 사용방법을 모른다. • 마른 빨래를 구별하지 못한다.	• 빨래를 널지 못한다. • 세탁을 할 수 없다. • 다리미를 사용하지 못한다.
옷 입기	• 옷을 혼자 입을 수 없다. • 아침이 되어도 잠옷을 벗지 않으려 한다.	• 잘 때 잠옷으로 갈아입지 않는다. • 양복의 안과 밖을 구별하지 못한다.
세수, 목욕, 용모단장	• 더러워도 씻으려 하지 않는다. • 혼자 목욕을 할 수 없다. • 머리를 혼자 감을 수 없다.	• 세수를 할 수 없다. • 혼자서 목욕할 때 일부만 씻는다. • 기본적인 용모단장을 할 수 없다.
청소	• 걸레를 잘 짜지 못한다. • 방을 정리정돈할 수 없다.	• 방청소를 할 수 없다.
수단적 일상생활 동작능력	• 문을 잠그고 열지 못한다. • 글씨를 쓸 수 없다. • 전화를 잘 받을 수 없다. • 손자를 돌볼 수 없다.	• 버스나 전철을 혼자 탈 수 없다. • 교통신호를 구분하지 못한다. • 필요한 물건 구매를 하지 못한다.
식사	• 늘 먹을 것만 찾는다. • 먹어서는 안 될 물건을 먹는다. • 편식을 한다. • 삼키는 데 어려움이 있다. • 식사할 때 도움이 필요하다. • 수시로 부엌을 드나들고 냉장고 문을 연다.	• 변을 먹는다. • 음식을 먹지 않으려 한다. • 남의 그릇에 손을 넣는다. • 음식을 손으로 집어먹는다.

조리	• 가스레인지를 끄지 않고 켜 놓는다. • 식기를 닦을 수 없다. • 밥을 지을 수 없다.	• 수돗물을 쓰고 잠그지 않는다. • 조리도구 사용방법을 모른다.
화장실 이용	• 배변 후 휴지를 사용하지 않는다. • 배변 후 물을 내리지 않는다. • 화장실 이외의 장소에서 배설을 한다. • 화장실에서 사용했던 휴지를 아무 곳에 버린다.	• 팬티를 벗지 않고 배설해 버린다. • 대변과 소변을 구별하지 못한다. • 화장실을 모른다. • 화장실에 도달하기 전에 배설한다.

2) 치매의 진행단계와 예후

치매가 언제 시작하여 어떠한 경과를 거쳐 사망에 이르게 되는지 그 진행과정을 정확하게 파악한다는 것은 쉬운 일이 아니다. 그 이유는 치매증상을 보이기 이전에 뇌세포의 병리적 변화가 일어나는 시점을 정확히 알 수 있는 방법이 없기 때문이다. 치매의 경과와 예후는 환자의 성, 교육수준, 인생사, 성격, 건강상태, 치매의 원인질환, 발병시기, 발병 시 임상양상, 다른 정신병적인 증상과 신경계 증상의 유무 등에 따라 달라질 수 있다. 즉, 치매의 주된 증상이라고 할 수 있는 인지기능, 행동증상, 일상생활기능 등의 악화되는 양상이 서로 다르게 나타난다. 특히 알츠하이머병 치매의 경우에는 점진적 악화과정을 거치는 반면, 혈관성치매의 경우에는 단계적 악화과정을 거치는 차이가 있다.

그러나 치매는 대개 다음과 같이 3단계로 진행되는 것이 일반적이다. 각 단계에 따라 나타나는 증상은 질병의 경과와 케어계획을 수립하는 데 아주 중요한 자료가 되지만 진행단계는 개인에 따라 다를 수 있으며, 반드시 순서대로 진행되는 것은 아니다.

(1) 초기 단계

첫 번째 단계는 흔히 전문가, 친척, 친구 등 주위사람이 '나이가 들어서'라고 말하며 무심코 지나치는 경우가 많은 단계이다. 알츠하이머병 치매는 매우 천천히 진행되기 때문에 언제, 어떻게 시작되었는지 그 발병시기를 확실하게 알 수 없다. 초기 단계에서는 언어장애, 최근 기억의 상실, 시간지남력의 장애, 판단력장애, 의욕상실, 우울증이나 공격행동, 취미활동에 대한 흥미상실 등의 증상을 나타낸다.

(2) 중간 단계

치매가 심해지면서 문제의 증상이 눈에 띄게 나타나며, 심하면 일상생활을 할 수 없게 된다. 중간 단계 정도에 이르면 ① 금방 일어났던 일이나 사람의 이름을 기억하지 못하며, ② 혼자서는 살 수 없을 정도로 일상생활에 어려움을 겪으며, ③ 청소, 요리, 장보기 등을 할 수 없으며, ④ 타인에 대한 의존적인 경향이 강해지며, ⑤ 기본적 위생관리도 타인의 도움을 받아야 하며, ⑥ 조리 있게 말하는 것이 더욱 힘들어지고, ⑦ 배회하고 비정상적인 행동을 나타내며, ⑧ 일부는 환각을 경험하기도 한다.

(3) 말기 단계

기억이 완전히 상실되며 병의 증상이 신체적으로도 뚜렷하게 나타나 완전한 의존 상태가 된다. 즉 ① 음식을 먹는 데 어려움을 겪고, ② 가족, 형제, 친척, 친구, 자신이 아끼던 물건 등을 알아보지 못하며, ③ 상황에 대한 이해나 분석능력이 전혀 없으며, ④ 집 안에서도 방향을 찾지 못하고, ⑤ 대소변을 가리지 못하며, ⑥ 사람들 앞에서 이상행동을 하며, ⑦ 휠체어를 사용하거나 침대에 누워서 지내는 와상상태에 이르게 된다.

알츠하이머형 치매의 경우 발병 후 사망하기까지의 생존기간이 평균 10.3년으로 알려져 있으나, 환자에 따라 65~80세까지의 치매노인은 약 7.7년, 80세 이상의 노인은 3.8년으로 보고되고 있다. 일반적으로 치매노인의 사망률은 일반인에 비해 높은 편이며, 알츠하이머형 치매노인의 진단 후 1년 이내 사망률은 병의 정도에 따라 7~37%로 보고되고 있다. 성별에 따라서는 여성이 남성보다 좀더 오래 생존하고 원인질환에 따라서는 알츠하이머형 치매노인이 혈관성치매노인보다 좀더 오래 살며 일찍 치매가 발병한 경우 인지기능의 악화가 더욱 빨리 진행되는 것으로 알려져 있다(이상일, 1999).

6. 치매의 진단 및 치료

1) 치매의 진단

국내의 치매 관련 임상연구는 아주 미흡한 실정이며 특히 치매에 관련된 기초역학조사가 부족하여 치매진단이나 진료에 필요한 지침이 확립되어 있지 않다(권중돈 외, 2002). 현재 사용되는 진단 및 검사지침이 서구에서 사용되는 것이기 때문에 한국인 특성에 맞는 진료에는 어려움이 있다. 나아가 정신과와 신경과에서 환자진료에 사용하는 문진요령, 신경심리검사, 이상행동과 일상생활척도 등 진료기록이 다르며 진단방법과 치료방법에도 차이가 있어 통일된 치매의 진료지침 개발이 필요한 실정이다(질병관리본부 보도자료, 2009). 여기에서는 현재 일반적으로 사용되는 진단방법을 중심으로 소개하고자 한다.

치매환자는 인지능력의 감소를 스스로 깨닫기 어렵고 실제 느낀다 할지라도 이것을 정상적인 노화과정의 일부로 생각하여 심각하게 여기지 않는 경우가 많다. 또한 치매환자 가족이나 일반 의료진의 치매에 대한 무관심으로 인해 환자의 인지기능 혹은 행동의 변화에 민감하게 반응하지 못하는 경우도 있다. 특히 교육수준과 사회·경제적 수준이 낮은 가족들이 더욱 그러하며 일반 의료진의 경우 치매치료에 대한 비관적인 생각으로 치매의 올바른 진단과 조기발견을 어렵게 하기도 한다. 이러한 관점에서 미국의 알츠하이머병협회는 가족이나 정신건강 요원들이 치매환자를 잘 인식 할 수 있도록 하기 위해 열 가지 경고증상을 소개하였다(〈표 11-9〉 참조).

대개의 신체질환과 마찬가지로 치매도 조기진단이 중요하다. 조기에 치매를 진단함으로써 다음과 같은 여러 장점을 기대할 수 있다. 첫째, 치료가 가능한 치매를 조기에 발견하고 치료하여 예후를 좋게 할 수 있다. 둘째, 가족에 대한 교육, 사회기반 시설에 대한 안내, 경제적 · 법적문제에 대한 대책 마련 등을 할 수 있는 시간적 여유를 가질 수 있으며, 셋째, 최근 개발된 치매치료제가 치매 초기에 효과가 있으므로 약물치료의 효과를 기대할 수 있다.

표 11-9 • **치매경고증상**

기억력장애	중요한 약속, 전화번호, 주변사람들의 이름 등을 잊는다.
친숙한 일을 잘 못함	간단한 집안일, 평소 잘하던 취미활동, 요리 등을 잘하지 못한다.
언어장애	간단한 단어를 잊어버리거나 엉뚱한 단어로 표현하기도 하고 사물의 이름을 정확하게 말하지 못한다.
지남력의 상실	시간과 장소에 대한 지남력에 장애가 있어 잘 알던 길을 잃거나 집을 잘 찾아오지 못하고 경우가 생긴다.
판단력장애	계절에 맞지 않게 옷을 입거나 지나치게 돈을 지불하는 등 판단력의 문제가 생긴다.
추상적 사고의 어려움	가계부의 수입과 지출을 맞추는 등의 다소 복잡한 업무수행에 어려움을 느낀다.
물건을 행동의 변화	엉뚱한 장소에 열쇠나 시계 등을 두고 찾지 못하는 경우가 일어난다.
기분과 행동의 변화	평소보다 지나친 기분의 변화가 일어나 뚜렷한 이유 없이 쉽게 울거나 화를 내기도 한다.
인격의 변화	의심을 많이 하고 몹시 불안해하며 매우 의존적인 성격으로 변하기도 한다.
자발성의 상실	자발적인 행동이 감소하여 잠을 많이 자거나 TV를 평소보다 오랜 시간 시청하고 평소 잘하던 행동을 하려고 하지 않는 모습 등을 보인다.

(1) 감별진단

치매진단의 첫 단계는 임상적으로 증상이 비슷한 질환들을 감별하여 치매 유무를 정확히 하는 것이다. 다음과 같은 임상상태는 치매를 감별하는 데 중요하다.

① 정상적인 노화(normal aging)

일반적으로 나이가 들면 새로운 것을 학습하거나 기억하는 데 어려움을 느끼고 정신기능이 느려지기 마련이다. 그러나 치매와 달리 이러한 인지기능의 문제는 기억력 외에 다른 인지기능의 영역까지 장애가 일어나지 않으며 일상적인 생활이나 작업수행에 별다른 영향을 주지 않는다.

신경인지기능 검사상 정상적인 노화과정에서 나타나는 기억장애는 단기기억과 장기기억, 재인능력(recognition)은 비교적 잘 보존되고 있으나 주로 지연회상(delayed recall)의 어려움을 겪는다. 그에 반해 치매는 새로운 것을 학습하는 능력과 지연회상의 장애가 심하고 재인능력도 감퇴되어 있는 것으로 구별이 가능하다.

② 섬망(delirium)

섬망은 다양한 원인, 즉 저산소증, 저혈당, 전신감염, 고혈압성 뇌증후군, 대사장애, 약물중독과 금단 등에 의해 나타나며 급성적으로 발생하는 의식의 혼탁이 중요한 증상이다. 치매환자는 사소한 신체적 문제나 복용 중인 약에 의해서 섬망을 동반하기도 하여 이 둘을 감별하기는 매우 어렵다. 섬망은 치매에 비해 급성으로 발병하며 인지기능의 장애가 밤과 낮으로 변동하는 양상을 보인다. 섬망은 의식의 혼탁이 있고 정상적인 수면-각성상태의 장애가 나타나는 반면 치매환자는 의식의 혼탁이 없으며 수면각성 주기의 변화가 심하지 않다. 또한 섬망은 치매와 달리 원인질환이나 신체적인 조건이 호전되면 정상으로 회복된다(〈표 11-10〉 참조).

표 11-10 • **치매와 섬망의 감별진단**

치매	섬망
서서히 발병	갑자기 발병
일반적으로 비가역적	보통 가역적
지남력장애가 후기에 나타남	발병 초기에 지남력의 장애가 나타남
하루 내의 변화가 심하지 않음	하루 내에 변화가 심함
의식의 장애는 말기에 관찰됨	의식의 장애가 두드러짐

③ 우울증

노년기에 발병하는 우울증은 일반적인 우울증과 달리 기억력을 비롯한 인지기능의 장애가 동반된다. 이를 가성치매라고도 하는데 때로는 감별진단이 어려운 경우가 있어 임상적으로 매우 중요하게 여겨지고 있다. 일반적으로 항우울제의 적절한 사용으로 우울증에 좋은 효과를 볼 수 있다. 우울증환자들은 대개 인지기능의 문제에 대해 실제보다 더욱 심각하게 호소하거나 심리검사 시 무성의한 태도로 대답하는 경우가 많은 데 비해, 치매환자는 대답을 하기 위해 노력하지만 잘 되지 않는 경우가 많다.

표 11-11 • **치매와 가성치매의 감별진단**

치매	가성치매(우울증)
서서히 발병	갑자기 발병
정신과적 기왕력이 없음	우울증의 기왕력이 있음
장애를 숨김	장애를 호소함
틀린 대답을 함	모른다고 답함
인지기능의 장애가 꾸준함	인지기능의 장애가 때에 따라 다르게 나타남
어떤 일을 하려고 하나 잘 되지 않은 것에 대해 별 신경을 쓰지 않음	어떤 일을 하려고 하지는 않으나 안 되는 것에 심리적인 스트레스를 가짐
우울증상보다 기억장애가 먼저 나타남	기억장애와 함께 우울증상이 일어남

(2) 임상적 진단

① 병력청취

병력청취를 통하여 환자의 교육 정도, 사회활동, 대인관계, 경제적 · 사회적 성취도, 병전성격 등의 기본적인 정보와 인지기능의 장애가 언제 일어났는지, 초기의 주 증상은 무엇인지, 증상 발현이 갑자기 일어났는지 서서히 일어났는지, 증상이 지속적인지 간헐적인지, 망상이나 환청 그리고 우울증 등의 정신병적 증상은 있는지, 치매의 가족력이 있는지, 현재 복용하고 있는 약물과 알코올 혹은 다른 약물남용에 대한 정보 등을 조사한다. 이러한 병력청취를 통하여 치매의 원인에 대한 많은 정보를 얻을 수 있다. 즉 크로이츠펠트-야코프병 같은 경우 증상의 시작과 경과가 매우 빠르게 진행되며 픽병은 초기에 기억력의 장애보다 인격의 변화가 두드러지는 경우가 있어 진단에 도움이 된다. 또한 증상이 갑자기 시작하여 계단식의 악화를 보이는 경우 혈관성치매를 의심할 수 있다. 그러나 이와 같은 임상에는 예외도 있으며 알츠하이머병에서도 폐렴이나 골반부위의 골절과 같은 신체적인 문제가 있을 때 인지기능이 갑자기 나빠지는 경우가 있다.

② 정신상태와 신경학적 검사

치매환자의 증상에는 인지기능의 장애뿐만 아니라 망상이나 환청, 우울증상 등의 정신병증상들이 잘 동반되기 때문에 이를 진단하기 위한 정신상태검사를 하여야 하며 이를 보다 체계적으로 진단하기 위한 진단도구가 소개되고 있다. 또한 치매의 원인질환에 따라 다양한 신경학적 증상들이 나타나므로 기본적인 신경학적 검사를 해야 감별진단에 도움이 될 수 있다. 즉, 국소적인 근육위축과 추체외로 징후가 있을 때 혈관성치매를, 추체외로증상이 초기에 나타나는 경우 파킨슨병이나 헌팅턴병 등의 피질하치매를, 그리고 운동실조와 요실금을 보이는 경우는 정상압뇌수종의 진단을 가능하게 한다.

③ 신경심리학적 검사(neuropsychological test)

치매를 체계적으로 진단하고 인지기능의 정도를 파악하기 위해 여러 인지기능검사가 실시되고 있으며 이에는 치매 유무만을 간단히 알아볼 수 있는 선별검사들과 인지기능에 대한 광범위한 영역을 자세히 알아볼 수 있는 신경심리학적 검사도구들이 있다.

(3) 간이검사도구

신경심리학적 검사도구들은 인지기능에 대한 광범위한 평가도구로서 자세한 검사가 될 수 있는 장점이 있으나 시간이 많이 걸리고 검사의 실행과 결과판독에 대한 교육을 받은 전문가가 있어야만 한다는 단점이 있다. 최근 치매를 간편하게 평가할 수 있는 검사도구들이 많이 개발되어 사용되고 있다. 한편 이러한 검사도구들은 검사 유형에 따라 자기보고형, 검사자용, 가족보고형으로 나누어지기도 하는데 자기보고형은 환자 스스로 인지기능에 대한 설문에 응답함으로써 치매 유무를 평가하는 검사로 외래에서 환자가 대기하는 중에 검사를 하게 하여 시간을 절약할 수 있다는 장점이 있으나 정확한 진단이 잘 되지 않는 단점이 있다. 치매의 진단에 있어서 가족을 통한 인지기능의 변화에 대한 평가가 중요하며 따라서 가족보고형 검사가 검사자용 검사와 더불어 치매를 정확하게 진단하는 데 많은 도움이 된다.

① MMSE-K

MMSE-K는 간단하게 치매 유무를 평가할 수 있는 검사로서 현재 널리 사용되고 있다. Folstein(1975)이 처음 개발한 것이 국내에서 여러 연구자들에 의해 표준화되었으나 현재는 권영철과 박종한(1989)이 표준화한 것이 널리 사용되고 있다. 총점은 30점이며 보통 23점을 치매진단의 절단점으로 삼는다. 교육수준, 문화적 배경에 따라 점수가 영향을 받는 단점이 있다.

표 11-12 • 한국판 간이정신상태검사(MMSE-K)

구분	질 문	점 수
1	오늘은 ○○년 ○○월 ○○일 ○요일입니까? 지금은 어느 계절입니까?	5점
2	당신의 집 주소는? ________(시) ________군(구) ________면(동) 여기는 어떤 곳입니까? (학교, 시장, 집, 병원 등)	4점
3	여기는 무엇을 하는 곳입니까? (마당, 안방, 화장실, 거실 등)	1점
4	물건 이름 세 가지 대기(예: 나무, 자동차, 모자)	3점
5	3분 또는 5분 뒤에 질문 4의 물건 이름을 회상하기	3점
6	100−7= −7= −7= −7= −7= (또는 '삼천리 강산' 거꾸로 말하기)	5점
7	물건 알아맞히기(예: 연필, 시계)	2점
8	오른손으로 종이를 접어서 반으로 접고, 무릎 위에 놓기(3단계 명령)	3점
9	오각형 두 개를 겹쳐 그리기	1점
10	'간장 공장 공장장' 따라하기	1점
11	옷은 왜 세탁을 해서 입습니까?	1점
12	길에서 다른 사람의 주민등록증을 주웠을 때, 어떻게 하면 쉽게 주인에게 되돌려 줄 수 있겠습니까?	1점
	총점: ( ) 점 / 30점	

※ 판정: ① 확실한 치매: 19점 이하, ② 치매 의심: 20~23점, ③ 정상: 24점 이상

② 7분검사

7분검사는 Solomon 등(1998)이 개발한 검사로서 네 개의 소검사, 즉 기억력, 시간에 대한 지남력, 언어능력, 시계그리기검사로 구성되어 있다. 예민도와 특이도가 각각 92%, 96%로서 높은 타당도를 가지고 있는 것으로 소개되고 있다.

특히, 시계그리기검사는 기억력에 대한 검사를 쓰지 않으면서 치매 유무를 알아볼 수 있는 흥미로운 검사도구이다. 원래는 치매검사에서 하부검사의 하나로 이용하여 왔으나 최근 이를 독립적으로 사용하여도 치매를 훌륭하게 진단할 수 있음이 알려지면서 더욱 널리 사용되고 있다. 시계 얼굴을 그리게 하고 시간을 나타내는 숫자를

쓰도록 하며 11시 10분 등의 시간을 나타내는 시계바늘을 그리도록 하여 연구자들마다 다양한 채점방법에 의해 평가한다.

③ CAST(Cognitive Assessment Screening Test)

CAST는 Drachman 등(1996)이 개발한 검사로서 인지기능에 대한 일반적인 질문, 조금 어려운 문제, 그리고 인지기능의 감소에 대한 환자 스스로의 지각에 대한 보조질문 등 세 부분으로 이루어져 있으며 환자가 검사지와 펜을 들고 직접 답에 응하는 자기보고형 검사이다. 저자들은 환자가 진료실 밖에서 기다리는 동안 간단하게 실시할 수 있는 장점이 있다고 주장하고 있다.

④ 가족보고형 검사

최근 MMSE-K와 같은 치매선별 검사도구와 가족보고형 검사를 같이 실시하여 치매진단능력을 높일 수 있다는 연구보고가 있다. Informant Questionnaire on Cognitive Decline in the elderly(IQCODE), Functional Activities Questionnaire(FAQ), Short Memory Questionnaire 등의 검사도구들이 개발되어 사용되고 있으며 아직 국내에서는 이에 대한 표준화가 부족한 상태이다.

(4) 진단적 검사

치매의 원인질환에 대한 정확한 진단과 치료 가능한 질환을 발견할 수 있도록 하기 위해서는 다음과 같은 여러 실험실 검사가 필요하다.

혈액검사, 소변검사, 혈액화학검사, 혈청전해질, 매독혈청반응, 심전도, 흉부 X-선검사, 갑상선기능검사, 뇌파검사 등이 기본적인 검사이며, 특수검사로는 뇌영상검사, 신경심리학적 검사, 전산화단층촬영, 뇌자기공명영상 등이 치매의 원인질환을 감별하기 위한 검사로 사용된다. 특히 비타민B_{12} 농도와 갑상선기능검사는 비타민B_{12}결핍과 갑상선기능저하증이 비교적 흔한 치매의 원인질환이 되기 때문에 필수적으로 해야 하는 검사로 강조되고 있다. 전산화단층촬영이나 뇌자기공명영상검사도 뇌경색, 뇌출혈, 뇌종양, 그리고 정상압뇌수종 등을 진단하기 위해 꼭 해야 하는 검사로 권장하고 있다. 한편 최근 활발하게 연구되고 있는 APOE 유전자를 비롯한 알츠하이머병의 여러 유전자에 대한 검사는 아직까지 일상적인 검사로 추천되고 있지 않으며 알츠하이머병의 생물학적 지표로서 어떠한 검사도 현재 임상적으로 활용하고 있는 것은 없다.

치매를 정확히 진단받기 위해서는 신경전문의, 노인전문의, 정신과 전문의를 찾는 것이 좋다. 그러나 어떤 환자는 의사에게 진단을 받는다는 것 자체를 꺼리거나 거부하는 경우가 있다. 이러한 문제점을 극복할 수 있는 가장 효과적인 방법은 두통이나 시력감퇴와 같이, 환자가 병원에 가는 것에 쉽게 동의할 수 있는 질병이나 장애를 들어 건강진단을 받아야 한다고 설득하는 것이다. 혹은 심장검사, 혈액검사, 당뇨검사 또는 다른 신체질병을 구실로 병원에 가는 것도 좋은 방법이 된다. 하지만 무엇보다도 중요한 것은 치매로 의심되는 사람을 안심시키고 차분하고 사려 깊은 태도로 환자의 걱정과 두려움을 덜어 주는 것이다(권중돈, 2010).

2) 치매의 치료

일반인은 '치매에 걸리면 치료할 수 없다'는 잘못된 생각 때문에 치매에 대해 적극적 치료를 하지 않는 경향이 있다. 그러나 치매의 10~20%는 치료가 가능하며, 조기에 치료하면 지연 가능한 혈관성치매를 비롯하여 통제 가능한 치매를 합해 최대 25%까지 효과를 거둘 수 있다. 그러나 뇌세포는 일단 손상되면 재생이 되지 않으므로, 치료가 가능한 원인을 발견하였을 경우 근본적인 질환을 치료하는 것이 우선이며, 가정에서 보호한다고 하더라도 조기치료가 매우 중요하다. 대표적인 치매인 알츠하이머형 치매는 지금까지 완치할 수 있는 방법은 알려져 있지 않다. 그렇다고 하더라도 조기에 뇌세포의 혈액순환을 원활하게 하고 기억력을 향상시킬 수 있는 약물 또는 영양소를 공급하여 치매의 진행을 늦추도록 노력하고, 마지막까지 자신의 힘으로 최소한의 생활을 영위할 수 있도록 도와야 할 것이다.

(1) 약물치료

치매노인에 대한 약물치료는 대체로 인지기능에 관한 약물과 정신증상을 완화시키는 약물치료로 구분할 수 있다. 현재 치매를 근본적으로 치료할 수 있는 약물은 개발되어 있지 않지만 치매의 발병을 늦추거나 증상을 완화하거나 증상의 진행을 늦추거나, 치매의 부차적 증상인 정신증상을 완화할 수 있는 약물이 사용되고 있다.

현재까지 아리셉트(Aricept), 엑셀론(Exelon) 등의 약물이 인지기능 개선을 위한 치료제로 사용되고 있으며, 이들 약물은 치매 초기와 중기에 효과가 있는 것으로 알려지고 있으나, 아직 치매에 확실한 효과가 있다는 정확한 연구는 없는 상태이다. 그 외에 비타민E와 셀레질린(Selegiline) 등의 황산화제, 항소염제, 여성호르몬제제 등이 효과가 있는 것으로 알려지고 있지만, 이 역시 효과가 확실히 입증되기 위해서는 좀더 시험이 이루어져야 한다.

치매가족이 환자의 간호에 어려움을 겪는 이유는 인지기능의 쇠퇴도 문제이지만 망상, 환각, 배회, 공격성, 정동장애와 같은 정신증상이나 문제행동 때문이다. 이러한 편집증, 망상, 환각증세, 행동증상, 공격성, 수면장애, 정동장애 등과 같은 정신증상이나 문제행동의 많은 부분은 항정신성 약물로 조절될 수 있다. 이러한 정신증상과 문제행동을 조절할 수 있는 약물로는 항정신성 약물, 항불안제, 항우울제, 수면제 등이 있다. 그러나 필요 이상의 항정신병 약굴을 투여할 경우 근경직, 근경련, 좌불안석, 구갈, 배뇨곤란, 변비, 섬망, 기립성 저혈압과 같은 부작용이 나타날 수도 있다.

치매노인에게서 흔히 나타나는 우울증상의 치료는 일반적인 노년기 우울증치료와 크게 다르지 않다. 우울증상이 심하지 않을 때에는 생활환경을 바꾸거나 오락, 게임 등을 활용하는 자극중심의 행동요법을 실시하는 것이 효과적이다. 그러나 우울증상이 오랜 기간 심하게 지속되는 경우 항우울제를 사용해야 하고, 약물치료의 효과가 없을 때에는 전기충격요법을 시행해야 한다. 고전적인 삼환계 항우울제가 노인이 감당하기 어려운 여러 부작용, 즉 항콜린성 부작용 등이 많은 반면 최근 개발된 세로토닌재흡수억제제 계통의 약물은 이러한 부작용이 적어 일차 선택약으로 사용된다.

(2) 정신치료

치매노인은 자신의 인지기능장애가 진행되면서 이전에는 별다른 어려움 없이 해오던 일을 이제는 더 이상 하기 어렵다는 것을 느끼게 되어 자아존중감과 자아정체성에 심한 타격을 받게 된다. 때로는 이러한 정서적인 문제가 심각하여 뇌손상환자에게 나타나는 파국적 반응, 즉 심한 정서적 공황상태가 나타나기도 한다.

정신치료는 이러한 환자의 부정이나 투사 등을 통한 심리적 적응과정을 적절하게 도와주는 것이라고 할 수 있으며, 다음과 같은 몇 가지 중요한 원칙이 강조되고 있다. 첫째, 자아존중감을 유지할 수 있도록 도와주고, 둘째, 특징적인 방어기제를 평가하여 그것을 건설적으로 사용할 수 있도록 한다. 셋째, 지남력장애를 극복하기 위하여 달력을 가까이 두도록 하거나, 기억력장애에 따른 불편을 줄이기 위해 기록을 하게 하고 일일계획표를 짜게 하는 등의 인지기능의 한계성을 보완하는 방법을 찾아 준다. 넷째, 부정적인 관계를 줄여 환자의 자아존중감을 지지해 주는 새로운 방식의 관계를 가질 수 있도록 가족을 돕는다.

3) 치매증상의 단계별 치료전략

치매노인의 증상을 치료하고자 할 때 약물치료와 정신사회적 행동치료 등의 병합치료가 필요하며, 주기적인 증상의 평가가 있어야 한다. 새로운 증상이 나타나거나 증상의 변화가 있는지 평가하고 이에 따라 치료방법을 바꾸기도 한다. 치매노인의 치료는 증상의 경과에 따라 다양하게 이루어진다. 대부분의 치매증상은 치매의 전체 단계에 두루 나타나지만, 어떤 증상은 특정한 단계에서 나타나기 때문에 이에 맞추어 치료전략을 세우는 것이 환자나 가족 모두에게 도움이 된다.

(1) 초기 치매

치매의 초기에는 환자와 가족 모두 치매증상에 대처하는 방법에 관심을 가지고 있다. 경도의 치매노인이 효율적으로 생활에 적응하기 위해서는 어떠한 능력에 장애가 있고 어떠한 능력이 아직 잘 유지되고 있는지를 파악하는 것이 중요하다. 이 시기에 중요한 것은 아직 인지기능의 장애가 심하지 않을 때 환자 스스로 처리해야 하는 것, 즉 재산상의 문제, 상속, 유언 등과 같은 일을 미리 준비할 수 있도록 하는 것이다. 치료에서는 이 시기에 아리셉트와 같은 콜린에스테라제 억제제를 사용하는 것이 좋으며, 비타민E와 셀레질린의 단독 투여 또는 콜린에스테라제 억제제와의 병합 투여를 고려해야 한다. 또한 이 시기에는 환자의 능력상실로 인해 우울증이 잘 동반되므로 이에 대한 철저한 검사와 치료를 해야 한다.

(2) 중기 치매

중기의 치매에서는 우선 환자의 안전과 사고의 가능성을 염두에 두어야 한다. 즉, 가스를 잠그는 것을 잊어버린다든지 집 밖에 나가 배회하는 일이 발생한다. 특히 운전은 삼가도록 해야 하므로 자동차 열소를 잘 관리하도록 한다. 이 시기에는 가족도 신체적 · 심리적 부담이 증가하므로 주우의 도움을 적절히 활용하도록 하고 노인요양시설에 입소하는 문제를 고려하도록 한다. 중기의 치매노인에게는 콜린에스테라제 억제제를 비롯하여 비타민E와 셀레질린 등과 같은 약물의 적극적인 사용을 권장하고 있다. 또한 이 시기에는 망상과 환각 등의 정신병증상이 잘 나타나므로 이에 대한 적절한 진단과 치료가 요구되며, 우울증 또한 나타날 수 있으므로 주의를 요한다.

(3) 고도 치매

고도의 치매노인은 다른 사람에게 전적으로 의존하게 되어 기본적인 생활, 즉 식사, 목욕, 옷 입기 등에서도 도움이 필요하게 된다. 환자 가족은 이 시기에 심한 심리적 부담과 상실감을 겪게 되므로 원망하는 마음이나 죄책감 등을 솔직하게 털어놓을 수 있도록 하는 것이 중요하다. 인지기능치료를 위해 콜린에스테라제 억제제, 비타민 E, 셀레질린 등을 사용하는 것은 아직 충분한 연구결과가 없고 또 올바른 지침이 없는 상태이다. 따라서 사용 중인 약을 중단하여 볼 수도 있고, 현재 효과가 있다고 생각하면 그대로 유지하여 사용하기도 한다. 우울증은 흔하지 않으나 정신병증상과 행동증상이 간혹 나타나기도 하므로 항정신병 약물의 투여가 필요할 수도 있다. 또한 이 시기에는 임종에 따른 문제와 임종간호(hospice care)를 고려해야 한다.

7. 노인성치매의 예방

1) 치매 조기발견의 중요성

치매 초기에 본인 스스로 문제를 인식하고 의사를 찾는 경우가 드물게 있기는 하지만, 대부분의 초기 치매환자들은 자신의 증상을 부인하는 경향을 보이므로 병원에 오는 것이 늦어지게 된다. 이렇게 초기 치매증세에 대해 무시하거나 부인하는 태도는 비단 환자뿐만 아니라 함께 있는 가족들에게서도 흔히 나타난다. "나이가 있으시니까 그러신 거지, 별일이야 있겠느냐", "치매라고 한들 어쩌겠는가, 치매는 치료가 안 된다는데" 등의 잘못된 통념과 내 부모, 내 배우자가 치매에 걸렸다는 것을 받아들이지 않으려는 심리적 방어기제(부정: denial) 등이 이러한 태도를 유발한다. 그러나 이러한 태도는 많은 초기 치매노인들이 적절히 치료될 수 있는 기회를 놓치게 만들며, 결국 환자의 상태악화로 이어져 간호하는 가족 당사자들에게 더 심한 고통과 부담을 안겨 준다.

약 10~15%의 치매는 초기 치료 시 완치에 가까운 회복이 가능하며, 이때 치료 예후를 결정짓는 주요 요인 중 한 가지가 조기에 발견하여 빨리 치료를 시작해야 한다는 것이다. 전체 치매의 20~30%를 차지하는 혈관성치매의 경우, 완치는 어렵다고 하더라도 초기에 원인이 되는 고혈압, 당뇨병, 심장질환 등을 조절해 주고, 동시에 혈소판 응집억제제의 투여와 같은 적절한 치료제를 사용할 경우 치매의 악화를 막을 수 있으며 상당한 증상호전을 기대할 수 있다. 알츠하이머병과 같은 퇴행성치매의 경우 아직까지 완벽하게 진행을 막을 수 있는 치료법이 개발되어 있지는 못하지만, 초기 단계에 최근 개발된 약물치료를 시작하면 증상의 호전과 함께 어느 정도 병의 진행을 지연시킬 수가 있다.

또한 뇌의 퇴행성 변화 자체가 호전되지는 못한다 하더라도 조기에 진단될 경우 전문가와 상의하여 미리 제반대책을 강구함으로써 간병과 관련된 혼란과 부담을 현저히 줄일 수 있다. 그러므로 치매로 의심되는 경우라면, 가족들은 우선 병을 부인하고 싶은 마음을 극복하고 빨리 전문의를 찾아 진단을 받아보도록 하는 것이 중요하다.

(1) 혈관성치매의 예방

① 고혈압의 치료

혈관성치매를 예방하기 위해 가장 중요한 것은 고혈압의 치료이다. 젊었을 때 혈압이 높지 않았던 경우에도 중년이 지나면서 고혈압이 되는 경우가 많다. 고혈압은 혈관성치매의 직접적인 위험요인이 되므로 평소에 혈압을 자주 체크하여 높다면 의사와 상의해서 적절한 치료를 지속적으로 받아야 한다. 흔히, 많은 경우 치료를 받다가 혈압이 정상으로 돌아오면 완쾌했다고 생각하고 치료를 중단하는데, 혈압은 치료 중단과 동시에 다시 높아져 원래 상태로 돌아가게 된다. 그러므로 지속적인 치료가 관건이다.

② 당뇨병의 치료

다음으로 중요한 것은 당뇨병이 있다면 혈당을 잘 조절해야 하는 것이다. 당뇨병은 그 자체가 치매를 유발하기도 하고, 뇌혈관의 변화를 통해 혈관성치매를 유발하기도 하기 때문에 당뇨병 치료 역시 치매예방을 위해 매우 중요하다.

③ 콜레스테롤을 낮출 것

콜레스테롤이 높아지지 않도록 해야 한다. 높은 콜레스테롤 수치는 고혈압, 당뇨병과 함께 뇌혈관의 동맥경화를 초래하여 혈관성치매를 일으킨다. 콜레스테롤이 많이 들어 있는 달걀노른자, 명란젓, 버터, 치즈, 소고기, 돼지고기 등의 음식섭취를 가급적 줄이고 녹황색 채소섭취를 늘이는 것이 좋다. 혈액검사를 통해서 콜레스테롤 수치가 매우 높은 경우라면 내과적인 치료를 받는 것도 도움이 된다.

④ 적당한 운동 및 담배 줄이기

하루 30분~1시간, 일주일에 3~5번 정도의 운동은 각종 심혈관질환뿐만 아니라 혈관성치매 예방에도 도움이 된다. 담배가 일부 치매의 위험을 낮춘다는 연구결과가 발표되기도 했으나 이후 잘못된 결론인 것으로 밝혀졌고, 담배는 동맥경화를 통해 혈관성치매를 비롯한 대부분의 노인성질환에 대해 악영향을 미친다.

(2) 치매예방을 위한 일반적 생활태도

공인된 것은 아니지만 일반적으로 치매예방에 도움이 되는 것으로 알려지고 있는 생활태도는 다음과 같다.

① 노년이 되어서는 환경이나 생활방식을 급격하게 바꾸지 않는 것이 좋다

각자가 가지고 있는 습관이나 행동양식은 주어진 환경에 적응하면서 오랜 시간을 거쳐서 이루어진 것인데 이러한 패턴이 하루아침에 바뀌면 새로운 환경에 적응하기 위해 뇌의 활동이 크게 증가한다. 그 결과 뇌 속에 혼란이 일어나고 경우에 따라서는 혼란이 회복되지 못하고 치매증상으로 발전하게 된다.

② 조건이 허락하는 데까지 직업이나 부업, 취미활동 등을 계속 갖는 것이 좋다

젊었을 때처럼 호기심을 가지고 공부하는 태도를 갖는 것이 좋다. 특히 자신이 흥미를 가지고 있는 일을 오래할수록 뇌활동에 자극을 주어 치매예방에 도움이 된다. 그러나 머리는 쓰되 스트레스를 받을 정도여서는 곤란하다. 과도하게 신경을 써서 매달리게 되면 심리적으로 불안정해지고 스트레스가 많아져 결과적으로 뇌에 부담을 주게 된다.

③ 의식주는 되도록 독립심을 가지고 자신이 처리하도록 하는 것이 좋다

한 역학조사의 결과에 따르면 식사, 빨래, 쇼핑 등을 모두 스스로 하는 노인은 다른 사람에게 의존하는 노인 또는 양로원에 입소한 노인보다 치매의 발생이나 진행이 늦게 일어난다고 한다.

④ 머리에 대한 외상을 피하도록 하라

젊었을 때부터 되도록 권투나 축구와 같이 머리를 다칠 위험이 있는 과격한 운동은 피하는 것이 좋고, 자동차를 탈 때도 안전벨트를 반드시 매도록 하여 두부손상을 피하는 것이 치매예방에 도움이 된다.

⑤ 기쁜 마음으로 즐겁게 살도록 하라

우울증이나 심적인 스트레스 후에 치매가 발병하는 경우를 임상에서 흔히 경험하게 되며, 여러 연구에서도 이를 뒷받침하는 결과가 많다. 젊었을 때의 우울증이 노년기의 치매와 관련이 있다는 연구결과도 있으므로 긍정적인 자세로 살아가는 것이 좋다. 우울증에 걸린 경우라면 신속히 정신과 의사의 도움을 받도록 한다.

⑥ 건망증으로 속단하지 말라

초기 알츠하이머병과 건망증은 사실 구분하기가 쉽지 않다. 기억력 감퇴가 있을 때 무조건 건망증으로 치부하지 말고 신속히 전문적인 클리닉에서 조기검진을 받아 보는 것이 좋다. 시기를 놓치면 치료나 회복이 가능한 치매도 치료가 어려워진다.[1)]

2) 치매의 예방

치매의 원인이 다양하며, 아직까지 정확한 원인이 밝혀지지 않은 치매도 존재하기 때문에 확실한 치매예방법을 찾기는 어렵다(권중돈, 2010). 하지만 다음과 같은 예방적 조치를 꾸준하게 실행하면 일부 치매는 예방이 가능하며, 그렇지 않은 경우에도 치매의 발병을 최대한 지연시킬 수 있다. 치매의 예방에 도움이 되는 방법을 제시하면 다음과 같다(권중돈, 2004).

- 나이가 들수록 책을 읽고 쓰고 이야기하는 등 머리를 많이 쓰고 적극적으로 살아간다.
- 항상 새로운 정보를 접하고 무언가를 배운다.
- 지나친 음주나 흡연을 삼간다.
- 젊어서부터 꾸준히 운동을 하고 적정 체중을 유지한다.
- 우울증은 치료받고 많이 웃으며, 밝게 살도록 노력한다.
- 기억장애, 언어장애가 있을 때는 신속히 검사를 받는다.
- 매일 일기를 쓰는 것이 큰 도움이 된다.
- 스포츠와 같이 신체적·정신적 긴장과 이완이 반복되는 취미생활을 즐긴다.
- 혼자 지내기보다 친구를 많이 만들고 자주 만나서 즐겁게 지낸다.
- 고혈압, 당뇨병, 동맥경화증, 고지혈증, 심장질환, 갑상선기능저하증 등 성인병을 사전에 관리하고 적극적으로 치료한다.

1) 한국치매협회 홈페이지(http://www.silverweb.or.kr/html/m1_09.asp), 재인용.

- 어떤 일을 할 때 주의를 집중하는 습관을 들이고 반복해서 기억하도록 한다.
- 중요한 약속이나 일은 메모하거나 기록해 둔다.
- 걷거나 손을 많이 쓰는 일은 뇌를 자극하여 뇌의 위축을 방지하는 효과가 있다.
- 소리를 내서 노래를 부르거나, 다른 사람과 대화를 하는 것이 좋다.
- 균형 있는 영양섭취와 노화방지에 도움이 되는 음식을 섭취하되, 먹을 수 있는 양의 80%만 섭취하고 충분한 수분을 섭취하는 것이 좋다.
- 추운 겨울이나 새벽에 하는 운동, 환절기 등 급격한 기온 변화는 가능하면 피한다.
- 깊게 심호흡을 하여 폐활량을 늘리는 것은 심신의 안정에 도움을 준다.
- 안전운전과 방어운전을 하며, 공사장 등에서의 안전사고에 유의한다.
- 실내공해나 환경오염지역 등에서 독성물질에 오래 노출되지 않아야 한다.
- 여성일 경우 폐경기 이후 필요하다면 호르몬 치료를 받는 것이 좋다.
- 적당량의 비타민제, 은행잎 추출제와 아스피린을 복용하는 것이 좋다.
- 여러 약을 동시에 복용하는 것은 피한다.
- 알루미늄, 아연, 구리 등 금속이 많이 들어 있는 음식이나 공기 등을 장기간 섭취·흡입하지 않는다.
- 노후대책을 미리 세우고 노인이 되어서는 외부활동에 적극적으로 참여한다.

이상에서 열거한 사항은 일반적인 노화예방을 위한 방법에 불과하다. 치매는 오랜 기간의 삶의 이력과 깊은 관계가 있기 때문에 위에 열거한 사항을 젊었을 때부터 주의하고 꾸준히 생활에서 실천하는 것이 무엇보다도 중요하다.

참고문헌

권중돈 (2004). 치매환자를 위한 프로그램의 실제. 서울: 현학사.

권중돈 (2016). 노인복지론: 치매의 이해. 서울: 학지사.

권중돈, 고효진, 이성희, 임송은, 장우심, 이유진 (2002). 치매와 가족. 서울: 학지사.

보건복지가족부 (2008). 치매 종합관리대책. 과천: 보건복지가족부.

보건복지가족부 (2009). 2008 보건복지가족백서. 과천: 보건복지가족부.

오영희, 이윤경, 유혜영, 박세경, 선우덕, 김윤수, 양영애 (2009). 저소득층 치매 치료관리 바우처 지원제도 도입방안. 보건복지가족부 · 한국보건사회연구원.

이경순 외 (2006). 의료일반. 경기: 공동체.

이상일 (1999). 다시 보는 노인과 치매. 서울: 이상일신경정신과의원.

조맹제 외(2006). 치매노인 유병률 조사. 서울대학교병원 · 보건복지가족부.

大田仁史 & 三好春樹 (2005). 환자가 주인이 되는 새로운 케어기술. 김영주 (역). 서울: 동학사. (2002년 원저 발간).

介護白書 (2007). (平成18年版) ぎょうせい.

Blazer, D. (2007). 노년기 정신건강: 노인의 정서문제를 다루는 전문가의 개입전략. 김동배, 김유심, 문수경, 박인아, 손의성, 채수진, 홍은진 (공역). 서울: 학지사. (1998년 원저 발간).

중앙치매센터 홈페이지(www.nid.or.kr).

WHO 홈페이지(http://apps.who.int/classification).

PART

05 신체건강문제 관리

CHAPTER

12 노화의 이해

학습목차

CHAPTER

12

HEALTH MANAGEMENT FOR THE AGED IN THE ERA OF HOMO-HUNDRED

노화의 이해

1. 노인질환의 특징

인체는 노화가 진행됨에 따라 구조적·기능적 변화가 가속화된다. 이러한 이유로 중장년층에게 적용되던 치료법이 노인에게는 적용되지 않는 경우도 있으며, 젊은 사람과는 달리 각종 부작용이 발생하여 노년층에는 적용하지 못하는 경우도 있다. 따라서 노인질환을 치료하려면, 노인질환의 특징을 제대로 이해하는 것이 필수적이다. 노인질환과 진단 및 치료 시 특징을 살펴보면 다음과 같다.

1) 만성퇴행성 질환의 비중이 높다

노년기에는 고혈압, 당뇨병, 관절염, 치매 및 암 등 만성퇴행성 질환의 비중이 커지며 이러한 질환은 노인의 주요사망원인이다. 이는 이러한 질환들의 발병 및 진행의 원인 중 노화로 인한 변화가 가장 높은 비중을 차지하기 때문이다. 노년기 만성퇴행성 질환의 비중이 커지는 현상은 과거에 비해 현대에 이르러 더 심화되고 있다.

이는 산업화와 의학발달로 인해 평균수명이 증가했기 때문에 초래된 당연한 결과일 수도 있다.

특히, 만성퇴행성 질환 가운데 신체질환 이외에 뇌기능 이상에 의한 질환이나, 정신질환의 비중이 커지고 있다. 현대화로 인한 복잡한 사회에서의 스트레스 증가로 초래된 결과이다. 우울증이나 치매 등의 유병률이 점차 높아지고 있기 때문에 정기검진 시 이러한 정신질환에 대한 점검도 반드시 유념해야 할 항목이다.

2) 여러 가지 질환의 공존하고 이로 인한 증상이 다양하다

노년기에는 한 개인이 2개 이상의 만성질환을 가지고 있는 경우가 많다. 이로 인해 이미 여러 가지 증상을 가지고 있는 경우가 많다. 더욱이 질환에 의한 증상이외에 노화로 인한 증상들이 혼재해 있어 정확한 진단을 내리기는 더욱 어렵다. 예를 들어 당뇨병으로 인해 신부전, 망막증, 뇌경색 등 다양한 합병증이 발생할 수 있고, 동맥경화로 인해 뇌졸중 및 혈관성 치매가 발생할 수도 있다. 또, 숨찬 증상은 만성폐쇄성폐질환으로 인해 나타날 수도 있으나, 고령으로 유산소 운동의 부족으로 인해 심폐기능의 약화가 원인이 될 수도 있다. 이러한 특징으로 인해 새로운 질환이 발생되더라도 원래 가지고 있던 질환의 증상과 유사하여 진단이 늦어지는 경우가 흔히 있다.

3) 완치되지 않는 만성질환이 많으며 꾸준한 관리 및 치료가 필요하다

만성퇴행성 질환의 경우 꾸준한 치료가 요구되고 특히, 고혈압, 당뇨병과 같이 완치가 불가능한 경우가 대부분이기 때문에 평생 동안 약물복용과 생활요법을 병행해야 하며, 완치보다는 합병증의 예방과 신체기능을 보존하여 삶의 질 유지를 치료목표로 정하는 경우가 많다.

4) 개인차로 인해 개별화된 관리 필요하다

노화의 과정은 누구에게나 필연적으로 발생하지만 발생의 정도는 개인에 따라서 다르고 노화 뿐 아니라 질병이 발생되는 경우도 있어 각 개인마다의 차이는 더욱 현저하게 드러난다. 질병의 발생 및 진행양상뿐 아니라 약물 및 수술 등 치료에 대한 효과나 반응도 개인차가 크므로 세심한 주의가 필요하다.

5) 증상이 비전형적인 경우가 많다

노인환자에 있어서 새로운 질병의 진단이 늦어지는 원인 중 하나는 해당 질환이 전형적인 증상이 젊은 사람에게서는 나타나지만, 노인에게 있어서는 증상이 발현되지 않을 수 있다. 예를 들어 당뇨병의 경우, 전형적인 다갈, 다뇨, 다식 증상이 나타나지 않을 수 있으며, 심근경색의 전형적인 흉통증상이 동반되지 않는 노인환자도 있을 수 있다. 특히, 시각이나 청각장애 및 우울증이나 치매 증상으로 인해 의사소통이나 증상을 표현하는 데에 어려움이 있는 경우에는 더욱 진단이 지연되어 질환이 더욱 진행될 수 있다.

6) 약물 부작용으로 증상이 발현되는 경우가 많다

노년기에 나타나는 증상의 상당부분이 다양한 질환을 치료하는데 사용되는 약물의 부작용으로 나타나는 경우가 많다. 그러므로 다양한 약물을 복용하는 노인에게 있어서 어떤 증상이 발현되면, 우선 약물부작용으로 인한 증상인지를 점검해야 한다.

7) 치료방법에 따른 반응이 비전형적이다

노년기에는 신장기능이 감소되어 있으므로 약제의 배설이 지연되고 체내에 축적되기 쉽다. 따라서 약제의 부작용이 흔히 발생하며, 오래 지속되는 경우가 많다. 또한 혈관 내 용적이 감소되어 있고 체중에서 지방이 차지하는 비율이 높으므로 수용성 약제의 경우 같은 용량을 투여하더라도 젊은 사람에 비해 혈중 농도가 증가된다.

8) 심리적, 사회경제적 요인을 고려해야 한다

노인질환의 발병은 심리적, 사회경제적 요인과 관련이 있을 수 있으며, 질환을 치료하기 위해서 반드시 고려해야 할 요인이다. 예를 들어 핵가족으로 인해 사회적으로 고립되어 있는 노인의 비율이 증가하고 있으며, 이로 인해 외로움과 스트레스로 우울증과 불안증이 발병될 수 있다. 또한 경제적으로 빈곤하여 균형 잡힌 식사가 어려운 노인도 있을 수 있다. 이러한 문제는 노인질환의 예후에 중요한 영향을 미칠 수 있으므로 치료 전에 고려해야 할 요인이다.

위와 같은 특성들로 인해 노인 질환은 각 분야 전문가들이 팀을 이루어 충분한 시간을 가지고 다양한 검진 후 최종 진단을 내릴 수 있어야 한다.

2. 노화에 따른 신체변화

노화에 따른 신체변화는 개인차는 있으나, 누구에게나 일어나며 인체 전반에 걸쳐 일어난다. 즉, 노화에 따라 변화는 신체 각 장기의 기능과 구조에서 변화가 발생한다.

1) 근골격계의 변화

노화에 따라 골형성률과 골흡수율 간의 균형을 유지하지 어렵고, 이어서 일어나는 변화가 골실질의 감소를 야기한다. 40세 이후에 골형성률은 일정하게 유지되나, 흡수율이 증가한다. 골밀도가 낮아져서 생기는 골다공증은 노년기 남녀 모두에게서 발생되며, 이렇게 골밀도가 떨어지는 원인은 크게 4가지로, 노년기 성호르몬이 감소, 운동량의 감소, 영양소 섭취의 불균형, 각종 약물의 복용 등으로 볼 수 있다. 골다공증의 발생으로 활동이 제한되어 여러 가지 합병증이 발병될 수 있다. 척추 추간판의 골밀도 상실로 키가 줄어들고 척추 만곡 등의 변화로 구부러진 자세를 취하게 된다.

이러한 골밀도 손실의 진행은 중심혈관과 신경섬유를 포함하는 골원주(cylinders)로 대표되는 강(Cavity)인 하버시안관(Haversian canals) 또는 골원의 수를 측정함으로써 알 수 있다. 노화가 진행됨에 따라 장골의 끝에서 시작되는 골간부위의 골원이 증가한다. 60세 이후가 되면 골외측 표면은 거칠어지고 피질은 얇아진다. 75세 이후에는 해면골 조직만 남고 피질은 매우 얇아진다. 관절 표면 또한 매우 얇아지고 허탈이 될 수 있다.

노년기에는 오랜 시간에 걸쳐 골격근의 양은 30세의 절반 정도로 감소되고 지방조직은 증가한다. 근육세포의 크기 뿐 아니라 수도 감소하기 때문에 근육은 크기와 무게가 줄어들고 기능면에서도 지구력과 근력이 감소한다. 또한 노화로 인해 근육의 쇠퇴현상은 노화자체로 인해 발생할 수도 있으나, 특정질환이 원인이 되거나 노년기에 운동량이 줄었거나, 불균형한 영양상태로 인한 경우가 대부분이다.

2) 피부계

피부는 표피, 진피, 피하층 세 개의 층으로 구성되어 있으며 몸 전체를 덮으면서 미생물, 외상성 상해 및 태양에의 노출로부터 몸을 보호한다. 또한 체액의 소실을 방지하고 비타민 D를 합성하며, 체온을 정상적으로 조절하는 기능을 한다.

노화가 진행됨에 따라 얇아지고, 피지선의 기능이 떨어져 건조해져서 가려움증이 더해지고, 혈액공급이 줄어든다. 피부가 얇아져 탄력을 잃고 피하지방이 위축되면서 주름살이 생기고, 이러한 피부변화로 인해 각종 피부질환이 생기기 쉽다. 피하지방의 감소로 멍이 쉽게 들며 체온유지가 어렵게 된다. 또한 피하지방의 감소는 일부 호르몬의 대사와 알코올이나 약물 대사에도 영향을 미친다. 노화에 따른 피부변화를 살펴보면, 〈표 12-1〉과 같다.

표 12-1 • 노화에 따른 피부변화

부위	노화에 따른 변화	
표피	• 두께가 얇아짐 • 멜라닌 수 감소, 활성도 감소 • 비타민D 생성능력 저하	• 외관의 건조 • 반점, 기미, 주근깨 수 증가
진피	• 콜라겐 소실로 긴장감 소실 • 두께와 기능이 감소	• 혈관 감소로 모세혈관이 얇아짐
피하층	• 얇아짐 • 피하조직의 지방 비율이 증가	• 손상되기 쉬움
모발	• 멜라닌 세포 수가 감소하여 착색되지 않는 모발로 교체되어 회색 또는 백색으로 보임 • 감촉과 두께는 거칠고 얇아짐	
손/발톱	• 무뎌지고 색깔이 황색이나 회색으로 변함	
분비선	• 외분비선과 아포크린선의 크기, 수와 기능이 줄어듦 → 발한작용, 증발작용, 체온 조절능력이 감소 • 피지의 감소: 각질층의 수분의 증발을 촉진 → 건조증 초래	

출처: Levis et al.(2007).

2) 심혈관계

노년기가 되면 평상시의 심장기능은 젊은 사람과 비교할 때 큰 차이가 없으나, 운동 시 도달할 수 있는 최대 맥박수가 감소되고, 휴식 시 맥박수도 낮아진다. 다시 말해 기저질환은 없더라도 심혈관계의 기능적 예비량이 감소하고, 스트레스에 대한 대처 능력이 떨어진다.

노화로 인해 혈관내막이 두꺼워지고, 동맥이 좁아지고 딱딱해져 탄력을 잃어 동맥경화증 발생률이 증가하며, 이로 인해 혈압도 높아진다. 여성은 폐경기 이후에 동맥경화가 빠른 속도로 진행된다. 혈압을 일정하게 유지하는데 중요한 기능을 하는 혈압수용체의 민감도가 낮아져 혈압이 떨어지는 것에 대해 반사적으로 작용하는 혈압상승 작용이 늦어진다. 이로 인해 기립성 저혈압을 경험하게 된다.

3) 호흡기계

노년기에는 갈비뼈나 가슴뼈 연골관절의 석회화로와 흉곽의 움직임이 감소한다. 따라서 호흡 시 횡격막의 움직임이 커지고, 횡격막에 대한 의존도도 커진다. 호흡근의 약화 및 소실로 환기 부전에 쉽게 빠질 수 있다. 폐는 콜라겐 섬유의 퇴행적 변화에 따라 탄력을 잃게 되고 숨을 내쉰 뒤에도 폐에 공기의 잔존양이 증가하고 허리꽈리의 산소교환 면적이 줄어들면서 산소교환 능력 또한 감소한다. 이러한 변화는 크지 않으므로 지속적인 운동을 통해 극복이 가능하여, 젊었을 때의 폐기능으로 유지할 수 있다.

4) 소화기계

위나 장은 노화에 따라 구조가 크게 변하지 않으나, 위장관의 벽에 있는 근육의 운동을 조절하는 기능에 문제가 생긴다. 이 현상으로 대장에는 변비가 생기고, 식도나 위에서는 삼키거나 연동운동에 문제가 발생하며, 위산이 식도로 역류하는 식도역류증이 일어날 수 있다.

노화로 인해 위산 분비가 적어지며 이는 노인에게 흔히 발생하는 위축성 위염에 따른 무산증에 의한 경우가 많다. 위산이 거의 분비되지 않은 무산증은 위에 서식하는 헬리코박터균에 의한 만성 위염의 결과로도 알려져 있다. 위축성 위염은 평소에는 증상이 거의 없으나, 몇 년 후에 비타민 B12 결핍증이 나타날 수 있다.

노년기에는 소장에서 흡수량이 낮아지는 영양소가 있다. 지용성비타민의 흡수와 대사는 빨라지고 수용성 비타민은 효율이 떨어진다. 철분과 칼슘 같은 무기질은 대부분 소장에서 흡수되는데 노년기에는 흡수력이 낮아져 빈혈과 골다공증이 빠르게 진행될 수 있다.

노화로 인해 대장벽 근육이 약해지고, 변비로 인해 대장내 압력이 올라가면 대장벽의 일부가 밖으로 밀려가는 대장 게실이 형성되고, 이로 인해 염증이 발생할 수 있다. 대장 게실은 노인에게 흔히 발견되며, 염증이나 출혈이 일어날 수 있다.

소화기계의 간의 용적 및 혈류량은 노화로 인해 다소 감소한다. 담즙 분비는 감소하며, 간의 대사능력은 개인차가 있으나, 비교적 잘 보존되며, 간기능도 정상으로 유지될 수 있으나, 일부 단시간에 대사되는 약물은 간으로 들어가는 혈류량 감소로 인해 영향을 받을 수 있으므로 용량의 조절이 필요하다.

5) 신경계

인간의 뇌세포 수는 태어나면서 그 수가 이미 정해져 있고, 나이가 들면서 감소한다고 알려져 있었으나, 최근의 연구 결과에서 출생이후에도 새로운 신경세포가 생성되고 가지돌기의 연결도 새롭게 일어난다는 사실이 밝혀졌다. 노화에 따라 뇌 바깥 부위의 조직인 회색질 및 백색질이 퇴화하여 20대에 최대였던 뇌의 무게가 차츰 가벼워진다. 또한 노화와 함께 뇌세포 수상돌기의 수가 감소되고, 축색돌기를 감싸고 있는 수초가 감소되어 신경자극의 전달이 감소되는 것을 신경자극 전달이 감소되는 것을 볼 수 있다. 이러한 뇌세포의 변화는 뇌의 사고기능을 둔화시켜 새로운 정보에 대한 반응이 느려지고 새로운 것을 배우는 데 시간이 더 걸리게 한다. 뇌의 노화가 진행되면 부위에 따라 도파민, 아세틸콜린, 세로토닌 같은 신경전달 물질의 수용체가 감소하여 우울증이나 기억력 장애, 운동 장애가 발생될 수 있다.

6) 비뇨생식기계

노화로 인해 신장의 무게는 줄어들고 신장 경화가 일어난다. 신장의 주요 기능을 하는 사구체의 수도 감소한다. 이로 인해 노년기에는 방광에 소변을 저장할 수 있는 양이 줄고, 배변후 잔뇨량이 증가하여 소변을 보는 횟수가 늘어나며, 요실금 위험이 증가할 뿐만 아니라 세균에 감염될 위험도 커진다.

노화로 인해 남녀 성기능도 떨어지는데 이는 개인차가 있다. 노화로 인해 성적 반응이 감퇴되지만 건강한 노인들은 성생활을 지속하는데 크게 지장이 없다. 남성은 전립성이 비대해져 배뇨 시 불편할 수 있으며, 이로 인해 성생활에 지장을 받을 수도 있다. 남성호르몬의 분비가 감소되어 정자 생산력이 떨어지고 고환의 크기도 줄어들지만 이 또한 개인에 따라 다르다. 여성은 골반근육 약화로 요실금이 발생할 수 있으며, 여성호르몬의 분비 저하로 생식기가 위축되고 건조하며 유방선이 변화된다. 노화로 인한 비뇨생식기계의 변화는 〈표 12-2〉와 같다.

표 12-2 • 노화에 따른 비뇨생식기계의 변화

비뇨생식기	노화에 따른 비뇨생식기의 변화
신장	· 신장, 사구체의 크기 감소
	· 사구체의 수와 기능(여과율) 감소
	· 혈청 크레아틴 및 요소질소 수치 증가
	· 약물 배설 능력 저하
	· 항이뇨 촉진제 호르몬 기저 수치 증가

방광과 요도	· 배뇨근 수축력 저하
	· 소변량은 줄고 배뇨 후 잔뇨량이 증가
	· 배뇨 횟수 증가
	· 요실금 위험 및 세균 감염 위험증가
남성생식기관	· 고환의 크기 축소
	· 정자생산이나 남성호르몬(테스토스테론) 분비 감소
	· 전립선 비대
여성생식기관	· 여성호르몬(에스트로겐) 부족으로 질 위축, 건조
	· 유방과 외부성기의 변화

7) 내분비계

노년기에 들어서면서 각종 호르몬 분비가 감소한다. 호르몬의 분비 감소는 호르몬의 종류나 대상자에 따라 다르고 나타난 증상 또한 부족한 호르몬의 종류나 양에 따라 차이가 있다.

참고문헌

고자경 외 (2010). 노인간호학. 서울: 한미의학.
김승현 (2005). 노년기 건강가이드-노인질환의 진단과 치료. 서울: 일조각.
김영경 외 (2007). 노인 병태생리학. 서울: 현문사.
대한노인병학회 (2005). 노인병학. 서울: 의학출판사.
신경림 외 (2010). 노인간호학 입문. 서울: 현문사.
장철호 외 (2017). 노년기의 정의와 노화의 생리적 변화. J Korean Med Assoc, 60(5), 358-363.

CHAPTER

13 근골격계 질환

학습목차

CHAPTER

13

HEALTH MANAGEMENT FOR THE AGED IN THE ERA OF HOMO-HUNDRED

근골격계 질환

1. 골다공증

1) 정의

골다공증(osteoporosis)은 골량은 줄어드는 데 비해 구성(즉 골기질량에 대한 미네랄의 비율)은 변화하지 않는 전반적인 골장애이다. 다양한 이유에서 새로운 뼈조직이 만들어지는 과정이 일생동안 중단 없이 지속된다. 골소실은 폐경기 이후 가속화하여 90세까지 40% 정도의 골량이 소실될 수 있다. 세계보건기구에서는 골다공증의 진단 기준을 T점수로 제시하고 있는데, T점수는 건강한 젊은 성인 평균 골밀도 수치와의 차이를 말한다. 골다공증은 골량과 미세구조상 골조직의 파괴로 뼈 자체가 부서지기 쉬워 골절이 발생할 위험이 높은 상태이다.

2) 증상 및 진단

골다공증은 골소실이 증상 없이 일어나기 때문에 '침묵의 병'이라고 불린다. 따라서 골절이 일어나기 전에 증상이 나타나지 않는다. 골다공증의 위험이 있는 노인의 경우 골절이 일어나기 전에 골밀도를 측정하여 골다공증으로 인해 초래될 수 있는 각종 골절, 요통 및 척추측만증 등의 합병증을 예방해야 한다.

골다공증 진단을 위한 골밀도의 가장 정확한 측정은 DEXA(Dual Energy X-ray Absorptiometry)를 이용하는 것이다. 다양한 종류가 있으나, 허리뼈(요추)와 대퇴골 상담을 직접 측정하는 기계가 가장 정확히 요추와 대퇴골골절의 위험도를 반영한다. 골밀도 측정결과를 해석할 때는 뼈가 가장 튼튼한 시기인 30대 초반과 비교하여 얼마나 약해졌는가를 계산하는 T점수(T-score)와 비슷한 연령대의 노인들과 비교해서 본인의 골밀도를 비교하는 Z점수(Z-score) 두 가지를 사용한다. 이중 대부분 세계보건기구에서 제시하는 T점수로 치료방향을 결정한다. 골밀도는 뼈의 단위별 용적(volume)의 질량을 사정하거나, 뼈가 얼마나 치밀하게 구성되었는지를 사정하는 것이다. T점수는 환자의 골밀도가 젊은 사람 평균치에서 몇 표준편차 떨어져 있는가를 나타내는데 평균에서 표준편차가 1 내에 있으면 정상인 것으로 간주하며 평균 골무기질밀도 이하로 최소한 2.5배의 표준편차를 보일 때 골다공증으로 진단한다. 국제골다공증재단의 골다공증 기준은 〈표 13-1〉과 같다.

표 13-1 • 국제골다공증재단의 골다공증 진단 기준

WHO 분류	BMD t-score
정상	< -1
골감소증	≤ -1 또는 > -2.5
골다공증	≤ -2.5
심한 골다공증	≤ -2.5 + 취약성 골절

출처: National Osteoporosis Foundation(www.nof.org).

3) 원인

특별한 질환을 가지고 있는 노인이 노화가 진행됨에 따라 자연적으로 발생하는 골다공증은 두 가지로 나눌 수 있다. 첫 번째인 제 1형 골다공증은 주로 여성에게서 나타나는 골다공증으로 갱년기에 들어 여성호르몬이 급격히 감소하면서 뼈조직의 소실이 증가하는 것이 원인이다. 특히 폐경 이후 여성의 경우 골소실을 막는 에스트로겐 감소와 인터루킨-6(interleukin-6)의 과도생산으로 인한 골질량의 소실증가로 골다공증에 이환될 가능성이 높다. 다음은 제2형(노인성) 골다공증으로, 노년기 남녀 모두에서 나타난다. 새로운 뼈조직의 형성이 둔화되고, 뼈 소실이 증가하는 것이 원인이며, 체내 활성형 비타민D의 생산 감소와 관련되며 75세 이후에 발병한다. 노인성 골다공증은 여성호르몬 감소로 인한 골다공증에 비해 뼈의 손실속도가 매우 느리다.

노화 현상으로 인한 골밀도의 변화 외에 백인이나 동양여성, 운동량이 부족하거나 커피, 술, 담배를 자주하는 사람, 신체나 골격이 비교적 작은 사람, 유전적 소인을 가진 사람(가족 중 골다공증의 병력이 있는 사람), 비타민 D나 칼슘 섭취가 부족한 사람, 약물 중 스테로이드나 갑상선호르몬 제제를 과다하게 사용하는 사람도 골다공증 발생위험이 높아진다.

4) 관리 및 치료

젊었을 때 골밀도가 높았던 사람은 노년기에 골다공증의 발병이 지연되므로 젊었을 때부터 뼈를 튼튼히 하기 위해 칼슘과 비타민 D를 충분히 섭취하고 규칙적으로 운동을 하는 것이 바람직하다. 또 이러한 조치들은 실제 골다공증 유무와 관계없이 노년기에 들어서도 계속해야 한다.

(1) 비약물적 관리

① 운동요법: 적절한 양의 운동은 골질량의 형성과 유지에 중요하다. 운동은 근력, 협동력, 균형감을 증진시킨다. 골다공증에 효과적인 운동은 중력에 저항하여 힘을 쓰는 체중부하운동으로 보행, 하이킹, 중량훈련(weight training), 계단 오르기, 테니스와 댄싱 등이 있다. 보헝에서는 고강도 에어로빅이나 달리기가 좋으나 뼈에 무리한 스트레스를 주면 스트레스성 골절이 유발된다. 따라서 30분간 주 3회 이상의 보행을 권장한다(Levis et al., 2007).

② 식이요법: 골다공증의 치료와 예방은 적절한 칼슘섭취에 초점을 둔다. 노년기에는 다양한 이유로 칼슘이 많은 식품을 충분히 섭취할 수가 없는 경우가 많아 칼슘보충제 복용을 권장하고 있다. 칼슘함량이 높은 식품으로는 우유, 치즈 등의 유제품을 들 수 있다. 그러나 우유만으로 하루 필요량을 다 섭취하려면, 매일 최소 4컵 이상을 마셔야 하는데 노인들은 흔히 유당분해효소결핍증으로 인해 우유섭취가 원활하지 못한 경우가 많으므로 부작용이 없는 요구르트 등으로 대체할 수는 있으나 매일 많은 양을 섭취하기가 어렵다. 또 다른 칼슘 섭취가 풍부한 식품으로는 생선 특히 뼈째 먹는 잔멸치 같은 생선이나, 두부, 미역, 다시마, 굴, 달걀 등이 있다. 칼슘함량이 높은 식이를 섭취하고, 고칼슘 식이가 부적절할 경우 칼슘 보충제를 권장한다(폐경 전 여성은 1,000mg/일의 칼슘을 투여, 폐경 후 에스트로겐보충제를 받지 않는 여성은 1,500mg/일 의 칼슘을 투여). 칼슘보충제는 연령과 관련된 골손실을 억제하지만 새로운 골을 형성하지는 않는다. 이에 골이 손실되기 전에 운동요법 등으로 사전에 예방해야 한다.

③ 비타민D 섭취: 비타민 D는 칼슘의 재흡수 및 골형성에 영향을 주는 중요한 비타민으로 하루에 필요한 비타민 D의 양은 400-600IU이다. 이는 햇볕의 노출로 피부 합성을 통하여 얻게 된다. 이에 햇볕에 노출이 적은 노인의 경우 1일 20분 이상 햇볕을 쬐일 수 있도록 관리해 주어야 하며 외출이 어려울 경우 비타민D보충제를 권장해야 한다. 비타민 D는 과량 섭취 시 좋지 않은 영향을 미치

므로 권장량만을 복용해야 한다.

④ 금연, 절주: 흡연과 과도한 음주는 골다공증의 위험요인이므로 자제하도록 교육해야 한다.

(2) 약물적 관리

골다공증의 치료제는 사용방법과 부작용이 약물마다 다르므로 대상자에 맞게 선택해야 한다.

알레드로네이트나 리세드로네이트는 식도에 걸려 염증을 일으킬 위험이 있으므로 복용 후 충분한 물을 섭취하고 30분 내에 눕지 않아야 하며, 음식물과 함께 복용 시 약효가 사라지므로 아침 공복일 때 복용하고, 복용 후 30분 이내에는 음식물 섭취를 금한다. 또 다른 치료제로는 여성호르몬 유도체로 랄록시펜이 있다. 위에서 제시한 약물보다 치료효과는 적은 것으로 알려져 있으나, 유방암 위험을 낮추는 부수적인 효과가 있다. 부작용으로는 얼굴이 화끈거리는 열감이 생기거나, 혈전증을 유발할 위험이 있다. 다음으로 칼시토닌은 코에 뿌리는 형태로 많이 쓰이는데 위의 약물들의 복용이 불가능할 때 주로 사용된다. 칼시토닌은 골다공증에 의한 골절이 있을 때 사용하면, 통증을 완화시키는 부수적인 장점도 있다. 그러나 코에 뿌리므로 코에 염증을 일으킬 수 있고, 구역질이나 어지럼증을 일으킬 수도 있다. 칼시토닌을 사용할 때 칼슘보충제가 2차성 부갑상선 항진증의 예방을 위해 필요하다.

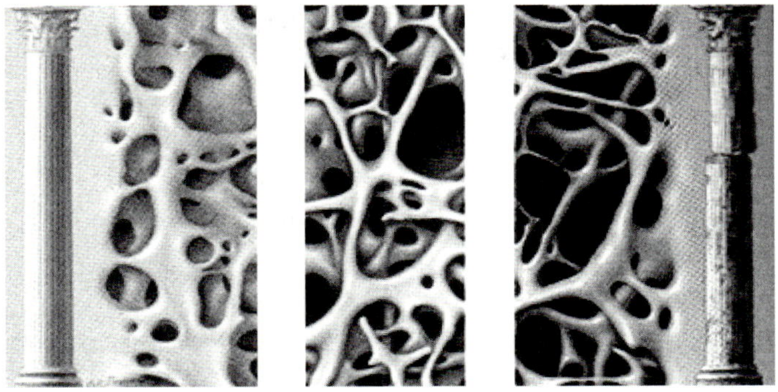

(a) 정상뼈 (b) 뼈감소증 (c) 골다공증

그림 13-1 • 정상뼈와 골다공증뼈 비교사진

출처: Photo Researchers, Inc/John M. Daugherty.

2. 관절염 및 관절 통증

다양한 관절의 통증은 노년기 활동장애의 가장 흔한 원인이다. 관절은 뼈와 뼈를 연결해주며, 연골, 관절낭, 활막, 인대, 힘줄, 근육 등으로 구성되어 있으며, 이 조직들이 움직일 때 발생하는 충격을 흡수하는 역할을 한다. 관절염은 다양한 원인으로 인해 관절부위에 염증이 생긴 경우를 말한다. 대표적인 증상은 통증이나, 통증이 있다고 모두 관절염은 아니며, 부종과 열감이 동반되어야 관절염이라 할 수 있다.

노년기 관절 통증의 주원인은 퇴행성 관절염이며, 이외에도 류머티즘성 관절염이 흔하다. 이 두 가지가 동반하는 경우에는 환자의 통증이 매우 심하다.

1) 퇴행성 관절염(degenerative joint disease: DJD)

(1) 정의

퇴행성 관절염은 노인에게 흔하게 발병하며, 변형을 동반하므로 노인성 관절염, 변형성 관절염 등으로 불리기도 하며 무릎관절염의 가장 일반적인 형태이다. 관절연골이 점차 닳아 없어지면서 천천히 진행되는 퇴행성 질환이며, 중년기 이후에 거동을 불편하게 하는 주요원인이 된다. 55세 이상의 국소적인 퇴행성 변화가 나타나는 질환이다.

퇴행성 관절염은 노화에 따른 근골격계의 변화와 관련성이 있다. 노화에 따라 관절의 변화는 관절 내 연골과 그 주위의 뼈에 모두 나타난다. 우선 매끄러운 표면을 가지고 있어 관절이 움직이는 것을 수월하게 해주는 관절면 연골조직의 표면이 거칠어지고, 얇아지며, 결과적으로 떨어져나가게 된다. 연골 밑에 있는 뼈조직은 국소적으로 점차 자라게 되어 관절이 튀어나오고 변형된다. 이로 인해, 관절 내에 윤활작용이 없어지며, 염증반응이 나타나 물이 차거나 붓는 증상이 나타나게 된다. 특히 관절을 움직이거나 관절에 힘을 가하게 되면 증상이 더욱 심해진다. 퇴행성 관절염은 류머티즘성 관절염처럼 염증반응이나 전신적 질병을 동반하지 않는다.

(2) 증상 및 진단

퇴행성 관절염은 모든 관절에 나타날 수 있으나 체중을 지탱하는 관절 즉, 목과 허리에 있는 척추뼈나 고관절, 무릎관절, 발목관절 등에서 심하게 나타날 수 있다. 주로 걷거나 서있을 때 체중을 지탱하는 동작을 할 때 증상이 심해질 수 있다. 관절염에 의한 통증은 해당관절을 사용하면 심해지고, 쉬면 덜해진다.

또한 관절은 반복적인 충격이 가해질 때 더욱 심하게 파괴된다. 따라서 비만인 사람은 저체중이나 정상체중에 비해 발목, 무릎, 고관절 등 체중을 지탱하는 관절에 전해지는 충격이 심해 퇴행성 관절염의 발생 및 진행이 빠르며 증상 또한 심해질 수 있다. 또한 골다공증 자체가 퇴행성 관절염의 원인이 되거나 통증을 유발하지는 않으나, 골다공증으로 인해 뼈의 퇴행성이 빨리 진행될 수 있으며, 이와 같은 현상은 척추뼈에서 다소 두드러진다.

아침에 일어나면 관절이 뻣뻣해지고 움직이기 어려워지는 조조경직(morning stiffness) 증상은 주로 류머티즘성 관절염에서 나타나는 특징인데, 퇴행성 관절염에서도 가끔 나타나는 증상이다. 다만, 퇴행성 관절염에서의 이러한 증상은 류머티즘성 관절염에 비해 지속되는 시간이 짧아 대개 30분 이내에 호전된다.

퇴행성 관절염에서 초기에 나타나는 증상은 경도의 동통이 가장 흔하다. 동통은 춥거나 습기가 많은 날씨에 의해 악화되며, 움직이면 악화되고 쉬면 호전되지만, 병이 심해지면 휴식 시에도 동통이 있다. 쉬었다가 움직이기 시작할 때 관절의 경직과 동통을 느끼는 것이 특징적이며 퇴행성 관절염을 앓는 환자는 운동 시 쉽게 피로감을 호소하고 관절에 운동장애나 경도의 종창 및 관절 주위의 압통을 호소하기도 한다. 관절연골의 소실과 변성이 나타나던 운동 시 염발음(crepitation)이 느껴지는데, 이는 가장 흔한 증후 중 하나이다. 병이 진행되면 이환된 관절에 따라 기능장애가 수반되는데, 수지의 경우 악력이 약화되며 하지관절의 경우 변형, 심한 운동장애, 불안정성 등이 나타난다. 이학적 소견으로는 국소열(warmth), 종창(swelling), 압통(tenderness) 등이 발견되는 경우가 있다.

(3) 원인

퇴행성 관절염의 원인으로는 우선 연령을 들 수 있으며 이는 연령이 많을수록 퇴행성 관절염의 이환율이 증가하기 때문이다. 경미한 형태의 퇴행성 관절염에서는 남녀의 차이가 없으나, 심한 등급의 퇴행성 관절염, 노인에서의 퇴행성 관절염, 무릎관절이나 수지관절의 퇴행성 관절염 등에서는 여자가 남자보다 많다. 무릎 관절에서는 비만이 발병인자이며, 체중을 줄이면 병의 진행도 줄일 수 있는 것으로 알려져 있다. 특정 부위의 반복적으로 가해지는 충격이나 외상은 그 부위에서의 발병과 관계가 있다. 즉, 특발성 관절염은 일차적 요인들로는 유전적, 대사성, 내분비성 요인들이 지적되고 있으며 한 개인에서 어느 특정 부위에 발병하느냐 하는 이차적 요인들로는 외상성, 직업적 요인들이 거론되고 있으나 정확한 발병기전은 아직 밝혀지지 않았다.

(4) 관리 및 치료

퇴행성 관절염은 노화에 따른 관절변형과 파괴가 원인이므로 완전하게 회복되지 못한다. 관절연골의 퇴행성 변화를 완전히 멈출 수 있는 확실한 방법은 없으나 직업환경 및 생활습관을 개선하고, 운동요법과 국소적인 대증요법을 병용하여 통증을 완화시키고, 관절기능을 유지하도록 꾸준히 노력하면 된다. 다음은 퇴행성 관절염의 예방 및 관리법에 대한 내용이다.

① 휴식 및 관절보호

휴식은 통증이 발생하는 관절이나 신체부위에 가해지는 충격이나 하중을 줄이는 것을 말한다. 이를 위해 각종 의료 보조기구를 사용하여 해당관절을 고정시켜주는 것이 효과적이며, 지팡이를 사용하여 충격을 줄여준다. 생활습관에서는 서 있는 것보다 앉아 있는 것이, 양반자세나 쪼그린 자세보다는 의자에 앉는 습관이 무릎관절과 고관절에 가해지는 스트레스를 줄일 수 있다.

② 운동요법

해당관절을 쉬게 하는 것과 동시에 운동요법도 병행해야 한다. 해당 관절에 충격을 주는 형태의 운동은 회피해야 하지만, 관절이 굳는 것을 예방하기 위해서는 유연성을 기르는 소위 스트레칭운동을 시행해야 하며, 근육강화운동을 통해 관절염 때문에 약해진 관절주위의 연조직을 강화하여 관절의 안정성을 증가시킨다. 관절의 근력이 강화되면 관절에 가해지는 스트레스를 줄일 수 있으므로 해당 관절의 근력을 강화하는 운동이 필요하다. 관절에 과중한 충격이나 부하를 주는 운동은 좋지 않고 가벼운 충격이나 부하만을 주면서 근력강화, 유산소 능력의 배양, 체중 감소 등을 유도할 수 있는 형태의 운동이 권장된다.

더운물 샤워나 사우나는 관절염의 통증완화에 도움이 되지만 심장질환이나 호흡기 질환이 있거나, 신체적으로 허약한 노인은 갑자기 고온에 노출되면 위험하므로 삼가는 것이 좋다.

또한 비만은 무릎관절이나 발목관절에 퇴행성 관절염의 발병과 악화를 유발하므로 체중관리를 통해 관절에 주는 부담을 줄이는 것이 중요하다.

③ 물리치료

물리치료는 우선 통증을 완화시키기 위해 더운 열을 가하는 찜질팩이나, 초음파, 적외선 등을 사용할 수 있으며, 전기자극도 통증 감소에는 도움이 된다. 또한 관절 주위 마사지를 통해 근육이나 인대의 긴장을 풀어주는 것이 효과적이며, 염증반응의 진행을 늦출 수 있다.

④ 약물요법

비약물적 치료방법이 효과적이지 않을 때는 약물요법을 시작한다. 그러나 약물치료를 할 때에도 비약물적 요법을 병행해야 치료효과가 극대화될 수 있으며, 약물에 대한 의존도도 줄일 수 있다. 통증만을 완화시키는 진통제와, 소염과 진통작용을 동시에 가지는 소염진통제가 있다. 다른 질환에 사용되는 약물과 마찬가지로 관절염치료제 또한 노년기에는 각종 부작용을 일으킬 수 있으므로, 항상 부작용이 적은 약물부터 소량으로 시작해야 한다.

⑤ 수술요법

보존적 치료에도 불구하고 더 이상 증상의 호전이 없고 관절의 변화가 계속 진행하여 일상생활에 지장이 심한 경우엔 수술치료요법을 실시해야 한다. 수술로 관절을 인공관절로 대체하거나 이상이 있는 부위를 제거한다. 다른 질환과 마찬가지로 수술 전에는 관절염 외에 다른 질환을 가지고 있는지를 확인하고 수술 전에 여러 가지 사항을 고려하고 수행해야 한다. 즉, 노인의 건강상태를 확인하고, 수술 후 수행해야 하는 물리치료 등이 가능한지의 여부도 고려해야 하며, 수술이전에 다른 치료방법들을 충분히 시도했는지와 노인의 건강이나 삶의 질을 어느 정도 호전시킬 수 있는지를 점검하여 신중하게 결정해야 한다.

2) 류머티즘성 관절염

(1) 정의

류머티즘성 관절염은 관절 활막의 지속적인 염증반응을 특징으로 하는 만성 염증성 전신질환이자 자가면역질환이다. 이러한 활막의 지속적인 만성 염증반응으로 인해 관절의 연골 손상, 골미란이 일어나며, 결국은 관절이 파괴되어 기능의 장애를 초래하는 것이 주요한 임상적 특징이다. 또한, 류머티즘성 관절염은 활액막에 염증을 유발하고, 관절의 연골과 뼈가 손상되며, 관절을 지지하는 인대와 건이 불안정하게 된다. 어느 연령에서도 발병이 가능하나, 실제 역학조사에서는 연령이 높아질수록 발생률이 높은 것으로 나타났으며, 남녀 비율은 1:3정도로 여성의 발생률이 높다.

(2) 증상 및 진단

노년기에 발생하기 쉬운 퇴행성 관절염은 주로 체중을 지탱하는 관절이나 손가락의 마지막 관절에 나타나 관절뼈의 변형이 심한 반면, 류머티즘성 관절염은 주로 손목, 손가락, 팔꿈치, 어깨, 무릎, 발목 등에 많이 발생하고, 척추뼈나 손가락의 마지막 관절에 생기는 경우는 드물다. 대개 왼쪽과 오른쪽의 같은 관절에 대칭적으로 나타나는 특성을 가지고 있다. 류머티즘성 관절염은 이러한 특징적인 관절 소견 외에도 혈액검사와 관절액검사로 진단된다. 특히, 적혈구 침강속도는 관절염의 치료진행 과정을 알려주는 척도가 된다.

류머티즘성 관절염의 초기증상은 관절이 뻣뻣하여 움직이기 힘들고 관절부위에 부종과 열감, 압통과 같은 통증이 있으며, 피로가 심하고 나른함을 느낀다. 때로는 전신에 열감이 있는 소견을 보인다. 특히, 아침에 일어났을 때 손가락 관절이 뻣뻣하여 움직이지 못하는데 이러한 조조경직(morning stiffness) 증상이 1시간 이상 지속되는 특성이 있다. 초기에는 주로 관절 주위 연조직에 염증반응을 일으키다가 병이 진행되면 관절뼈에도 심한 변형이 나타난다. 다음에서 류머티즘성 관절염을 진단하는 7가지 기준을 제시하였다(〈표 13-2〉).

표 13-2 • 류머티즘성 관절염의 기준[1)]

• 적어도 1시간 이상의 조조강직*	• 손의 X-선상 침식이나 탈석회화
• 세 개 이상 관절의 종창*	• 류머티즘성 결정
• 손 관절의 종창*	• 혈청 류머티즘성 인자 존재
• 대칭적 관절의 종창*	

※ [1)]다음의 일곱 가지 기준 중 적어도 네 가지에 해당될 때 류머티즘성 관절염으로 정의됨. 증상은 적어도 6주 동안 존재해야 함.

출처: Arnett, F. C., Edworthy, S. M., Bloch, D. A. et al.(1988). Received criteria for the classification of rheumatoid arthritis. The American Rheumatism Association.

(3) 원인

류머티즘성 관절염의 원인은 알려져 있지 않으나 대개 확인되지 않은 항원에 자가면역 반응을 촉발하는 다양한 환경요인 때문일 가능성이 크다. 유전적 소인은 류머티즘성 관절염의 감수성과 심각성 모두에 영향을 미치는 주요 요인이다.

(4) 관리 및 치료

류머티즘성 관절염의 관리로는 긴장 감소, 휴식과 운동의 균형, 관절 지지를 위한 보조기를 사용한 관절보호 등 생활방식의 변화가 있다. 비약물 요법은 앞서 서술한 퇴행성 관절염을 참고할 수 있으며, 약물 치료의 경우에는 일반 관절염과는 다르다. 류머티즘성 관절염을 치료하는 제제는 질환초기에 주로 통증이나 경미한 염증소견을 치료하기 위해 쓰이는 소염진통제와 질환자체를 막을 수 있는 면역반응억제제(스테로이드, 메토트렉세이트)를 들 수 있다. 약물이외에도 오메가-3나 오메가-6 지방산이 풍부한 식이요법으로 염증반응을 감소시킬 수 있다.

소염진통제는 퇴행성 관절염 등 노년기 관절 통증에 흔히 사용되는데, 위장장애나 위장출혈과 같은 심각한 부작용이 있어 위점막보호제와 같이 사용해야 한다. 면역반응억제제는 효과가 강한 만큼 심각한 부작용이 다양하게 나타날 수 있으므로 처방에 매우 세심한 배려가 필요하다.

3) 통풍

(1) 정의

통풍은 관절염의 일종으로 퓨린(purine)의 최종분해산물인 요산의 혈액 내 농도가 높아지면서 발생하는 질환이다. 퓨린은 핵산의 구성요소 중 하나이며, 통풍은 핵산함유가 높은 식품을 섭취했을 때 주로 많이 발생한다. 중년 남성에게 많이 생기지만, 노년기에 흔히 발생되는 질환이고, 여성은 주로 폐경기 이후에 발병률이 높아진다.

(2) 증상 및 진단

앞에서 제시한 관절염과는 달리 증상이 지속적으로 나타나지 않으며, 대개 몇 개월에 한 번씩 나타나며 며칠에서 몇 주간 길게 지속되는데, 주로 엄지발가락 관절,

손목, 발목, 무릎관절 등에 생긴다.

통풍은 관절에서 물을 빼내 요산 결정체가 있다는 것을 확인하여 최종적으로 진단내릴 수 있다.

(3) 원인

통풍은 대개 혈중 요산농도가 올라갈 때 관절낭안에 요산 결정이 형성되면서 발생한다. 요산은 핵산이 분해될 때 발생되는데 핵산성분이 많은 음식을 섭취할 때나 특정질환으로 체내에서 요산생산이 증가하거나 배출이 감소될 때도 혈중요산농도가 높아진다. 핵산성분은 주로 육류나 생산 등 단백질류에 많으며 특히 소, 돼지의 내장, 생선의 알이나 내장 등에 많이 함유되어 있고, 생선 중에서는 멸치와 고등어, 꽁치 등 등푸른 생선에 많다. 식물성 식품으로는 콩, 버섯, 시금치 등에 많으며, 과음을 하거나, 운동을 심하게 하면 통풍 발생이 증가한다.

질환으로는 고혈압환자가 치료제로 이뇨제를 사용하거나, 건선 등의 피부질환이 있거나, 신장질환이나 심장질환이 있는 경우에도 통풍이 자주 발생하며, 용혈성 빈혈이나 각종 혈액암 등의 혈액질환이 있을 때도 요산이 증가할 수 있다. 이밖에 비만인 사람이 정상인에 비해 통풍이 발생률이 높다.

(4) 관리 및 치료

통풍의 초기 단계에는 약물치료로 정상적인 치료를 할 수 있으며, 초기 단계에서 급성 통증이 있을 때는 통증을 완화시킬 수 있는 소염진통제를 사용하거나 통풍치료제를 사용한다. 다음단계에서 통풍의 재발을 방지하기 위해 요산을 정상치로 유지하는 치료를 한다. 특히 비약물 요법과 병행해야 하는데 핵산성분이 풍부한 식품류를 피하고, 음주나 과도한 운동을 피하고, 이뇨제 사용에 주의해야 한다.

참고문헌

고자경, 김계하, 김영숙, 김은심, 박미숙, 박정모 외 (2010). **노인간호학**. 서울: 한미의학.

김승현(2005). **노년기 건강가이드-노인질환의 진단과 치료**. 서울: 일조각.

김영경, 안도환, 조명옥, 김대란, 김명애, 김옥수 외(2007). **노인 병태생리학**. 서울: 현문사.

대한노인병학회 (2005). **노인병학**. 서울: 의학출판사.

신경림, 고성희, 이영희, 김순이, 김정선, 박선영 외 (2010). **노인간호학 입문**. 서울: 현문사.

이경자, 김남초, 김연숙, 김춘길, 김희경, 공은숙 외 (2007). **핵심임상노인병학**. 서울: 군자출판사.

Arnett, F. C., Edworthy, S. M., & Bloch, D. A. et al. (1988). The American Rheumatism Association, received criteria for the classification of rheumatoid arthritis. *Arthritis & Rheumatism, 31,* 315.

Levis, S. L., Heitkemper, M. M., Dirksen, S. R., O' Brien, P. G., & Bucher, L. (2007). *Medical- Surgical Nursing,* 7ed. NY: Elsevier Inc.

http://nymd.tistory.com/entryosteoporosis.

National Osteoporosis Foundation(www.nof.org).

Photo Researchers, Inc/John, M. Daugherty.

CHAPTER

14 심혈관계 질환

학습목차

CHAPTER

14

HEALTH MANAGEMENT FOR THE AGED IN THE ERA OF HOMO-HUNDRED

심혈관계 질환

1. 고혈압

고혈압은 뇌혈관질환, 허혈성심질환, 신장질환을 합병증으로 일으킬 수 있다. 고혈압은 현대 의학의 발달로 인해 치료와 관리가 가능한 질환임이 각종 연구결과 증명되었다. 그럼에도 불구하고 식생활의 서구화, 염분섭취가 높은 전통적 식습관, 인구증가와 도시화로 인한 스트레스의 급증 등으로 우리나라 고혈압 유병률과 이로 인한 합병증의 발생률은 여전히 높다. 위험요인의 조절을 통한 고혈압 발생의 예방은 고혈압 자체의 발생률도 감소시킬 수 있지만 그 합병증인 뇌혈관질환과 허혈성심질환의 발생률도 낮추어 궁극적으로는 국민 보건 향상과 의료비 감소에 큰 도움을 줄 수 있다. 고혈압 발생을 예방하는 것도 중요하지만 이에 못지않게 고혈압환자의 합병증 예방을 위한 적절한 관리도 중요하다.

1) 증상 및 진단

고혈압은 오랜 시간에 걸쳐 서서히 진행되므로 대부분의 경우 자각증상이 없기 때문에 침묵의 살인자(silent killer)라고 불린다. 고혈압이 진행되고 심해지면 뒷목의 뻐근함, 두통, 어지럼증, 피로감 등의 증상이 나타나기도 하나 이러한 증상들은 상황에 따라 편차가 심하므로 고혈압의 객관적인 주 증상으로 보기는 어렵다. 관리를 하지 않고 방치하여 합병증이 발병한 경우에는 합병증 발병부위에 따라 증상이 나타난다.

혈압은 일상생활상태, 감정기복, 외부환경 등 실제로 다양한 요인에 의해 쉽게 영향을 받기 때문에 평상시 혈압을 정확하게 측정하는 것이 매우 중요하다. 혈압측정을 잘못하여 정상인 사람을 고혈압 환자로 잘못 진단한다면, 불필요한 고혈압치료제를 장기 복용하여 불이익이 발생할 수 있으며, 약물 자체의 부작용이 나타날 수도 있다. 혈압은 이른 아침과 저녁에는 비교적 낮으며, 오후 활동시간에는 높다. 또한 운동 후나 긴장한 후에도 순간적으로 상승할 수 있다. 이처럼 혈압은 변동이 많기 때문에 고혈압을 정확하게 진단하기 위해서는 최소 2회를 측정하고 처음 고혈압 진단을 내리거나, 치료제나 치료방법을 바꿀 경우에는 일주일 간격으로 3주간 측정한 혈압을 기준으로 개인 평균값을 결정하고 고혈압을 진단하도록 권장하며, 혈압측정 시 주의사항은 다음과 같다.

① 적절한 온도와 조용하고 안정된 실내에서 측정한다.
② 혈압을 측정하는 자세에서 최소 5분간은 안정을 취한다.
③ 혈압을 측정하는 도중 대화는 혈압을 상승시키므로 삼간다.
④ 측정 시 팔의 높이는 심장 높이와 일치되도록 하며, 조이지 않도록 한다.
⑤ 혈압에 영향을 미칠 수 있는 외부요인(흡연, 식사, 카페인섭취, 운동 등)을 금한다.
⑥ 감기약이나, 안과용의 일부 약물로 인해 혈압이 상승될 수 있으므로, 감안해야 한다.

고혈압의 진단기준은 〈표 14-1〉과 같으며, 노인들에게는 가성고혈압이나, 체위성 저혈압 증상이 나타나 선 자세에서의 혈압이 앉은 자세에서의 혈압보다 낮은 경우가 나타나는 것을 감안하여 주의해서 치료목표를 잡아야 한다.

표 14-1 • 성인 고혈압 분류 (단위: mmHg)

분류		수축기 혈압	이완기 혈압
적정		< 120	< 80
정상		< 130	< 85
높은 정상		130~139	85~89
고혈압	1군	140~159	90~99
	2군	160~179	100~109
	3군	180~209	110~119
	4군	210 이상	120 이상

2) 고혈압의 원인

고혈압환자의 90% 이상은 원인이 확실하지 않은 본태성 고혈압(원발성 고혈압)이며, 나머지 약 10%는 신장이나 내분비 계통에 원인질환이 있어 혈압이 상승하는 이차성 고혈압(속발성 고혈압)이다.

본태성 고혈압의 직접적인 원인은 아직 잘 알려져 있지 않지만, 유전적인 요인일 확률이 높고, 내분비 혹은 대사의 이상으로 설명되기도 한다. 또한 비만, 스트레스, 염분이 많은 식이, 흡연, 운동부족, 과도한 음주 등도 원인으로 보고되고 있다. 이외에도 성급한 성격 등도 혈압의 상승의 요인이 될 수 있다.

이차성 고혈압의 원인으로는 만성신우신염, 급성 및 만성 사구체신염 등의 신장질환, 갑상성기능항진증, 갈색종, 말단비대증 등의 내분비질환, 다발성신경염 등의 신경계 질환, 대동맥협착 등의 심혈관질환 등이 있다.

3) 고혈압의 관리 및 예방법

고혈압은 다음과 같은 요인의 영향을 받으므로 이점을 고려한다면 예방 및 관리가 가능하다.

① 성(gender), 인종(race), 연령(age), 교육 정도(education): 남성이 여성보다, 흑인이 백인보다, 연령이 많을수록, 교육수준이 낮을수록 고혈압의 발생률이 높다. 특히 수축기 혈압은 연령의 증가와 비례해서 증가한다.

② 식이습관: 염분섭취가 증가될수록, 칼슘 등 무기질의 섭취가 부족할수록, 동물성지방의 섭취가 많을수록, 섬유질식품의 섭취가 부족할수록, 에너지 섭취량이 많을수록 위험하다. 염분섭취는 하루 6g 이하로, 고혈압 초기에는 10g 이하로 섭취하도록 권장하며, 짠맛 대신 신맛을 이용하고, 화학조미료 사용에 주의해야 한다.

③ 비만: 비만일수록, 특히 복부비만일수록 혈중 총 콜레스테롤 농도가 증가하고, 인슐린 저항성이 증가한다. 비만자의 체중감량은 2주에 1kg 정도로 목표를 잡는다.

④ 운동부족: 주 3회 이상, 식후 30분 정도 꾸준히 실시한다.

⑤ 음주: 술은 고혈압의 위험요인이지만 적당히 마시면 오히려 혈압을 낮추는 효과가 있다. 그러나 만성적인 음주 섭취는 누적효과에 의해 혈압을 상승시킨다.

⑥ 스트레스관리: 스트레스를 받으면 코르티솔이라는 호르몬의 분비가 증가하고 이는 동맥경화 및 혈전을 증가시키므로 혈압을 상승시킨다.

⑦ 가족력: 부모 중 고혈압환자가 있으면 고혈압에 걸릴 가능성이 높아진다.

⑧ 기타: 마그네슘결핍, 아연부족, 비타민C부족, 카페인 과다섭취, 경구피임약 복용, 폐경기 여성, 담배, 소음 등이 혈압상승과 연관성이 있다.

그밖에 고혈압 약물을 복용하는 경우에는 칼슘, 칼륨, 마그네슘 등의 무기질 섭취를 늘려야 하며, 이뇨제를 복용한다면 하루에 과일 1개 이상을 섭취하는 것이 좋다.

고혈압관리를 위해 생활습관의 개선내용을 요약하면 다음과 같다(〈표 14-2〉).

표 14-2 • **고혈압의 관리를 위한 생활습관 개선**

개선법	권고사항	수축기혈압의 감소
체중감량	이상체중의 유지(체질량지수: 18.5~24.9)	· 5~20mmHg · 10kg체중감소
건강식사법	포화지방산과 지방의 섭취를 줄이고 야채, 채소, 저지방 유제품의 섭취를 증가	· 8~14 mmHg
저염식	하루 염분 6g 이하로 섭취	· 2~8 mmHg
운동량 증가	하루 30분 이상 매일 속보로 걷기 등의 유산소운동	· 4~9 mmHg
절주	하루 30ml 이하의 알코올을 섭취/여자나 마른 남자는 15ml 이하 섭취	· 2~4 mmHg

출처: 전기홍 외 (2007).

4) 고혈압의 치료

고혈압은 치료보다는 꾸준한 관리가 요구되는 질환이다. 이는 고혈압으로 인해 발생되는 합병증을 예방하기 위함이다. 그러나 고혈압은 치료나 관리에 소홀해도 자각증상이 뚜렷하게 나타나지 않기 때문에 어려움이 있다.

고혈압의 치료에는 크게 약물요법과 비약물요법인 생활요법이 있으며, 두 가지를 병행하여 평생 관리해야 한다.

(1) 비약물요법(생활요법)

노년기 고혈압을 관리하기 위해서는 우선 비약물요법을 최대한 활용해야 한다.

혈압을 조절하는 생활요법으로는 운동요법과 식이요법이 있다. 건강한 생활습관을 통해 자신의 건강을 유지하기 위한 노력이 무엇보다도 중요하다. 적절한 체중을 유지하기 위해서는 운동과 식이요법을 병행해야 한다. 비만은 고혈압을 유발하기 때문에 비만이 되지 않도록 노력해야 하며 특히, 복부비만은 더욱 위험하다. 실제로 5kg의 체중을 감량하면, 혈압이 5~10mmHg 정도 감소하는 효과가 있다. 또한 평소에 금연과 절주를 생활화해야 한다. 담배의 니코틴은 교감신경계를 자극하여 혈관을 수축시키고 혈압을 상승시키는 역할을 하므로 고혈압환자들은 반드시 금연을 해야 한다. 적절한 음주는 혈관을 확장시켜 혈액순환을 원활하게 하여 심혈관계 질환에 이로울 수 있으나, 지나친 음주는 금해야 한다.

정상혈압 유지를 위한 식이요법으로는 우선 염분섭취를 제한해야 한다. 또한 당분이나 지방질이 많은 식이를 제한하여 비만에 유의해야 하며 신선한 채소와 과일을 많이 섭취해야 한다. 또한 채소와 과일에 많이 들어있는 칼륨은 혈압을 낮추는데 효과적이다.

규칙적인 운동은 스트레스를 풀어 주고 체중감량에도 도움을 주며, 콜레스테롤을 감소시키는 효과도 있으며, 유산소운동은 심장근육을 튼튼하게 한다.

스트레스는 혈압을 상승시키므로 항상 충분한 휴식과 수면을 취하도록 노력해야 하며, 정신적으로 늘 안정을 유지하도록 한다. 특히 겨울에는 혈압이 상승되므로 겨울철 과도한 신체활동을 피하고 추위에 대비해야 한다. 변비 또한 혈압상승을 유발하므로 적절히 예방해야 한다.

(2) 약물요법

고혈압 치료약제로는 이뇨제, 교감신경억제제, 칼슘길항제, 직접혈관확장제 등 여러 가지가 있으나 각 약물의 효과는 개인마다 다르므로 전문가와 상담하여 처방받아야 한다. 혈압이 잘 조절되지 않거나, 정상혈압이 될 경우, 특별한 증상이 없다고 하여 도중에 치료를 중단하면 다시 혈압이 오르거나 합병증이 발병할 수 있으므로 주의를 기울여야 한다.

5) 고혈압의 합병증

고혈압이 만성적으로 지속되면 동맥에 장애가 일어나 뇌, 심장, 신장, 망막 등 여러 장기에 장애가 발생한다.

(1) 뇌

고혈압은 뇌경색, 뇌출혈, 일과성 뇌허혈발작 등 뇌혈관장애 발생의 위험요인이다.

(2) 심장

혈압의 상승에 따라 좌심실비대가 발생된다. 비대가 진행되면 심부전이 발생하고 심근의 용적이 증가하며, 관상동맥경화로 인해 심근허혈에 빠지면 협심증, 심근경색증 등의 허혈성 심장질환이 발생한다.

(3) 신장

신장의 혈관장애로 미세동맥 및 사구체 모세혈관벽으로 변성이 일어나 신경화증이 발생한다. 이로 인해 신장의 혈류가 저하되어 요세관을 중심으로 한 허혈성 위축이 일어나 체액조절이 더욱 불가능해지는 악순환이 계속된다.

(4) 망막

눈에는 미세한 혈관들이 분포되어 있어 혈압이 상승함에 따라 이러한 미세혈관들이 막히거나 터져 시력이 떨어지게 된다. 심한 경우 망막혈관의 폐쇄나 출혈로 실명될 수도 있다.

2. 뇌졸중

1) 뇌졸중의 정의

뇌졸중(stroke)은 일명 중풍으로 50대 이후 사망원인 1위를 차지하고 있다. 일반적으로 뇌에 혈액을 공급하는 혈관에 순환장애가 일어나 정상적인 혈액공급이 이루어지지 않으며, 의식장애와 함께 신체마비를 동반하는 질환이다. 즉, 뇌에 일시적 혹은 지속적인 혈액공급이 부족하거나 출혈로 인해 발생하며 뇌가 손상됨에 따라 언어장애, 운동장애 등 뇌의 손상된 부위에 따라 조절되는 의식기능 및 신체기능에 이상이 발생한다.

2) 뇌졸중의 종류

뇌졸중은 크게 뇌의 혈관이 막혀 특정브위의 혈액순환이 되지 않아 나타나는 허혈성 뇌졸중(뇌경색)과 뇌에 혈관이 터져 발생하는 출혈성 뇌졸중(뇌출혈) 두 가지로 분류된다. 이 두 가지의 뇌졸중 가운데 허혈성 뇌졸중이 최근 증가하는 경향을 보인다.

허혈성 뇌졸중은 뇌졸중의 약 83%를 차지하며, 동맥경화와 관련된 경우가 많다. 즉, 뇌에 혈액공급을 하는 혈관이 혈전이나 색전으로 막혀 뇌로 가는 혈액이 부족하여 발생한다. 허혈성 뇌졸중은 뇌혈전과 뇌색전으로 구분되는데, 혈전은 고지혈증, 고혈압, 당뇨병, 흡연 등으로 인해 뇌혈관 벽에 지방질이 쌓인 것이며, 이는 뇌혈관이 좁아지는 원인이 된다. 색전은 심장질환이 있을 때 심장 내에서 혈액이 응고되어

형성되고 이것이 혈액을 타고 흘러나와 뇌혈관을 막게 된다.

허혈성 뇌졸중이 발생되는 양상은 크게 다음의 네 가지로 나눌 수 있다.

첫째, 일과성 허혈발작의 증상을 보이는데 이는 뇌혈관 순환의 일시적인 장애로 신경학적 이상소견(예를 들어 한쪽 눈이 보이지 않거나 복시증상, 불분명한 말투, 걸음걸이 이상, 어지러움 등)이 나타나지만 24시간 내에 정상으로 회복된다. 일과성 허혈발작 증상들은 앞으로 심한 뇌졸중으로 진행될 수 있다는 경고이므로 철저한 예방이 필요하며 반드시 정밀검진을 실시해야 한다.

둘째, 가역성 허혈성 신경학적 결손증후군으로 상기의 증상이 발생한 후 수일 내지 3주 이내에 거의 회복되는 경우로서 이때도 철저한 예방이 필요하다.

셋째, 진행성 뇌졸중으로 시간이 지남에 따라 증상이 점차 악화되는 경우인데 적절한 치료를 하면 더 이상 진행되는 것을 막을 수 있으나 방치하면 점점 악화될 가능성이 높은 위험한 단계이다.

넷째는 완전 뇌졸중으로 뇌혈관이 완전히 막혀 그 이하의 뇌조직은 수 분 내에 죽게 되며 이후 비가역적으로 재생되지 않는다. 이때 치료하지 않으면 건강한 다른 뇌조직의 혈관도 막힐 가능성이 높으므로 반드시 치료해야 한다.

다음으로 출혈성 뇌졸중은 뇌혈관이 터져서 생기며, 고혈압을 동반하는 경우가 많다. 뇌출혈은 뇌 안에 출혈이 생기는 뇌실질내출혈과 뇌 밖에 출혈이 생기는 지주막하출혈로 구분된다.

첫째, 뇌실질내출혈은 고혈압 등에 의해 손상을 받은 부분의 혈관이 약해진 상태에서 갑자기 다양한 원인에 의해 혈압이 오르게 되면 뇌혈관이 터져 출혈이 생기는 경우이다. 대개 고혈압이 있는 장년층에서 작업 중 갑자기 두통을 호소하고 속이 메스껍고 토하는 증상이 나타나며 반신운동마비, 반신감각장애 등의 증상이 생긴다.

둘째, 지주막하출혈은 뇌를 둘러싼 지주막 아래에 출혈이 생기는 경우로서 갑자기 심하게 두통을 호소하고 토하며 의식이 흐려지기도 하나 신체의 한쪽이 마비가 되는 소견은 드물다. 이는 외상에 의해 발생하는 경우가 많으나 뇌동맥이 풍선처럼 부풀어진 상태인 동맥류가 터져서 발생하는 경우도 많다.

3) 뇌졸중의 증상 및 진단기준

뇌졸중은 신체 한쪽 얼굴, 팔, 다리의 변화, 시야장애, 언어장애 등이 있으며, 수분간 지속되는 일과성 허혈발작이 뇌졸중 전에 나타나기도 한다. 환자의 증상만으로 허혈성 뇌졸중과 출혈성 뇌졸중을 구별하기는 쉽지 않다. 뇌졸중의 증상을 요약하면 다음과 같다.

① 갑자기 한쪽 팔, 다리에 힘이 빠지며 따끔거리는 느낌이 온다.
② 시야에 장애가 온다(복시, 시야가 한쪽만 보임).
③ 어지럼증증상이 오거나 극심한 두통과 구토증상이 있다.
④ 연하곤란증상이 있다.
⑤ 갑자기 말이 어둔해지고 말을 못하거나 남의 말을 이해하지 못하는 증상이 있다.
⑥ 걸음걸이에 이상이 생기거나 물건을 잡을 때 제대로 잡지 못하는 운동실조증이 나타난다.
⑦ 의식장애가 온다.
⑧ 동작이 서툴러지고 대소변을 가리지 못하는 증상이 나타난다.

4) 뇌졸중 발생 시 응급처치

뇌졸중으로 쓰러진 환자가 있을 때에는 즉시 병원으로 옮겨 치료를 받는 것이 중요하다. 뇌졸중은 발생 6시간 안에 응급처치를 취해야 한다. 이를 위해서 병원에는 늦어도 발병 후 3시간 내에 도착하는 것이 좋다. 갑작스런 언어장애나 한쪽 시력에 장애가 생기는 등 뇌졸중 의심증세가 나타나면 최대한 빨리 병원을 방문해야 한다. 병원으로 옮기기 전까지 가정에서 행해져야 하는 응급처치를 요약하면 다음과 같다.

① 안전한 장소로 이동한 후 머리가 숙여지지 않도록 하며 몸을 따뜻하게 감싼다.
② 입안을 조사하여 토물이 있으면 제거하고 환자가 의치를 하고 있다면 빼낸다. 또한 넥타이, 벨트 등 조이는 물건은 모두 풀어 느슨하게 한다.
③ 의식을 잃었을 경우에는 기도가 막히지 않도록 기도유지 자세를 취해주며, 민간요법은 사용하지 않고 병원으로 옮긴다.

3. 동맥경화증

동맥경화증(Atherosclerosis)은 노인의 중요한 질환의 하나로 사망원인의 대부분을 차지한다. 동맥경화는 흔히 관상동맥에서 발생하며 이는 협심증, 심근경색, 심부전 등의 원인이 된다. 또한 뇌혈관에 동맥경화가 발생할 경우에는 뇌졸중, 일과성 허혈발작 등을 유발하며 대동맥을 침범하여 동맥류의 원인이 되기도 한다. 말초동맥에 발생할 경우에는 손발저림, 보행장애, 하지괴저 등을 일으킬 뿐 아니라 당뇨병의 합병증을 악화시키기도 한다.

1) 동맥경화증의 정의

최근 발생률이 증가하고 있는 심근경색증, 협심증 등의 허혈성심질환이나 뇌경색의 원인이 되고 있는 질환이다. 동맥경화증은 일종의 퇴행성질환으로 동맥혈관의 안쪽 벽에 콜레스테롤, 중성지방 등이 축적되어 혈관의 내경이 좁아져 혈액운반이 원활하지 못하고 탄력을 잃어 굳어지는 증상을 말한다. 일종의 노화현상으로 정도의 차이는 있지만 거의 모든 노인들에게서 볼 수 있는 증상이며, 증상이 유발되었을 때는 이미 비가역적인 단계에 접어들었음을 의미한다.

2) 동맥경화증의 원인

동맥경화증은 정상적인 노화현상으로 볼 수도 있으나, 지질대사이상, 호르몬대사이상, 유전적 요인이나 건강습관 등 어느 한 가지 특정원인에 의해 발생하는 것이 아니라 여러 원인에 의해 복합적으로 발생한다.

동맥경화증에 대한 위험인자는 수정이 불가능한 '소인적 요인'과 수정이 가능한 '환경적 요인'으로 나눌 수 있다. '소인적 요인'으로는 연령, 성(sex), 가족력 등이 있으며 연령이 증가할수록 심혈관계 질환이 발생할 위험이 높아지며, 성에서는 남성이, 특히 젊은 연령층에서는 남자의 허혈성심질환 발생률이 여자에 비해 높다. 그러나 폐경 이후에는 여자의 동맥경화가 촉진되어 남녀 모두 발생률이 비슷해진다.

'환경적 요인'으로는 가역적 인자인 그혈압, 당뇨병, 고지혈증과 같은 질환과 흡연, 비만, 운동부족 등의 건강습관을 들 수 있다.

3) 동맥경화증의 증상

동맥경화증은 어느 정도 진행된 상태에서도 별다른 증상을 경험하지 못하며, 동맥내경의 약 70% 이상이 막혀야 비로소 증상이 나타난다. 증상이 나타나면 이미 병이 상당히 진행되었다고 볼 수 있다. 동맥경화증이 진전되어 동맥내경이 상당히 좁아진 상태라고 하더라도 안정적일 때나 가벼운 활동을 하는 동안에는 별다른 증상을 느낄 수 없을 때가 많다. 그러나 뇌동맥경화증의 일반적인 증상은 두통, 현기증, 귀울림, 기억력 저하, 불면 등이 있고, 더욱 진행되면 언어장애, 보행장애 등이 나타난다. 뇌출혈이 일어나면 의식장애, 혼수, 반신마비 등의 증상이 나타난다. 관상동맥경화증은 심장에 영양을 공급하는 관상동맥의 내경이 좁아져 심근에 충분한 혈액공급이 어려워져 산소결핍상태가 된다. 이로 인해 협심증 증상이 나타난다.

4) 동맥경화증의 관리 및 예방법

동맥경화증을 예방하기 위해서는 과로와 자극을 피하고 올바른 생활습관을 가져야 한다. 동물성지방의 섭취량을 줄이고, 비타민, 무기질과 양질의 단백질을 섭취하며, 과식을 주의하여 표준 체중을 유지하도록 해야 한다. 콜레스테롤이 높은 식이를 제한하고, 식물성지방을 섭취하도록 한다. 이와 같이 적절한 식이요법과 지속적인 운동으로 동맥경화를 예방하고, 합병증인 고혈압이 발생했을 경우에는 항고혈압제제, 고지혈증 치료를 위한 항응고제, 항혈소판제 등으로 혈액이 응고되는 것을 방지하는 약물을 사용한다. 드물게는 수술요법으로 좁아진 혈관에 풍선이 달린 관을 삽입하여 넓혀 주는 풍선도뇨술이나 혈관을 열어 지방을 제거하는 시술 등을 시행하기도 한다.

4. 심근경색증

1) 심근경색증의 정의

심근경색증(Myocardial Infarction: MI)이란 심장근육에 산소가 부족하여 괴사를 일으키는 질환이다. 이러한 산소부족은 심장에 산소와 영양을 공급해 주는 혈관인 관상동맥의 일부가 동맥경화로 좁아져서 발생되는 경우가 많다. 협심증은 관상동맥의 협착으로 일시적인 혈류감소에 의한 흉통인 것에 반해 심근경색증은 관상동맥이 완전히 폐쇄되어 심근에 비가역적인 변화가 오는 것을 말한다.

2) 심근경색증의 원인

심근경색증의 원인은 대부분 관상동맥경화증이며, 3대 위험요인은 흡연, 고지혈증, 고혈압으로 알려져 있다. 이외에도 당뇨병, 스트레스, 비만, 운동부족 등도 위험요인으로 알려져 있다. 최근에 스트레스로 인한 돌연사의 대부분이 심근경색증을 포함한 허혈성심질환과 연관성이 있다고 보고되었다. 스트레스를 받으면 코르티솔이라는 호르몬의 분비가 증가되고 이는 동맥경화의 진행을 촉진시킨다.

3) 심근경색증의 증상

관상동맥의 일부가 막혀 30분 이상이 경과되면 심근에 괴사가 일어나기 시작한다. 심근경색이 오면 협심증과 같은 흉통이 오는데, 협심증은 몇 분 내에 통증이 사라지는 데 반해 심근경색증은 30분 이상 통증이 유지된다. 가슴이 조여드는 듯한 흉통이 목, 복부로 퍼지며 숨이 차고 구역질과 구토가 발생할 수 있다. 심하면 피부가 축축하고 창백해지며 식은땀이 흐르고 혈압이 떨어진다.

당뇨병환자, 여성이나 노인환자 등 일부의 경우에는 흉통을 느끼지 않고 단순히 소화가 되지 않거나 숨이 가빠지는 것처럼 느껴지기도 한다.

4) 심근경색증의 관리 및 예방법

심근경색증은 발병 후 시간경과에 따라 심근의 괴사 정도가 달라지므로 발병 후 즉시 병원으로 옮겨 치료를 받는 것이 중요하다. 흉통이 생긴 후 시간이 지체되어 쇼크에 빠졌거나, 파괴된 심장근육이 파열되거나 부정맥이 발생하면 급사할 가능성이 높아지므로 평소에 심장 및 혈관질환을 앓고 있던 환자들은 갑자기 흉통이 발생하면 빠른 시간 내에 병원을 방문하여 치료를 받아야 한다.

운동은 심장기능을 개선하고 허혈성증상 발현 및 합병증의 위험도 감소시키므로 허혈성심질환이 있는 노인들에게는 도움이 된다. 걷기, 수영, 자전거 타기 등 가벼운 유산소운동을 꾸준히 하며, 과도한 운동은 피하고 운동 시 최대 심박수의 70~80% 정도를 유지하도록 한다.

다음은 미국 심장학회에서 추천하는 심근경색증 예방을 위한 추천 항목들이다.

① 금연한다(본인뿐 아니라 가족 전체에 금연을 권유한다)

흡연은 동맥경화증을 악화해 돌연사에 이르게 하는 주범이다. 좋은 콜레스테롤(HDL-C)은 감소시키고 나쁜 콜레스테롤(LDL-C)과 중성지방 수치를 증가시켜 동맥경화증을 진행시킨다. 또한 혈액수축물질을 분비시켜 혈관경련을 초래하여 협심상태를 일으킨다. 혈액을 응고시키는 물질인 피브리노겐(fibrinogen)도 증가시켜 심근경색의 위험을 높인다. 특히 흡연을 한 지 10년이 넘는 사람, 성인기 이전에 흡연을 시작한 사람, 고혈압이나 만성 폐쇄성 폐질환 진단을 받은 사람, 친척 중에 급사 심장질환-뇌졸중으로 사망한 예가 있는 사람, 콜레스테롤치가 높은 사람, 흉통이나 호흡곤란, 운동할 때 흉부압박감이 있는 사람은 반드시 금연을 해야 한다.

② 고혈압과 당뇨병의 치료와 관리를 철저히 한다

고혈압환자는 동맥 내 압력이 높아지기 때문에 그만큼 동맥이 손상된다. 침전물도 늘어나 동맥경화증이 촉진된다. 뇌출혈이 일어날 가능성도 커진다.

당뇨병 역시 동맥경화와 심근경색의 원인이 된다. 당뇨병이 있는 남성은 정상인 보다 2배, 여성은 4배나 심근경색증 위험이 높은 것으로 알려져 있다. 그리고 당뇨병이 있는 허혈성심질환 환자는 당뇨병이 없는 허혈성심질환 환자에 비해 사망할 확률이 2배 정도 높다.

③ 혈중 지질농도를 조절한다

고지혈증환자는 동물성지방의 섭취량을 줄이며, 전체 에너지 섭취량의 30% 이하로 지방을 섭취하고 포화지방은 7% 이하로 낮춘다. 식물성지방이나 생선은 좋지만 생선 중에도 콜레스테롤 함량이 높은 생선, 즉 장어, 굴, 새우 등은 피하는 것이 좋다. 채소, 표고버섯, 두부 등은 혈중 콜레스테롤을 낮추어 준다. 콜레스테롤은 동맥경화를 촉진시키므로 일일 콜레스테롤 섭취량은 200mg/dL 이하로 유지하는 것이 바람직하다. 특히 40대 이후에는 콜레스테롤관리에 각별히 신경 써야 한다.

④ 일정한 수면시간과 충분한 운동량을 확보한다

수면은 하루에 최소한 7시간 이상 취해야 하며, 가벼운 운동은 하루에 최소한 30분 이상 주당 3~4회 규칙적으로 실시한다. 운동이 심장병예방에 미치는 효과는 혈중 지질성분의 변화를 초래하는 데 총 콜레스테롤(TC) 및 중성지방(TG)의 저하, 고밀도지단백 콜레스테롤(HDL-C) 수치의 상승, 혈압하강 및 심박수 안정, 탄수화물의 대사촉진, 호르몬의 활성화, 혈액순환의 원활화 등이 있다. 심장질환이 있는 사람들도 정상인과 같이 운동을 해야 한다. 단, 반드시 운동부하검사로 심장상태를 정확하게 측정한 뒤 그 결과에 따라 운동 종류와 횟수를 선택해야 한다. 일반적으로 최대심장박동수의 40~65%정도의 운동강도로 빨리 걷기, 조깅, 등산, 수영, 자전거 타기를 하는 것이 좋으며, 증상이 아주 심한 경우에는 빨리 걷기가 가장 효과적이다.

그러나 과도한 운동은 돌연사를 일으킬 수 있다. 허혈성심질환 환자들에게는 운동이 매우 위험할 수 있다. 운동을 하면 심장으로 몰려오는 혈액량과 혈압이 갑자기 높아지고, 이미 좁아져 있는 혈관에 부담을 가중시키기 때문에 심장마비 등을 초래해 사망할 위험이 크다. 그러나 허혈성심질환 환자일수록 꾸준한 운동으로 심장 적응력을 높여야 한다. 적절한 운동으로 평소 심장을 단련하면 갑작스런 혈압상승을 막을 수 있고, 추위 같은 환경변화에도 잘 적응하게 된다. 평상시이든 운동 중이든 심장박동수가 낮게 유지되기 때문에 흥분이나 육체적 활동에 대한 심장적응력도 높이게 된다. 또한 적당한 운동은 혈액 속에 찌꺼기를 없애 주고, 몸에 좋은 고밀도지단백 콜레스테롤 생성을 촉진해 결과적으로 협심증의 발생을 예방한다.

⑤ 표준체중을 유지하도록 한다

비만인 경우에는 반드시 식이요법과 운동요법으로 체중을 조절해야 한다. 표준체중보다 10kg 이상 나간다면 10kg의 추를 심장에 매달고 다니는 것과 같다. 이 때문에 심장근육이 정상보다 두터워져 심장병으로 인한 돌연사의 원인이 된다. 또한 비만은 혈압과 콜레스테롤 수치도 높이므로 고혈압, 고지혈증, 당뇨병환자는 체중관리를 철저히 해야 한다.

⑥ 스트레스를 받지 않도록 해야 한다

스트레스에 능동적으로 대처하되 여유 있는 마음가짐이 중요하다. 스트레스를 받아 자율신경계의 균형이 깨지면 노르에피네프린(norepinephrine) 등이 과다 분비되어 갑작스럽게 혈압이 상승되고 그 결과 좌심실이 비대해져 허혈성심질환을 일으킨다. 스트레스를 받더라도 긍정적으로 넘기는 자세가 필요하다. 스트레스를 민감하게 느끼는 사람들은 그렇지 않은 사람보다 협심증에 걸릴 확률이 2배 이상 높다.

⑦ 영양소섭취에 주의를 기울인다

콜레스테롤이 많은 음식을 피하는 식이조절이 필요하다. 혈중 호모시스테인(homosysteine)이 높아지면 허혈성심질환의 발생률이 높다. 즉, 엽산, 비타민B_6, B_{12}가 부족하면 혈중 호모시스테인의 증가를 초래한다. 그리고 항산화제의 보충이 허혈성심질환 발생을 예방하는 데 도움이 된다. 중요한 항산화제로는 비타민E, 비타민C,

베타카로틴(beta-carotene), 셀레늄(selenium), 리코펜(lycopene) 등이 있다.

⑧ 적절한 약물을 복용한다

항혈소판제, 항응고제를 꾸준히 복용한다. 금기사항이 아니라면 의사의 처방에 따라 아스피린을 하루 80~325mg 복용한다.

5. 심부전

1) 심부전의 정의

심부전(heart failure)이란 심장이 신체의 대사에 필요한 충분한 양의 혈액을 온몸으로 보내지 못하는 상태를 말한다. 심장이 충분히 펌프질을 하지 못하여 혈액순환에 장애가 생기며, 심장과 폐에 정상보다 많은 혈액이 모이게 되고, 몸이 요구하는 만큼의 혈액량을 내보낼 수 없는 상태이다.

또한 WHO에서 내린 심부전의 정의는 병태생리적인 정의와 임상적인 정의 두 가지로 나뉜다. 병태생리적 정의는 심장에서 말초혈관으로 흐르는 혈액과 산소의 수송이 감소되어 말초에 필요한 혈액량을 충족시키지 못하는 상태를 말하며 임상적 정의는 호흡곤란, 피로감 등의 증상이 초래되는 원인이 심장의 기능이상에 의한 경우를 말한다.

심부전은 수축기 부전과 이완기 부전으로 나뉘는데, 심장이 수축할 때 힘이 약해 혈액을 잘 짜내지 못하는 수축기 부전은 과거에 심근경색 등으로 심장근육에 손상이 있었던 사람에게 주로 나타나는데, 이는 심장근육이 늘어나서 심장의 크기가 커지고 심장수축력이 미약하게 되는 형태의 심부전증이다. 심장이 이완할 때 충분히 늘어나지 못해 심장으로 돌아오는 혈액량이 줄고, 이에 따라 다음 심장 수축시에 내

뿜는 양이 감소해 나타나는 이완기 부전은 대부분 장기간 고혈압 환자의 경우 심근이 비대해져 발생한다. 노년기에는 젊은 사람에 비해 심근이 비대해져서 발생하는 이완기 부전이 많다.

2) 심부전의 원인

심부전은 고혈압, 심근경색증, 심장판막증, 선천성 심장질환, 류머티즘성 심장질환, 부정맥 등과 같이 심장의 기능을 저하시킬 수 있는 모든 종류의 심장질환에 의해 발생할 수 있다. 이밖에도 동맥경화증, 만성폐쇄성 폐질환, 갑상선 기능 항진증, 요독증, 빈혈 등의 질환이나 혈액 중의 산소나 칼슘, 칼륨 등이 부족해서도 발생할 수 있어 심장 관련 질환 이외에도 다른 장기의 질병으로 인해 심부전증이 발생할 수 있다.

3) 심부전의 증상 및 진단

심부전은 크게 세 가지 증상이 있다. 부종이 나타나며 숨이 차고 심장이 비대해지는 것이 주요 소견이다. 숨찬 증상은 가벼운 일상생활 활동 중에서도 나타나는데 휴식을 취하면 감소하며, 자리에 누우면 심해지고, 눕더라도 상체를 올려주면 감소한다. 심장에서 몸이 요구하는 충분한 양의 혈액을 내보낼 수 없게 되면, 뇌, 간장, 위장, 신장 등의 기능이 저하되어 소변양이 줄며, 이에 따라 몸속에 수분이 쌓여 부종이 생긴다. 팔다리가 붓고 심하면 복부까지 부종증상이 나타난다. 이와 더불어 심한 피로감이 생긴다.

심부전은 증상이나 신체검사 소견으로 비교적 쉽게 진단내릴 수 있다. 그러나 발병원인과 진행정도를 알아보기 위해서는 혈액검사, 엑스선검사, 심장초음파 검사 등은 필수적으로 실시해야 한다.

(1) 폐울혈(좌심부전)

심부전의 원인이 좌심계에 있는 경우로 초기 증상으로 마른기침이 나타나며, 호흡곤란 증세가 보인다. 발작성 야간호흡곤란과 기좌호흡이라는 심부전의 특징적인 호흡곤란 증상이 나타난다.

또한 폐부종이 진행되면서 핑크색의 거품을 띤 객담이 나오며, 저산소혈증과 젖산 축적으로 전반적인 피로감이 온다. 이와 더불어 심박출량의 영향을 받기 쉬운 콩팥혈류의 저하로 인해 소변량이 감소한다.

(2) 우심부전

심부전의 원인이 우심계에 있는 경우로 전신부종이 발생한다. 특히 좌심부전이 폐울혈을 일으키고 폐혈관저항의 상승으로 우심부전이 일어나는 것을 양(兩)심부전이라고 하는데 우심부전의 원인이 실제로 좌심부전인 경우가 많다.

부종에 의해 체중이 증가하기도 하며, 소화관의 부종으로 식욕부진, 오심, 명치부위 불쾌감 등의 증상이 나타난다.

4) 심부전의 관리 및 예방법

심부전의 치료는 원인을 해결하는 것이 중요하지만, 이와 동시에 증상을 완화시키고 약물사용으로 심장기능을 강화시킬 필요가 있다. 심장질환을 일으키는 위험요인을 조절하고 규칙적인 운동을 통해 표준체중을 유지하여 비만을 예방한다. 올바른 생활습관의 정착으로 환자 스스로가 적극적으로 치료 및 예방에 관심을 가져야 한다. 심부전환자는 대부분 위장의 기능이 저하되어 있기 때문에 식이요법을 하여 싱겁게 먹고,

과식에 유의하여 체중이 늘지 않도록 주의해야 한다. 흡연은 심부전의 원인 중 하나인 관상동맥질환의 위험인자일 뿐만 아니라, 심부전환자의 혈액순환에 악영향을 주기 때문에 반드시 금연해야 한다. 음주는 과량 섭취했을 경우 부정맥과 고혈압을 유발하고 수분 균형에 중요한 변화를 초래한다.

또한 심부전환자는 호흡기계 감염에 걸리기 쉬우므로 유행성독감과 폐렴구균에 대한 예방접종을 시행하도록 한다.

심부전의 치료는 심부전증이 수축기 장애에 의한 것인지 이완기 장애에 의한 것인지를 결정하는 데서부터 시작한다. 이뇨제는 두 경우 모두에 사용이 가능하나, 이뇨제 사용 시에는 혈액 검사를 통해 전해질이상 여부를 수시로 확인해야 한다. 원인에 따라 사용하는 약물이 다르므로 전문의와 상의하여 결정해야 한다.

참고문헌

김승현 (2005). 노년기 건강가이드; 노인질환의 진단과 치료. 서울: 일조각.
대한노인병학회 (2005). 노인병학. 서울: 의학출판사.
송미순 외 (2006). 노인일차건강관리. 서울: 군자출판사.
전기홍 외 (2007). 2006년 경기도 고혈압 당뇨병 고지혈증 관리지원 사업 보고서.
정남식 (2008). Pathophysiology로 이해하는 내과학. 심혈관질환 편. 서울: 도서출판 정담.
최영희 외 (2006). 노인과 건강. 서울: 현문사.

CHAPTER

15 내분비계 질환

학습목차

1. 당뇨병
2. 갑상선 질환

CHAPTER

15

HEALTH MANAGEMENT FOR THE AGED IN THE ERA OF HOMO-HUNDRED

내분비계 질환

1. 당뇨병

1) 당뇨병의 정의와 역학적 특성

우리가 섭취하는 음식물의 대부분은 소화 작용에 의해 포도당으로 최종 분해되고 이 포도당은 혈액을 통해 인체의 세포로 흡수되어 성장과 에너지원으로 사용된다. 이러한 과정에서 반드시 필요한 호르몬이 인슐린이다.

인체 내 혈액에는 항상 일정한 수준의 포도당이 유지되어야 하는데 이 수준을 유지시켜 주는 호르몬이 인슐린과 글루카곤이다. 이중 인슐린은 혈당량이 높을 때 분비되어 포도당의 에너지화에 사용되고 포도당이 글리코겐으로 저장되도록 함으로써 혈당치를 낮춘다. 반면 글루카곤은 혈당치가 낮을 때 글리코겐을 포도당으로 전환시켜 혈당치를 높인다. 인슐린은 췌장의 랑게르한스섬의 베타(β)세포에서 분비되며, 글루카곤은 알파(α)세포에서 분비된다.

당뇨병은 췌장에서 인슐린을 생산하지 못하거나 생산하더라도 세포가 인슐린에 반응하지 않아 포도당이 세포 내로 흡수되지 못하고 혈액에 남은 채로 소변으로 배출되는 질환이다. 세포 내로 흡수되지 못하여 신체 각 부위에 다양한 증상으로 나타난다.

당뇨병은 만성전신대사성 질환으로 3대 영양소인 당, 지방, 단백질의 대사이상을 초래하며, 혈관의 구조와 기능의 장애를 초래한다는 두 가지 특징을 가지고 있다. 따라서 발병초기에는 다뇨, 과식, 피로감과 같은 대사 장애로 인한 증상을 보이나 후에는 망막증, 신증, 심근경색, 괴저 및 신경병증 등의 혈관합병증으로 오는 증상을 보인다.

2) 당뇨병의 종류

당뇨병은 임상적으로 크게 제1형(인슐린 의존형)과 제2형(인슐린 비의존형)으로 나뉜다. 이외에도 영양실조형 당뇨병과 임신성 당뇨병 등이 있다. 제1형 당뇨병은 주로 20세 이전에 발병하고 증상이 아주 빠른 속도로 나타나며, 인슐린의 투여가 반드시 필요하다. 이 형은 일종의 자가면역질환으로 생각되고 있다. 인슐린의존형 당뇨병환자의 사망률을 증가시키는 위험요인은 단백뇨이다. 그리고 고혈압이 있는 당뇨병환자의 경우 단백뇨가 발생될 가능성이 높다.

제2형은 주로 35세 이후에 발병하며 혈당치는 높더라도 증상이 서서히 나타나며 심하지 않다. 이 형의 혈당상승 원인은 인슐린의 절대적인 부족이 아니라 인슐린의 저항성이 주된 원인이며 인슐린의 분비저하도 원인이 된다. 특히, 질병 발생경과는 잠행성으로 임상증상이 불명확하거나 비특이적인 경우가 많다. 그리고 임상적으로는 인슐린 비의존형이라 하더라도 그 발생이 비만과 무관하거나 인슐린의존형의 특징을 가지고 있거나 일정기간이 지난 후에는 인슐린의존형으로 이행되기도 한다.

당뇨병환자의 사망률 증가 이유는 심혈관계 질환이 합병증으로 많이 발생하기 때문인데, 특히 허혈성심질환이 중요한 원인이 된다. 그리고 단백뇨도 중요한 사망예측인자이다.

3) 당뇨병의 원인과 위험요인

당뇨병은 발병원인과 위험인자에 따라 임상양상이 다르게 나타나는 질병으로 유전학과 분자생물학의 발전에도 불구하고 아직까지 명확한 원인을 밝혀내지 못하고 있다. 췌장의 베타세포에서 만들어지는 인슐린이 부족하거나 인슐린이 제대로 작용하지 못하는 인슐린 저항성의 결과로 생긴다. 현재까지 알려진 내용의 요약은 다음과 같다.

① 유전인자: 제1형이나 2형 모두 유전적인 영향을 받는다. 그러나 유전인자가 중요하게 작용하지만 다른 환경인자가 함께 작용하는 것으로 판단된다.

② 환경인자: 제1형 당뇨병을 유발하는 환경인자로는 바이러스감염과 독성물질 그리고 자가면역기전 등이 있다. 제2형 당뇨병을 유발하는 위험요인으로는 비만, 신체활동의 감소, 노화, 임신, 감염, 수술, 스트레스, 그리고 약물남용 등이 있으며, 비만은 중심성 비만(복부비만)이 더 위험하다. 영양실조형 당뇨병은 열대 또는 아열대지방에서 많이 발생하는데, 성장기에 단백질섭취 부족이나 독성식물의 섭취와도 관계가 있으며 대개 저체중이고 30세 이하에서 많이 발생한다. 임신성 당뇨병은 임신 후반기에 잘생기고 이들의 약 50%가 후에 당뇨병이 된다.
또한 스트레스도 당뇨병을 악화시키거나 유발한다. 스트레스를 받으면 인체는 여러 가지 호르몬을 분비한다. 즉, 건강한 사람이 스트레스를 받으면 스트레스 호르몬이 분비되고 이는 고혈당을 초래하고 이에 대한 반응으로 인슐린이 분비되어 정상 혈당을 유지한다. 스트레스 호르몬과 인슐린은 상호보완적인 관계이다. 그런데 스트레스를 받을 때 호르몬의 분비가 제대로 되지 않으면 결과적으로 인슐린의 분비를 억제할 수 없게 되어 가벼운 스트레스에도 쉽게 저혈당이 일어난다. 스트레스가 계속되면 저혈당이 계속 일어나 내당능장애(glucose intolerance)를 초래하고 혈당을 보충하기 위해 자꾸 먹게 되고 높아진

혈당을 저하시키기 위해 포도당 생성이 억제된다. 이는 다시 인슐린의 분비를 억제시켜 궁극적으로 당뇨병이 발생하게 된다. 그리고 당뇨병환자에게 스트레스가 주어지면 혈당은 상승하는데 이는 스트레스 호르몬(글루카곤, 코르티솔, 성장호르몬)의 분비를 유도되고, 카테콜아민에 의해 인슐린 분비가 억제되기 때문이다. 따라서 자체의 인슐린 분비기능이 저하된 당뇨병환자에게는 고혈당이 쉽게 일어나며, 인체 내에서 스트레스 호르몬과 상호작용을 일으킨다.

4) 당뇨병의 진단

당뇨병의 진단은 전형적인 다식, 다뇨, 다갈, 체중감소 및 피로감 등의 증상과 더불어 혈액검사를 통해 확진할 수 있다. 혈액검사는 8시간 이상 공복을 유지한 상태(보통 아침식사 전 공복 시)에서 혈액을 채취하여 혈당을 조사하는 공복 시 혈당검사 방법과 식후 두 시간 혈당검사가 주로 이용되고 있다.

당뇨병의 진단기준으로는 미국당뇨병학회(American Diabetes Association)에서 다음과 같이 제시하였다. 다음 제시한 내용 중 어느 한 기준만 만족하면 당뇨병으로 진단내릴 수 있다.

① 다갈, 다뇨, 다식의 증상이 있으며, 특별한 원인 없이 체중이 감소되는 등 당뇨병의 전형적인 증상들이 있으면서, 식사와 관계없이 측정한 혈당이 200mg/dL 이상인 경우
② 8시간 이상 공복을 유지한 상태에서 혈당이 126mg/dL 이상인 경우
③ 75g의 포도당을 이용한 경구 당부하검사에서 두 시간째 혈당이 200mg/dL 이상인 경우

5) 당뇨병의 증상

① 다뇨, 다갈, 다식, 체중이 감소된다.
② 초기증상으로는 피곤하며, 피부가 건조해지고 가려울 때가 있다.
③ 시력이 떨어지며 시야가 흐려진다.
④ 손발의 감각이 둔해지고, 상처 회복이 더디다.
⑤ 증세가 악화되면 염증이 자주 생기며 성욕 감퇴, 부인과질환이 자주 발생한다.

6) 당뇨병의 예방법

당뇨병을 예방하기 위해서는 규칙적인 생활과 운동이 중요하며, 그 지표로는 표준 체중의 유지이다.

① 균형잡힌 식사를 권장한다

식사의 양은 소식으로 하되, 탄수화물은 칼로리의 50~60%, 단백질과 지방은 각 20% 정도 섭취하며, 비타민과 무기질도 적절하게 섭취하도록 한다. 또한 동물성지방과 콜레스테롤이 많이 함유된 식품은 피하고 섬유소섭취를 늘리도록 한다. 식품에 설탕, 꿀 등의 첨가는 피하고 과일이나 천연과일주스를 섭취하도록 한다.

② 규칙적인 운동을 실시한다

규칙적인 운동이란 식사 30분~1시간 후에 운동을 시작하되 30분 동안 실시한다. 운동의 긍정적인 효과는 체중조절을 하고 인슐린의 효과를 높인다. 이밖에도 동맥경화증과 혈전증을 예방하며, 심리적 긴장을 해소시킨다.

만약 당뇨병에 이미 이환되었다면 위의 사항 이외에도 규칙적으로 병원을 방문하고 의사의 처방 없이는 약물을 복용하지 말며 여행을 할 때 처방된 약물을 휴대하고 저혈당에 주의해야 한다.

7) 당뇨병 관리 및 치료

당뇨병 또한 고혈압과 마찬가지로 치료를 하기 보다는 합병증의 발병을 예방하기 위해 관리해야 하는 질환이다. 당뇨병의 치료요법은 크게 비약물요법과 약물요법으로 나눌 수 있으며, 비약물요법에는 식이요법, 운동요법 등의 생활요법이 있으며, 약물요법에는 경구용 약물요법과 인슐린주사요법이 있다. 당뇨병 초기에는 식이요법과 운동요법으로 치료를 시작하나, 진단초기부터 전문가의 진료 및 자문으로 치료에 대한 대책을 마련하는 것이 순서라고 할 수 있다.

또한 당뇨병환자는 발관리를 철저히 해야 한다. 고혈당인 상태가 지속되면 동맥경화증으로 혈액순환장애가 오기 쉽고 신경병증으로 감각이 둔해져 상처를 입기 쉽다. 이러한 경우 세균에 대한 저항력이 약해져 세균감염이 잘 일어나며, 초기에 적절한 치료를 하지 않으며 급속히 진행되어 괴저로 악화되어 절단을 해야 되는 상황이 생기므로 특히 주의를 요한다. 당뇨병환자는 정상인보다 열에 무디기 때문에 화상 및 동상을 입기 쉬우며, 특히 노인의 경우에는 감각장애가 있으므로 더욱 주의를 요한다.

8) 당뇨병의 합병증

(1) 급성합병증

급성합병증에는 혈액 중에 포도당이 너무 많아서 발생되는 당뇨병성 혼수(diabetic coma)와 혈액 중에 포도당이 정상수치보다 낮아서 발생되는 저혈당성 쇼크(hypoglycemic shock)가 있다. 이 두 합병증 모두 환자의 의식을 잃게 한다는 점은 동일하지만 당뇨병성 혼수는 뇌세포가 충분한 포도당을 공급받으므로 뇌세포 손상이 없는 데 비해 저혈당성 쇼크인 경우에는 뇌가 전적으로 에너지를 공급받지 못하므로 영구적 뇌손상을 초래한다. 이러한 이유로 저혈당성 쇼크가 당뇨병성 혼수보다 훨씬 위험하다.

당뇨병성 혼수는 당뇨병환자가 인슐린이 부족하여 포도당이 세포 내에 흡수되어 에너지화하지 못하기 때문에 에너지를 생성하기 위해 지방과 단백질을 에너지로 사용하게 된다. 이러한 지방대사과정에서 지방산이 케톤산으로 대사되어 산염기의 균형이 깨지면서 대사성 산독증을 초래하게 된다. 이러한 상태에서 당뇨병환자는 의식을 잃게 되는데 이러한 현상이 당뇨병성 혼수이다.

저혈당 쇼크의 경우는 인슐린을 과다하게 투여하였거나 혈당강하제의 용량이 많을 때, 처방된 식사량보다 음식을 적게 섭취하거나 식사를 걸렀을 때, 지나친 운동으로 체내 혈당이 과도하게 낮아졌을 때 발생한다.

(2) 만성합병증

당뇨병은 만성질환으로 장기간에 걸쳐 진행되므로 인체의 여러 부위에 다양한 양상의 질환이 발생한다. 눈, 신경계, 신장 등에 미세혈관 합병증이 발병되고, 상태가 심해지면 관상동맥질환이나 뇌혈관질환 등의 대혈관 합병증으로 진행될 수 있다.

① 당뇨병성 망막증

망막은 카메라의 필름에 해당하며 망막에 맺힌 물체의 영상으로 사물을 식별한다. 이 망막에 손상을 입으면 시력장애나 심할 경우 실명이 올 수도 있다. 특히 망막 주변에는 많은 모세혈관들이 분포되어 있어 산소와 영양분을 공급하고 있는데 당뇨병환자는 모세혈관벽이 늘어나고 약해져 쉽게 파열되면 백내장 등의 시력장애가 생기고, 황반 근처에 심한 출혈이 발생되면 망막이 분리되어 실명이 되기도 한다.

② 당뇨병성 신경병증

당뇨병환자는 고혈당과 혈관이 퇴행하여 신경세포인 뉴런에 대사성장애가 발생하여 말초 및 자율신경계에 장애를 초래하게 된다. 이러한 신경기능의 퇴화는 당뇨병의 가장 흔한 만성합병증으로 손상부위에 따라 나타나는 증상이 다르다. 자율신경계의 손상으로는 소화기능의 장애, 설사나 변비, 방광기능의 장애, 발기불능 등이 있으며, 말초신경계의 손상으로는 손, 발의 저림증상, 신경통, 이상감각증상 등이 있다. 그러나 질병후기에는 손상이 있어도 통증을 느끼지 못하는 무통성 신경병변이 있어 상처가 깊은 궤양으로까지 진행될 수 있기 때문에 심각하다.

③ 당뇨병성 신장질환

당뇨병환자는 고혈당으로 인해 백혈구의 식균작용이 억제되고 인슐린이 부족할 때 림프구의 기능이 저하된다. 그로 인해 감염에 대한 방어력 또한 저하되어 신우신염 발생이 용이하다. 또한 신장 주변의 모세혈관이 두꺼워져 사구체 모세혈관이 손상되고 폐색되어 단백질이나 기타 영양소가 소변을 통해 배설된다. 이외에도 고혈압, 고지혈증, 과다한 단백질섭취 및 흡연 등으로 인해 당뇨병성 신장염이 더욱 심해지고, 이로 인해 만성신부전이 초래되면 요독증으로 사망할 수도 있다.

④ 대혈관 합병증

당뇨병환자는 고혈당과 지방조직의 과다분해로 인해 혈중 지질농도가 높다. 이와 더불어 혈액의 점도와 혈소판활동의 항진에 의해 혈소판의 응집과 침착이 쉽게 일어난다. 그러므로 당뇨병환자는 혈관에 지질이 쉽게 축적되어 고혈압, 동맥경화증, 관상동맥질환 및 뇌혈관질환의 발생률이 높아진다. 당뇨병의 대혈관 합병증을 촉진하는 위험인자로서는 고혈압, 고지혈증, 흡연, 가족력, 비만(특히 복부비만) 등이 있다. 이러한 대혈관 합병증은 당뇨병환자 사망원인의 대부분을 차지한다.

2. 갑상선 질환

갑상선은 목 앞부분에 위치해 있으며, 신체의 대사활동을 조절하는 갑상선 호르몬을 분비하는 기관이다. 뇌하수체에서 분비되는 갑상선 자극호르몬의 분비량에 따라 갑상선 호르몬의 분비량이 결정된다. 갑상선 질환은 기능이 증가하는 항진증과 감소하는 저하증으로 나뉜다.

1) 갑상선기능항진증

(1) 정의

갑상선기능항진증은 갑상선 기능이 증가하는 질환으로 노년기에는 흔하지 않다. 또한 젊은 사람들은 보통 그레이브스병(바제도우병)에 의해 항진증으로 나타나는 데 반해 노인들은 종양으로 인해 발병되는 경우가 많다.

(2) 증상 및 진단

갑상성기능항진증 환자는 대사 기능이 과도하게 증가하는 전형적인 증상들을 나타낸다. 예를 들어 식욕이 왕성함에도 불구하고 오히려 체중이 감소하거나, 더위를 참지 못하고, 심장박동이 빨라지고, 손 떨림이 나타나거나 대변 횟수가 증가할 수 있다. 피로감, 불안증을 보이며, 가슴이 아프다고 느끼거나 숨이 차다고 느낄 수 있다. 근력 약화로 인한 근육 마비가 올 수 있다. 눈이 튀어나오거나 안구 건조증 및 각막염, 복시 등의 증상이 나타나기도 한다.

진단은 갑상선기능검사를 통해 이루어진다. 혈액 내 갑상선 호르몬 농도를 측정하여 환자인 경우 갑상선 호르몬(T4 또는 T3)의 혈액 내 농도가 정상치보다 높게 나타난다.

(3) 치료

진단 후 갑상선기능 억제제를 사용하고, 방사성 동위원소를 이용하여 갑상선 조직을 파괴하거나 수술로 해당 부위를 제거한다.

2) 갑상선기능저하증

(1) 정의

갑상선기능저하증은 갑상선 호르몬이 잘 생성되지 않아 체내에 갑상선 호르몬 농도가 저하 또는 결핍된 상태이며, 원인은 크게 두 가지로 나뉜다. 갑상선 자체에 문제가 있어 뇌에서 나오는 갑상선자극호르몬의 분비가 증가함에도 불구하고 갑상선 호르몬의 분비가 제대로 이뤄지지 않는 1차적 갑상선기능저하증이 있고, 다음으로는 뇌나 뇌하수체의 이상으로 인해 갑상선자극호르몬의 분비가 감소되고 그 결과로 갑상선호르몬의 분비가 감소하는 2차적 갑상선기능저하증이 있다. 갑상선기능저하증은 대부분 1차에 속하는데, 자가면역기전에 의해 갑상선에 염증반응이 일어나 갑상선기능이 저하되는 경우가 가장 흔하다.

(2) 증상 및 진단

노년기에 접어들면 전반적으로 갑상선기능이 떨어져 갑상선호르몬의 생산이 감소한다. 이와 동시에 갑상선호르몬이 체외로 배출되는 양도 감소하여 전체적으로 갑상선기능저하증이 나타나지는 않는다.

갑상선기능저하증의 전형적인 증상은 식욕이 부진하나 체중이 증가하는 증상을 보이며, 추위를 견디지 못하는 증상이나, 무력감이나 피로감 등의 증상이 있을 수 있다. 이 외에도 피부가 건조해지고, 보행장애, 콜레스테롤 상승, 기억력 장애(치매증) 등의 증상도 보인다. 갑상선기능저하증의 증상 중 많은 경우 노인들에게 흔히 나타나는 증상이므로 증상만으로는 진단내리기 쉽지 않다.

(3) 치료

갑상선호르몬을 보충하는 것으로 치료를 시작하는데, 지나치게 투여할 경우 갑상선기능항진증이 일어날 수 있으므로 아주 적은 양부터 서서히 증가시켜야 한다. 저하증의 경우에는 특별한 일부 경우를 제외하고는 지속되는 질환이므로 꾸준한 관리가 필요하며, 일 년에 1~2번의 정기적인 혈액검사를 통해서 호르몬 농도를 점검해야 한다.

참고문헌

김승현 (2005). 노년기 건강가이드; 노인질환의 진단과 치료. 서울: 일조각.

대한노인병학회 (2005). 노인병학. 서울: 의학출판사.

송미순 외 (2006). 노인일차건강관리. 서울: 군자출판사.

신경림, 고성희, 이영희, 김순이, 김정선, 박선영 외 (2010). 노인간호학 입문. 서울: 현문사.

차봉수 (2008). Pathophysiology로 이해하는 내과학. 내분비질환 편. 서울: 도서출판 정담.

최영희 외 (2006). 노인과 건강. 서울: 현문사.

최은진 외 (2006). 제3기 국민건강영양조사: 성인 보건의식 행태. 한국보건사회연구원 · 보건복지부.

Levis, S. L., Heitkemper, M. M., Dirksen, S. R., O' Brien, P. G., & Bucher, L. (2007). *Medical- Surgical Nursing,* 7ed. NY: Elsevier Inc.

통계청 (2010). 2010년 고령자 통계(보도자료). http://kostat.go.kr/portal/korea/kor-nw/2161/lindex.board?bmode=read&aseg=18000

CHAPTER

16 감각기계 질환

학습목차

1. 시각장애
2. 청각장애

CHAPTER

16

HEALTH MANAGEMENT FOR THE AGED IN THE ERA OF HOMO-HUNDRED

감각기계 질환

청각, 시각, 미각, 촉각과 후각의 변화는 전체 노화과정에서 자연적으로 발생한다. 그러나 감각기능의 장애는 노인들의 일상생활활동을 수행하는 데 큰 변화를 일으켜 삶의 질과 안전에 영향을 미친다.

1. 시각장애

노화에 따른 시각장애는 정상적인 노화로 인한 변화, 당뇨병이나 고혈압 등의 합병증으로 인한 변화, 눈 자체 관련 질환에 의한 변화 등으로 나누어 볼 수 있다. 노화로 인한 정상적인 노화과정은 동공이 작아지고, 수정체 등의 빛을 통과시키는 매체의 투명도가 떨어져 어두운 곳에서는 물체를 잘 구별하지 못하게 된다. 이와 더불어 수정체의 탄력감퇴로 인해 원근조절이 잘 되지 않아 가까운 물체를 보는데 어려움이 생긴다. 이보다 심한 시각장애는 대부분 고혈압, 당뇨병 등의 다른 신체질환으로 인한 합병증이나, 눈 자체질환으로 인해 나타나는데, 노년기에 흔히 발병하는 눈질환은 백내장, 녹내장, 황반변성 등이다. 합병증으로의 눈질환은 1차적 원인질환에서 서술하였다.

1) 백내장

(1) 정의

백내장(cataract)은 수정체가 혼탁하게 되는 질환으로 정상적으로 빛이 통과하여 망막에 도달할 수 있는 빛의 양이 감소되어 시력이 방해되는 질환이다(고자경 외, 2010). 대부분의 노인들에게서 수정체를 구성하는 단백질이 변성되어 수정체가 노랗게 보이는 것을 볼 수 있다. 다양한 안질환이나 신체질환이 백내장 발생률을 높이며 선천성 질환, 외상, 대사이상 등 백내장의 원인은 다양하지만, 노화로 인한 발생이 가장 흔하다.

(2) 증상

증상으로는 시력저하가 가장 흔하고 복시나 눈부심, 시야감소, 야간시력 저하 등이 생길 수 있다. 대개 수년간에 걸쳐 서서히 진행되며, 포도막염이나 녹내장 등의 합병증이 생길 수 있으므로 정기적인 관찰이 중요하다.

(3) 원인

연령에 관련된 백내장의 원인은 불분명하지만 렌즈의 혼탁은 단백질의 분해와 관련 있다고 본다. 자외선이 백내장의 발생요인이라고 규명한 연구도 있다. 이외 흡연, 음주, 당뇨병, 고지혈증, 눈의 외상, 당뇨병환자나 관절염 치료 등의 목적으로 스테로이드제제 등의 장기간 복용 등도 영향요인으로 보고 있다. 병리적 과정은 수정체의 핵이나 피질의 어느 부위에서도 발생할 수 있다. 백내장의 발병은 여러 단계를 거친다. 초기과정에는 주변시야가 혼탁해 보이고 시력은 감퇴하지 않는다. 성숙단계 초에는 혼탁부위가 보다 넓어지고 주변시야도 침범하여 시력이 서서히 저하된다. 성숙단계에서는 전체 수정체가 혼탁해진다.

(4) 예방 및 관리

백내장의 진행을 억제하거나 치료한다는 약제들이 나와 있기는 하나 대개 백내장이 생기면 혼탁을 만드는 단백질이 불가역적으로 변성되기 때문에 약제의 효과는 미미하며 수술적인 치료로 완치할 수 있다. 수술로 완치가 되긴 하지만 여전히 백내장은 노년기 실명원인으로 꼽히고 있다.

백내장을 예방하려면 평소에 자외선에 의한 수정체 손상을 막기 위해 평소에 선글라스를 착용해야 하며, 각종 항산화제(비타민 A, C, E, 아연, 베타카로틴 등)나 아스피린을 복용하면 효과가 있는 것으로 보고되었다.

2) 녹내장

(1) 정의

녹내장(glaucoma)은 전방으로부터 안방수의 흐름의 비정상화로 인해 안구 내 매우 높은 압력을 유발하는 것이다. 초기에는 전혀 증상이 없으며, 정기적인 안압측정으로도 발견되지 않는 경우가 많으며, 점차 외곽시야가 좁아지다가 진행되면 터널시야가 나타나며 결국에는 실명에 이르게 된다(고자경 외, 2010). 40세 이후 나이가 많아짐에 따라 발생률이 높아지므로 40세 이상이 되면 정기적으로 녹내장 진단을 위한 안압검사(tonometry)를 받는 것이 바람직하다.

(2) 종류 및 증상

① 개방각 녹내장

섬유주를 통한 방수액의 유출이 느리게 되다가 결국에는 차단되었을 때 발생한다. 안압이 상승된 채로 있다면 망막신경섬유층의 손상으로 시력은 손실될 수 있다. 시력 손실의 전형적인 증상은 통증이 없으며 주변시력이 서서히 소실된다.

② 폐쇄각 녹내장

흔치 않으며 홍채가 각막으로 밀리면서 전방각이 섬유주를 통과하는 안방수의 유출로를 차단하여 발생한다. 이 종류의 녹내장은 감염이나, 외상의 결과로 급격히 발병한다. 증상은 편측성 두통, 흐린 시야, 오심, 구토, 광선공포증이다. 급성폐쇄각 녹내장은 시각보존을 위해 안과의사의 응급처치가 요구된다.

(3) 원인

안방수는 주변 조직에 영양을 공급한다. 이는 정상적으로 전안방에서 만들어져서 섬유주를 통해 후안방으로 유출된다. 안압은 평균 15mmHg이다. 안방수액의 유출이 차단되어 축적되면 안압이 증가하여 시신경에 손상을 입힌다. 안압이 21mmHg보다 높으면 시신경이 위축되어 시각 손실이 유발되는데 이것이 녹내장의 원인이 된다. 안압이 상승하는 것 이외에도 녹내장의 위험요인은 60세 이상의 고령, 녹내장의 가족력, 근시 · 당뇨병 · 고혈압 · 편두통의 병력 등을 들 수 있다.

(4) 진단

녹내장의 진단은 먼저 위험인자를 사정하고 안압검사, 홍채검사, 시신경 및 망막검사를 실시하여야 한다.

(5) 관리 및 예방

녹내장은 안압을 떨어뜨리기 위해 우선적으로 약물치료를 하며 약물요법은 한 가지 약제로 충분히 안압이 하강하는 경우는 흔하지 않고 대개 두세 가지 약물을 병용하게 된다. 녹내장 약물의 종류 및 기전은 〈표 16-1〉과 같다.

표 16-1 • 녹내장 약물의 종류 및 기전

약물 종류	기전
베타차단제	시력이나 동공 크기에 영향을 주지 않으면서 방수의 생성을 억제하여 안압을 낮추는 역할을 한다.
아드레날린제제	방수 유출을 증가시키는 역할을 한다.
축동제	방수의 유출을 증가시켜 안압을 감소시키는 역할을 한다.
프로스타글란딘	안압하강의 역할을 한다.

약물에 대한 부작용으로 인하여 사용이 여의치 않을 때에는 레이저광선치료나 수술을 고려해야 한다. 레이저광선치료는 여과수술 시행 전에 고려해 볼 수 있는 치료방법으로 탄산탈수효소 억제제나 축동제의 장기간 사용에 따른 부작용을 피할 수 있는 치료방법이다. 녹내장수술은 대개 방수 유출의 개선이 필요할 때 시행한다. 수술로는 여과수술이 대표적인데 이는 전방과 결막하 공간사이에 길을 만들어서 방수를 배출하게 하는 방법이다. 섬유주 절제술이 가장 흔히 시행되고 있으며 수술 중이나 수술 후에 공막편 밑으로 빠져 나가는 방수의 양을 조율할 수 있는 장점이 있다.

2. 청각장애

노년기 청각장애는 소리를 듣는 기관의 기능장애로 인해 잘 듣지 못하거나 들은 소리를 제대로 이해하지 못하는 것을 말한다. 청각장애는 단순히 말을 잘 알아듣지 못하는 차원을 넘어 개인의 일상생활에 막대한 영향을 미칠 수 있는 건강상의 문제이다. 청각장애 때문에 다른 사람과 의견교환에 어려움이 있으며, 이로 인해 고독감을 느끼게 되고 청각장애가 진행되면, 다양한 여가 및 사회생활이나 교육활동, 종교생활을 영위하는데도 영향을 주어 사회적으로 소외될 수 있다.

1) 노인성 난청

(1) 정의

난청(hearing impairment)은 소리를 듣는 기관의 기능장애로 인하여 잘 듣지 못하는 현상을 의미한다. 귀의 구조는 외이, 중이 및 내이 세 부분으로 크게 구분되며, 외이 또는 중이에 이상이 있으면 소리전달 경로의 문제로 인한 전음성 난청이 생긴다. 내이는 와우, 즉 달팽이관과 청신경으로 구성되는데 소리를 감지하는 이 기관의 이상으로 인한 청력 손실을 감각 신경성난청이라고 부른다. 노인성난청은 감각 신경성난청의 한 유형으로서 연령의 증가로 발생하는 내이의 퇴행성 변화에 의한 청력 감소를 의미하며 이러한 난청은 고음영역부터 시작된다. 어떤 언어를 막론하고 음성정보는 주로 자음으로 전달되고 자음은 대부분 고음으로 발음되기 때문에 노인성난청을 가진 노인은 자음에 의해 전달되는 음성정보를 이해하는데 어려움이 있다.

(2) 원인 및 분류

Schucknecht(1993)은 병리조직 소견에 따른 분류와 청력도를 같이 비교하여 청각세포의 변성을 일으키면서 순음청력도에서 급하강을 보이는 감각성 노인성난청(sensory presbycusis), 와우신경원과 중추신경세포의 소실과 하강형의 청력도를 일으키는 신경성 노인성난청(neural prebycusis)으로 분류하였다. 감각성 노인성난청은 와우 내의 청각세포, 특히 노화와 더불어 증가하는 외유모세포의 전반적인 소실에 의한 것으로 와우의 기저부 말단에서 발생한다. 청력도상 저음역에서는 비교적 정상이나, 고음역에서 급격한 청력 감소를 보이는 급하강형을 보인다. 신경성 노인성난청은 와우의 신경원이나 중추신경계세포의 소실로 와우신경세포 수가 정상 신생아의 50% 이하로 감소할 때 발생한다. 고음역의 소실이 뚜렷한 하강형 청력도를 보인다.

(3) 진단

청력손실은 전체 병력과 신체검진으로 평가한다. 외이에 종기, 외상, 기형을 검사해야 하며, 귀지, 충혈, 이물질, 부종과 분비물을 조사한다. 청력 손실의 문제가 명확하지 않을 경우 속삭임검사(Whisper test), 베버검사(Weber test), 린네검사(Rinne test) 등의 몇 가지 기본적인 선별검사를 통하여 고음 청력 범위, 전도성 난청, 감각성 난청, 골전도를 검사한다.

(4) 관리 및 예방

노인성난청의 예방에 대해서는 현재까지 이독성 약물이나 주위 소음 등 일반적인 난청의 위험인자를 피하는 것 이외에는 특별한 방법이 알려져 있지 않다. 그러나 노인성난청은 조기에 발견하여 가능한 빨리 보청기를 착용하게 함으로써 노후의 적응을 좋게 해야 한다. 노인성난청이 있는 환자와 함께 생활하는 사람들은, 보다 원활한 의사소통을 위해 노인성난청 환자와의 대화법을 익혀야 한다. 대화 시 유의사항은 다음과 같다. 먼저 항상 눈높이에서 대화를 해야 하며 음성의 크기를 평소보다 좀 더 높이고, 말의 속도를 천천히 한다. 또한 발음을 정확히, 적당한 시각적 단서를 제공하여 반복해서 말하고 마지막으로 말을 제대로 이해하였는지 확인한다. 듣기 쉽고, 입모양을 통해 알아보기 쉬운 단어를 사용하며, 대상자와 다른 공간에서 소리치지 말하지 말아야 하고 가시거리 안에서 이야기한다. 주위 환경은 되도록 밝게 유지하며 소음은 줄이도록 한다.

참고문헌

김승현 (2005). 노년기 건강가이드: 노인질환의 진단과 치료. 서울: 일조각.
대한노인병학회 (2005). 노인병학. 서울: 의학출판사.
고자경, 김계하, 김영숙, 김은심, 박미숙, 박정모 외 (2010). 노인 간호학. 서울: 한미의학.
김영경, 안도환, 조명옥, 김대란, 김명애, 김옥수 외 (2007). 노인 병태생리학. 서울: 현문사.
대한노인병학회 (2005). 노인병학. 서울: 의학출판사.
신경림, 고성희, 이영희, 김순이, 김정선, 박선영 외 (2010). 노인간호학 입문. 서울: 현문사.
이경자 , 김남초, 김연숙, 김춘길, 김희경, 공은숙 외 (2007). 핵심임상노인병학. 서울: 군자출판사.

CHAPTER

17 암

학습목차

CHAPTER

17

HEALTH MANAGEMENT FOR THE AGED IN THE ERA OF HOMO-HUNDRED

암

1. 암

1) 정의

암은 악성신생물(malignant neoplasm)로서 일반적으로 악성종양을 일컫는다. 즉, 종양은 양성종양과 악성종양으로 구분되는데 양성종양은 크기와 형상이 일정하며 증식이 느리고 주변조직에 침입하지 않으며 적출하면 다시 출현하지 않고 다른 신체부위로 전이되지 않는다. 반면 악성종양은 세포의 크기, 형상이 주변의 정상조직의 세포와 다른 이상세포로 매우 빠르게 증식하고 침입한다. 이상세포는 원발부위에서 신체의 다른 부위로 이전하며 림프액과 혈액으로 운반되어 원발부위에서 멀리 떨어진 곳에서 이차적 증식을 형성한다. 이를 암의 전이라고 한다(조유향, 2008).

2) 암 발생원인 및 과정

암의 발생과 원인은 종류별로 다양하다. 암은 명확하게 설명하기 어려운 다양한 요인에 의해 자발적으로 발생하지만 그 발생에 영향을 주는 요인은 화학적·환경적·유전적·면역학적·바이러스 등으로 알려져 있다. 그리고 특히 노화는 장기간 발암물질에 노출되어 있을 확률이 높다는 점과 암세포의 자연자살능력과 기타 면역 감시기능이 감소되었다는 점 및 발암전구물질의 활성화 증가 등의 요인으로 암 발생 위험률을 높인다. 암 발생과정은 발단, 촉진 및 진행의 세 단계를 거쳐 일어난다.

(1) 발단(개시)

암 발생의 첫 단계인 발단(개시)단계에서는 세포의 유전물질 속 변화로 인하여 세포가 암성을 띠게 된다. 발암물질이나 방사선, 바이러스에 노출되었거나 DNA의 복제과정 중 돌연변이로 인해 세포의 유전자 구조에 변형이 일어난다. 즉, 많은 발암물질들이 세포의 핵 안으로 들어가 DNA를 변형시켜 유전적 변이를 일으킴으로써 특정 암에 대한 감수성을 높인다. 이러한 발단단계의 세포는 비가역적이지만 모든 세포가 발암물질에 취한 것은 아니며, 값은 세포는 세포사로 처리될 수 있기 때문에 암의 조기발견이 중요하다.

(2) 촉진

유전적 구조의 변형만으로는 암이 생겨나기에 충분하지 않다. 하지만 유전적 변형이 있는 상태에서 이를 촉진하는 물질이 존재한다면 암 발생 가능성은 증가한다. 암 발생의 두 번째 단계인 촉진단계는 변형된 세포의 가역적인 분열이 특징적이다. 촉진은 발단단계를 거치지 않은 세포에는 영향을 주지 않는다. 촉진을 유도하는 물질은 발암물질과는 달리 스스로 암을 유발하지는 않지만 발단을 시작한 세포가 암성을 띠도록 진행을 시킨다. 일부 발암 물질은 촉진자 없이도 암을 유발할 수 있을 만큼 충분한 힘을 가지고 있으며, 이러한 촉진을 야기하는 매개체로는 과도한 지방섭취, 비만, 음주, 환경오염물질 등이 있다. 이들은 암 발생단계를 촉진하는 요인이므로 이들을 줄이는 방향으로 생활습관을 수정하면 암 발생의 가능성을 줄일 수 있다.

(3) 진행

진행단계는 암 발생단계의 마지막 단계로 종양의 성장 속도가 빨라지고 전이성이 강해져 신체 내 다른 부위로 전이가 일어나는 것이 특징이다. 암은 림프계나 혈류를 통해서 전이되며, 전이는 일차 종양이 빠른 속도로 성장하면서 시작되는 다단계과정이므로 조기에 발견하여 이를 예방해야 한다.

3) 암의 분류

암은 해부학적 위치, 조직학적 분류, 암의 범위에 따라 나뉜다(Levis et al., 2007).

표 17-1 • 암의 해부학적 분류

발생부위		종류
상피조직	표면상피	암종
	선상피	선암
결합조직	섬유조직	섬유육종
	연골	연골육종
	가로무늬	횡문근육종
	뼈	골육종
신경조직	뇌막	수막육종
	신경세포	신경모세포종
조혈조직	림프	호지킨림프종, 비호지킨림프종
	혈장세포	다발성골수종
	골수	림프구성

출처: Levis et al. (2007).

(1) 암의 조직학적 분류

조직학적 분화등급은 병리학적으로 세포 모양과 분화 정도에 의해 결정된다. 암세포가 정상기원세포와 얼마나 유사한가에 기준을 두어 네 등급으로 나눌 수 있다.

표 17-2 • 암의 조직학적 분류

등급	세포의 분화 정도	세포의 모양
등급 I	세포가 잘 분화되어 있으나 정상세포와 약간의 차이가 있음	경도의 이형성증
등급 II	중등도의 분화수준을 보이며 더욱 비정상적임	중등도의 이형성증
등급 III	분화수준이 매우 낮고 비정상적인	중증의 이형성증
등급 IV	세포가 미분화되어 있어 기원을 알 수 없고 미성숙하고 원시적임	역형성

출처: Levis et al. (2007).

(2) 암의 범위에 따른 분류

① 임상적 병기

임상적 병기 분류체계는 병기에 따른 악성종양 진행과정에서의 해부학적 범위에 의해 결정된다.

표 17-3 • 암의 임상적 병기

Stage	해부학적 범위
Stage 0	세포가 잘 분화되어 있으나 정상세포와 약간의 차이가 있음
Stage 1	중등도의 분화수준을 보이며 더욱 비정상적임
Stage 2	분화수준이 매우 낮고 비정상적임
Stage 3	세포가 미분화되어 있어 기원을 알 수 없고 미성숙하고 원시적임
Stage 4	다른 장기로의 전이상태, 전신적으로 퍼짐

출처: Levis et al. (2007).

② TNM 분류체계(Tumor, Node and Metastasis classification)

TNM 분류체계는 암의 임상적 병기를 종양의 크기와 침범 정도(T), 림프절 전이 여부(N), 원격 전이 여부(M)에 의해 분류한 것이다.

표 17-4 • 암의 TNM 분류체계

종양(T, Tumor)	정의
T0	원발종양의 증거가 없음
Tis	상피내암
T1, T2, T3, T4	종양의 크기와 침범 정도가 심해짐
Tx	종양이 측정되거나 발견되지 않음
림프절(N, Node)	**정의**
N0	비정상적인 국소 림프결절이 없음
N1, N2, N3, N4	국소 림프결절의 이상 소견이 증가함
Nx	국소 림프결절에서 임상적으로 사정되지 않음
전이(M, Matastasis)	**정의**
M0	전이의 증거가 없음
M1, M2, M3, M4	원거리 림프절을 포함하여 전이영역이 넓어짐
Mx	전이 여부를 확진할 수 없음

출처: Levis et al. (2007)

4) 암의 조기발견을 위한 예방지침

국립암센터에서 제시한 암 예방을 위한 10가지 수칙은 다음과 같다.

- 금연하고 간접흡연도 피한다.
- 채소와 과일을 충분하게 먹고, 균형 잡힌 식단을 유지한다.
- 음식을 짜지 않게 먹고, 훈제나 탄 음식을 먹지 않는다.
- 암 예방을 위하여 하루 한두 잔의 소량 음주도 피한다.

- 주 5회 이상, 하루 30분 이상, 땀이 날 정도의 운동을 규칙적으로 한다.
- 자신의 체격에 맞는 건강 체중을 유지한다.
- 예방접종 지침에 따라 B형 간염과 자궁경부암 예방접종 한다.
- 성 매개 감염병에 걸리지 않도록 안전한 성생활 유지한다.
- 발암성 물질에 노출되지 않도록 작업장에서 안전 보건 수칙을 준수한다.
- 암 조기 검진 지침에 따라 정기적으로 검진을 철저하게 받는다.

암 조기검진은 암종별로 다르며 주요 암의 검진 권고사항은 다음과 같다.

① 위암

- 검진대상: 한국인에게 두 번째로 많이 발생하는 암으로 위내시경검진을 받은 사람은 최대 65%의 위암 사망률감소 효과가 있다. 40~74세까지의 성인은 증상이 없어도 검진을 받아야 하며, 75-84세까지의 성인은 검진의 효과에 대한 근거가 불충분하므로 필요한 경우는 의사와 상담 후 검진을 받으며, 85세 이상 성인은 검진의 효과가 낮고 검진을 받는 경우 오히려 사망률이 증가할 수 있다.
- 검진방법과 주기: 정확한 검진을 위해서는 위내시경을 받는 것이 좋으며, 위내시경을 할 수 없는 경우나, 위내시경보다 좀 더 쉬운 검사를 원하는 경우에는 담당의사와 상담 후 위장조영촬영을 받을 수 있으나, 위내시경이 위장조영촬영보다 위암 사망률을 2배 이상 낮출 수 있다. 위암 검진은 특별한 증상이 없어도 2년에 한 번씩 받는 것을 권장한다.

② 대장암

- 검진대상: 대장암은 전체 암 중에서 한국인에게 세 번째로 많이 발생하는 암이며, 식생활의 변화로 인해 1999년 이후로 지속적으로 발생률이 증가하고 있다. 45-80세까지 성인은 증상이 없어도 대장암 검진을 받기를 권고한다. 81세 이상

성인은 검진의 효과에 대한 근거가 불충분하므로 원하는 경우 담당의사와 상담 후 결정한다.

- 검진방법과 주기: 대장암은 기본적으로 분변잠혈검사방법을 권장하고, 선택적으로 대장내시경을 받을 수 있다. 분변잠혈검사는 대변을 소량 채취하여 대변의 혈액 유무를 검진하는 방법으로 안전하여 매년 반복적으로 검사하면 정확도가 높아진다. 대장내시경은 내시경을 통해 대장전체를 직접 볼 수 있는 검사방법이지만, 검사과정이 힘들고 검사를 위해 먼저 장청소를 해야 하여 번거롭다. 또한 장천공이나 출혈 등의 합병증 발생의 우려도 있다. 검진은 1~2년에 한 번씩 특별한 증상이 없어도 받는 것을 권장한다.

③ 간암

- 검진대상: 간암은 전체 암중에서 한국인에게 두 번째로 사망률이 높은 암이며, 우리나라 간암 발생률은 인구 10만 명당 34.8명(미국 9.6명, 영국 6.7명)으로 전 세계 평균보다 2배 높아 주의를 기울여야 한다. 40세 이상 B형 또는 C형 간염 바이러스 보유자는 간암검진을 정기적으로 받기를 권고한다. 또한 간경화증을 진단받은 대상자의 경우는 연령과 상관없이 진단 시점부터 간암검진을 받아야 한다.
- 검진방법 및 주기: 간암검진은 간 초음파와 혈액검사를 함께 받는 것을 권고한다. 간초음파를 통해 간암을 조기에 발견할 수 있으며, 혈액을 통한 혈청알파태아단백검사(Alphafetoprotein: AFP)는 간암 검진 정확도를 높일 수 있다. 간암을 조기에 발견하여 치료율을 높이려면 검진은 6개월마다 한 번씩 받아야 한다.

④ 폐암

- 검진대상: 폐암은 전체 암중에서 사망률이 가장 높은 암으로 30갑년이상 흡연한 55~74세 까지의 고위험 흡연자는 폐암검진을 받는 것을 권고한다. 30갑년 이상 흡연하고 금연한지 15년이 안된 과거흡연자도 검진을 받아야 한다. 흡연자가

폐암검진을 받으면 폐암으로 인한 사망률을 20%정도 감소시킬 수 있다.

- 검진방법 및 주기: 폐암검진은 저선량 흉부 전산화단층촬영(CT)검사로 해마다 1년에 한 번씩 받아야 한다. 저선량 흉부 CT는 원형의 기계에 들어가서 흉부를 촬영하여 폐안의 구조를 확인하는 검사이며, 일반 흉부 CT에 비해 방사선방출량은 1/10 정도이다.

⑤ 유방암

- 검진대상: 유방암은 우리나라 여성에서 두 번째로 많이 발생하는 암으로 매년 증가하고 있으며, 특히 40대 여성의 유방암 발생률이 높다. 40~69세까지 여성은 증상이 없어도 유방암 검진을 받아야 하며, 70세 이상 여성은 의사와 상담 후 검진여부를 살펴본다.
- 검진방법 및 주기: 유방암 검진은 유방촬영검사로 받는 것을 권고하며, 특별한 증상이 없어도 2년에 한 번씩 검진을 받아야 한다. 유방초음파검사와 임상유방진찰은 유방에서 단단한 덩어리가 만져지거나 이상 병변이 발견되었을 때 필요한 검사법이다.

⑥ 자궁경부암

- 검진대상: 20~74세 이상 여성이라면 증상이 없어도 자궁경부세포검사로 자궁경부암 검진을 받아야 한다. 자궁경부 상피내암 발생은 25~29세에 급격히 증가하며, 75세 이상 여성 중 최근 10년 이내 3번 이상 검진을 받았고, 검진 결과 아무런 이상 판정을 받지 않았으면 이후 검진을 받을 필요가 없다. 인유두종바이러스(HPV)예방접종과 관계없이 자궁경부암 검진을 받는 것이 좋다.
- 검진방법 및 주기: 자궁경부암 검진은 자궁경부세포검사로 받는 것을 가장 권고하며, 인유두종바이러스(HPV)는 자궁경부암 발생의 주요 원인이 되므로 자궁경부암세포검사와 인유두종바이러스(HPV)를 함께 검사하면 자궁경부암 검진의

정확도를 높일 수 있다. 특별한 증상이 없어도 자궁경부암 검진은 3년마다 한 번씩 받도록 권고한다.

위에 서술한 주요 암종별 검진 내용을 간략하게 정리한 내용은 〈표 17-5〉와 같다.

표 17-5 • 주요 암 조기발견을 위한 검진 지침

부위	검진대상 및 연령	주기	일차적으로 권고하는 검진방법	선택적 검진방법
위암	• 40~74세	2년	위내시경	위장조영촬영
대장암	• 45~80세	1~2년	분변잠혈검사	대장내시경
간암	• 40세 이상 B형, C형 간염 바이러스 보유자 • 연령과 관계없이 간경화증으로 진단받은 자	6개월	간초음파+알파태아단백 검사	
유방암	• 45-69세 여성	2년	유방촬영술	
자궁 경부암	• 만 20세 이상의 여성[1]	3년	자궁경부세포검사(자궁경부세포도말검사 또는 액상세포도말검사)	자궁경부세포 검사+인유두종 바이러스 검사
폐암	• 30갑년 이상의 흡연력이 있는 55~74세의 고위험군[2]	1년	저선량 흉부CT	

[1] 최근 10년 이내에 자궁경부암 검진에서 연속 3번 이상 음성으로 확인된 경우에는 75세 이상에서는 자궁경부암 선별검사를 권고하지 않음.

[2] 금연 후 15년 이상 경과한 과거흡연자는 제외.

출처: 국가 암정보센터.

5) 치료

(1) 수술요법

수술은 암 치료의 가장 오래된 방법이고 지금까지 암진단과 치료 시 유일하게 효과적인 방법이다. 수년 동안 선택된 치료는 암과 암을 둘러싼 주변의 정상조직을 가능한 많이 제거하는 것이다. 이러한 접근은 악성세포가 원발종양에서 다른 원격 부위로 전이되는 능력을 완전히 고갈시키는 것이고, 종양이 국소에 국한되어 있거나 상대적으로 작은 크기에 대해서는 외과적 완치가 가능한 방법이다.

(2) 항암화학요법

항암화학요법은 원발암과 전이부위의 악성세포 수를 줄이거나 없애는 것이다. 이는 장기간 암을 조절하였거나 더 이상 암을 완치하거나 조절할 수 없을 때 증상을 경감시키는 완화적 방법으로 선택된다.

(3) 방사선요법

암치료의 국소적 치료방법이다. 이는 전이병변의 완화나 원발종양의 치료요법으로 사용된다.

2. 노인에게 발생하기 쉬운 암

1) 폐암

(1) 정의 및 역학

폐암은 호흡상피에서 발생한 악성종양을 말하며 임상적으로 암세포의 크기와 형태를 기준으로 비소세포폐암과 소세포폐암으로 나뉘고 폐암의 80-85%를 차지하는 비소세포폐암이 다시 선암, 편평상피세포암, 대세포암 등으로 나뉘고, 소세포폐암은 전반적으로 악성도가 높아 발견당시 이미 림프관이나 혈관을 통해 다른 장기에 전이될 확률이 높다.

폐암은 전 세계적으로 증가추세에 있으며 우리나라에서도 흡연인구의 증가와 대기오염 등의 영향에 의해 최근 급격하게 증가하고 있다.

(2) 원인

폐암의 가장 주된 원인은 흡연으로, 폐암환자 중 90%가 현재 혹은 과거의 흡연자이다. 간접흡연도 암 발생의 원인이 된다. 그 이외에 벤조피렌을 비롯한 발암물질과 우라늄, 라돈 등과 같은 방사성 물질 등에 노출되거나, 석면 및 중금속, 대기오염, 그리고 유전적인 인자 등이 폐암 발생의 원인으로 알려져 있다.

(3) 진단

폐암은 대부분 초기에는 증상이 없고 어느 정도 진행된 뒤에야 발견되므로, 폐암환자의 사망률은 다른 암환자에 비해 훨씬 높다. 즉, 증상이 있어서 진단된 경우보다 증상이 없는 상태에서 우연히 발견된 경우에 생존율이 높다. 기침, 흉통, 피가 섞인 객담 등의 전형적인 증상은 폐렴이나 노인의 다른 일반적인 호흡기 증상과 비슷하여 쉽게 놓칠 수 있다. 현재 단순 X-선만으로 초기 암을 찾기 어려운 문제점을 보완하기 위하여 저선량 흉부 전산화단층촬영(CT) 검사를 시행하고 있으며 아울러 객담검사를 통한 세포진검사를 시행하여 진단한다.

2015년 발표된 폐암의 검진권고안에서는 55세에서 74세인 성인 중 30갑년 이상의 고위험흡연자는 매년 저선량 흉부 전산화단층촬영(CT)검사를 받도록 권고하고 있다.

(4) 증상

폐암은 초기에는 전혀 증상이 없으며, 어느 정도 진행된 후에도 일반감기와 비슷한 기침, 객담 같은 증상이 나타나며, 피가 섞인 객혈, 숨찬 증상, 흉통, 쉰 목소리 등의 증상과 식욕부진, 체중 감소, 무력감 등의 전신증상으로 나타날 수 있으나, 이는 노인들에게 아주 흔히 나타나는 증상이므로 간과하기 쉽다. 또한 이러한 폐암증상이 나타났다는 것은 병세가 이미 진행된 상태를 의미하므로 증상은 조기 진단의 기준이 될 수 없으며, 대부분의 경우 절제수술이 어려울 가능성이 높다.

(5) 예방 및 관리

폐암의 종류는 다양하며 크게 소세포성 폐암과 비소세포성 폐암으로 나눌 수 있다. 소세포성 폐암은 화학요법으로 치료할 수 있으나, 폐암의 대부분을 차지하는 비소세포성 폐암의 경우는 폐의 외과적 절제술이 가장 효과적인 치료법이다. 이와 더불어 방사선치료와 항암화학요법 등도 사용되나 성공여부는 각기 다르다. 노인은 치사율이 높으며 수술의 성공여부는 암이 얼마나 빨리 발견되었느냐에 따라 다르다. 폐암의 예방법으로 금연 이외의 효과적인 예방적 치료방법이 없다.

2) 위암

(1) 정의 및 역학

위의 악성종양 중 대부분이 선암이며, 이는 위점막의 선세포에 발생한 것을 말한다. 위벽단면은 내측에서 점막, 점막하층, 고유근층, 장막으로 구분되는데 위암이 점막과 점막하층까지 침윤된 것을 조기위암이라고 하고 고유근층에서 장막까지 침윤된 것을 진행위암이라 한다.

위암은 노인의 암 사망률 중 폐암 다음으로 높은 사망률을 보이고 있는 암종이다. 유전 경향이 인정되며 다인자성 유전으로 추측되고 있다.

(2) 원인

위암은 여러 요인이 복합적으로 원인이 되어 발생한다. 식이요인으로는 고염식품(김치, 소금절인 생선), 훈제 음식, 탄 고기나 생선, 곰팡이의 대사산물인 아푸라독소 섭취 등이 발암성이 있는 것으로 알려져 있다. 반대로 우유, 낙농제품, 감귤류, 신선한 녹황야채의 섭취는 위암 발생률을 감소시킨다. 위암의 전구병변으로서 헬리코박터 파이로리균 감염, 만성위축성 위염, 장상피화생, 과거 위수술 등이 있다. 위암의 가족력이 있는 사람은 그렇지 않은 사람에 비해 위암의 발생 빈도가 높아 가족력은 위암의 중요한 병인으로 논의되고 있다.

위암은 우리나라 사람에게 흔한 암 중의 하나이며, 최근에 감소추세를 보이고 있지만 아직도 높은 발생률로 사망원인 수위를 차지하고 있다. 이는 우리나라 식단에 맵고 짠 음식들이 많기 때문이며, 이러한 식품들은 위점막을 손상시켜 위암 발생률을 높이고, 우리나라에서 발생률이 높은 또 다른 이유는 우리나라 사람들에게 헬리코박터 균의 감염빈도가 높기 때문에다.

(3) 진단

위내시경 검사, 위장조영검사, 전산화단층촬영(CT)을 통해 위암을 진단할 수 있으며, 위내시경검사를 통한 조직검사에서 암세포가 있으면 위암으로 확진할 수 있다. 다른 암과 마찬가지로 위암 역시 노년기에 발생률이 높아지므로 정기적인 검진이 필요하다. 위내시경이 가장 효과적인 검진방법이며, 조기에는 증상이 없으므로 40세 이상~74세 미만인 성인은 특별한 증상이 없어도 반드시 2년에 한 번씩 검진을 실시해야 한다. 만약, 위암의 가족력이 있거나 이전 검사에서 위암으로 진행할 수 있는 위험이 있었던 대상자는 더 자주 검진을 해야 한다.

(4) 증상

위암은 자각증상이나 신체적 소견에 특이점이 없고, 특히 초기에는 증상이 없다. 보통 초기 증상으로서 가장 많은 것은 심와부 동통(명치부위 통증)이며 대개 묵직한 느낌의 둔통이다. 그러나 궤양을 형성하면 심한 동통도 발생된다. 그 외에 위부팽만감, 식욕부진, 산증상, 현기증 등이 발생하고 분문부에 진행된 암에서는 연하장애, 유문부암에서는 유문협착의 증상이 발생할 수 있다. 전신적으로는 위암이 진행하면 빈혈, 심한 체중 감소, 부종 등이 출현하며 가벼운 빈혈은 초기에도 진행된다.

(5) 예방 및 관리

암의 진행은 초기에는 극히 서서히 발육하다가 어느 정도까지 진행하면 급격하게 심하게 발육하고 침윤, 전이를 발생시키면서 예후가 악화된다. 조기위암, 특히 점막내암은 적어도 일부에서는 상당히 장기간 진행되지 않는다. 암의 경과와 예후를 좌우하는 위암의 병기에 따라서 생존기간이 좌우된다. 치료는 현재까지 종양부위를 절제가능하다면 완전히 제거하는 것이 최선의 치료법이다. 식생활의 개선이 위암을 예방하는 최선의 방법이다.

3) 대장암

(1) 정의 및 역학

대장은 충수, 맹장, 결장, 직장, 항문관으로 나뉘며 결장은 다시 상행결장, 횡행결장, 하행결장 그리고 에스상(S)결장으로 나누어지는데, 대장암의 대부분은 선암, 즉 점막의 선세포에 생기는 암이다.

(2) 원인

대장암은 궤양성 대장염증이나 대장용종과 밀접한 관련성이 있으며, 그 외에 현재까지는 식이 요법과 관련성이 큰 것으로 알려져 있다.

① 고지방 저섬유질 식사

선행연구를 살펴보면, 식이와 대장암과 가장 밀접한 관련성을 가지고 있으며, 거주지역이 바뀌면 유전적 요인에 구애받지 않고 지역에서의 식이 습관에 따라 대장암 발생률이 달라진다. 지금까지 연구된 대장암의 원인으로는 과다한 육류 섭취와 고지방식이이다. 포화지방 함량이 높은 동물성 지방의 섭취량이 많은 나라에서 대장암의 빈도가 높게 나타나는데, 육류 중에서도 특히 붉은색을 띈 육류가 대장암 발생률을 높인다. 육식을 통해 동물성 지방을 많이 섭취하면 간에서 콜레스테롤과 담즙산의 생성과 분비가 증가되어 대장 내 담즙산의 양이 많아지고 대장 내 세균들이 이들을 분해하여 2차 담즙산, 콜레스테롤 대사산물과 독성 대사산물을 만든다. 이들이 대장세포를 손상시켜 발암물질에 대한 감수성을 증가시킨다.

또한 충분한 야채와 과일류의 섭취는 대장암 발생을 예방하는 데 효과가 있다고 밝혀진 바 있다. 섬유질은 음식물이 장을 통과하는 시간을 단축시킴으로써 발암물질과 장 점막과의 접촉시간을 단축시키고 장 내 발암물질을 희석시키는 작용을 한다. 또한 칼슘 부족도 위험요인이 될 수 있다.

② 대장 용종 및 염증성 장질환

선종성 용종은 대장점막에 비정상적으로 자라는 혹으로 대부분의 대장암은 원인에 관계없이 선종성 용종이라는 암의 전단계를 거쳐 암으로 발전하게 된다. 선종성 용종은 증상이 없는 50세 이상의 성인이 대장 내시경을 할 경우 약 30% 정도에서 발견된다. 선종성 용종이 얼마나 암으로 발전할 위험이 있는지는 용종의 크기와 현미경적 조직 소견에 따라 차이가 있다. 또 궤양성 대장염(ulcerative colitis)과 크론병

(Crohn's disease)이 있을 경우 대장암 발병위험이 증가한다. 따라서 이러한 염증성 장 질환으로 진단받은 경험이 있는 대상자는 정기적으로 대장검사를 받는 것이 중요하다.

이밖에도 대장암이나 대장용종의 가족력이 있거나 본인이 과거에 용종의 진단을 받은 적이 있거나, 신체활동이나 운동이 부족한 경우에도 대장암 발생률을 높인다. 신체활동이나 운동은 대장의 움직임을 활발하게 만들어 대변이 장을 통과하는 시간을 감소시켜 대변 내 발암물질이 장 점막에 머무를 시간을 단축시켜 준다.

(3) 증상

대장암 역시 초기에는 증상이 없으며, 진행된 대장암의 주요증상은 배변습관의 변화, 설사, 변비, 변이 가늘어지거나 배변 후에도 묵직한 느낌이 들거나, 혈변, 점액변, 복통, 복부팽만, 피로감, 식욕부진, 소화불량 등이 있다.

(4) 진단

대장암의 확진은 대장 내시경 검사를 통한 조직검사를 통해 암세포를 발견해야 가능하다. 대부분 대장암은 조기에는 증상이 없으므로 증상이 없더라도 50세 이상이 되면 누구나 대장검사를 받는 것이 추천된다. 대장암의 발생빈도는 대장의 말단인 직장으로 갈수록 높아지므로 정기적인 직장수지검사도 조기진단을 위해 필수적이다. 직장수지검사는 전립선을 촉진할 수 있어서 전립선암 진단에도 유용하다. 그 외에도 대장조영술, 에스(S)결장경, 대장내시경 등이 있다. 가장 효과적이고 정확한 검진방법은 대장내시경이며, 대장암은 정확한 감별이 필요하다. 예를 들어 직장출혈이 있으면, 대장용종이나 치질, 게실증, 각종 궤양성 대장염 인지의 여부를 감별해야 하며, 배변 습관의 변화에도 다른 원인으로 인한 결과가 아닌지 정확하게 감별해야 한다.

(5) 관리 및 예방

50세 이상 성인은 5~10년에 한 번씩 대장 내시경 검사를 받아야 한다. 가족력이 있다던가, 과거에 용종을 제거한 경험이 있거나, 염증성 장질환이 있을 경우에는 더 짧은 주기로 검사를 받아야 한다. 그밖에도 규칙적인 운동으로 활동량을 높이고, 섬유소와 칼슘을 충분히 섭취하고 붉은색 고기의 섭취를 줄인다.

4) 간암

(1) 정의 및 역학

간암은 간에서 일차적으로 발생한 원발성 악성종양을 의미한다. 다른 기관에서 간으로 전이된 암은 전이성 간암이라고 부르는데 엄밀하게 원발성만 지칭한다. 간은 많은 혈류량과 광범위한 모세혈관망 때문에 전이성 종양의 성장이 흔한 곳이다. 신체 다른 부위의 암세포는 주로 문맥순환을 통해 간으로 운반된다. 원발성 간암에는 간세포암종과 담관상피암종, 간모세포종, 혈관육종 등 다양한 종류가 있으며, 이 중 간세포암종과 담관상피암종이 대부분을 차지한다.

(2) 원인

간암의 중요한 원인은 B형, C형 간염이다. 그 외에도 장기간 과음 경력자, 간경변증(간경화증)도 원인에 상관없이 간암의 위험요소이다.

(3) 증상

암세포는 간의 비대와 기형을 초래한다. 보통 간에서 출혈과 괴사가 흔히 발생한다. 병변은 단독 또는 많을 수도 있으며 결절성이거나 간 전체에 널리 퍼져 있을 수 있다. 원발성 간암은 흔히 폐로 전이된다. 간암의 증상으로는 상복부에 통증이 있고, 복부팽만, 식욕부진, 오심과 구토, 심한 피로감 등이 있다. 간은 '침묵의 장기'라고 할 만큼 증상이 늦게 나타난다.

(4) 진단

간암진단을 위한 검사에는 혈청 속의 알파태아단백을 측정하는 혈액검사와, 초음파검사, 전산화단층촬영(CT), 자기공명영상촬영(MRI) 등의 검사가 있다. 혈청검사에서는 간암환자의 경우 혈청 α-feto-protein(AFP)의 수치가 증가한다. AFP는 알파 태아 단백질 검사로 이는 태아의 미성숙세포를 성장하는 역할을 하는 것으로 신생아의 경우 수치가 높으나 생후 1년 후 수치가 떨어져 성인의 경우 10mg/ml 이하이다. 간암환자의 경우 이 수치가 상승한다.

(5) 예방 및 관리

간암의 예방은 만성 바이러스성 간염(B형, C형)의 확인 및 치료에 중점을 둔다. 만성 알코올중독의 치료도 간암의 위험을 낮출 수 있다. 간경화증과 관련된 바이러스 부하 증가, 간 기능 및 조직학적 변화를 감시하는 것은 위험에 노출된 환자를 감시하는 중요한 도구이다. 간암의 치료는 종양의 크기와 수, 간 이외의 전이 여부, 환자의 나이와 전반적인 건강상태에 달려 있다. 만일 종양이 간의 한 부위에 국한되었다면 엽절제술 또는 간이식을 시행한다. 이외 다른 치료로는 고주파 절제술, 냉동수술, 그리고 항암치료 단독 또는 화학적 색전술의 병용요법이 있다.

참고문헌

고자경, 김계하, 김영숙, 김은심, 박미숙, 박정모 외 (2010). **노인간호학**. 서울: 한미의학.

김승현 (2005). **노년기 건강가이드: 노인질환의 진단과 치료**. 서울: 일조각.

김영경, 안도환, 조명옥, 김대란, 김명애, 김옥수 외 (2007). **노인 병태생리학**. 서울: 현문사.

대한노인병학회 (2005). **노인병학**. 서울: 의학출판사.

신경림, 고성희, 이영희, 김순이, 김정선, 박선영 외 (2010). **노인간호학 입문**. 서울: 현문사.

Jarus, C. (2008). Physal Examination and Health assessment. Elgeier. Inc.

보건복지부 · 국립암센터 국가암정보센터(www.cancer.go.kr).

CHAPTER

18 비뇨생식기계 질환

학습목차

1. 요실금
2. 전립선비대
3. 폐경

CHAPTER

18

HEALTH MANAGEMENT FOR THE AGED IN THE ERA OF HOMO-HUNDRED

비뇨생식기계 질환

비뇨생식기계는 요 배설기관(신장, 요관, 방관과 요도)과 남성생식기계(음경, 고환, 부고환, 수정관, 정낭, 전립선)와 여성생식기계(난소, 나팔관, 자궁, 질, 외음)가 있다. 비뇨기계는 신체의 노폐물을 배출하고 수분과 전해질 균형, 산염기 균형, 혈압과 적혈구 생성 조절에 관여한다. 생식기관은 임신과 출산을 담당한다. 노화에 따른 방광과 요도의 변화는 여성의 경우 요도, 방광, 질 및 골반저의 신장성, 혈관성 구조가 상실된다. 방광을 지지하는 요도 주변 횡문근섬유와 근육은 이완된다. 남성의 전립선은 나이가 들수록 커진다. 노화에 따른 요관방광 및 요도의 변화는 〈표 18-1〉와 같다(고자경 외, 2010).

표 18-1 • 노화에 따른 요관, 방광 및 요도의 변화

- 신축성 및 근육긴장도 저하
- 요로괄약근의 약화
- 방광 용적 및 감각수용체 저하
- 불안정한 방광 수축 증가
- 전립선 비대
- 폐경

출처: 고자경 외 (2010).

1. 요실금

1) 정의

요실금은 다량의 소변이 자주 불수의적으로 배설되어 사회적 문제나 위생문제가 되는 것을 말한다. 요실금은 노년기에 가장 흔히 나타나는 배뇨기능장애 중 하나로 노화로 인한 정상적인 과정이 아니라 노인인구에서 나타나는 주요 문제이다. 여성은 남성보다 2배 정도 더 많이 요실금을 경험한다. 요실금은 노인의 의학적, 정서적, 사회적, 경제적 문제를 가져온다. 이것은 피부자극이나 손상을 초래하고 욕창을 만들 수 있다.

2) 종류 및 치료

(1) 복압성 요실금(stress incontinence)

복압성 요실금은 긴장성 요실금이라고도 하며, 요도로 나가는 괄약근이 약해져, 운동, 무거운 물건을 들어 올리는 것, 웃음, 기침 또는 재채기와 같이 복부 내 압력이 상승할 때마다 조금씩 소변이 흘러나오는 경우를 말한다. 이러한 문제는 대개 여성에게 흔히 관찰되고 특히 노화와 출산으로 인해 골반근육이 약해진 여성이나 폐경기를 지난 여성에게 흔히 발생한다. 복압성 요실금 치료에 효과적인 방법은 키글운동 즉, 골반근육 강화운동이다.

(2) 절박성 요실금(urge incontinence)

절박성 요실금은 방광의 배뇨근이 불수의적으로 수축함으로써 야기되며, 갑자기 배뇨하고자 하는 느낌이 들면서 요실금이 나타나는 것이 특징적이다. 다양한 원인으로 민감해진 방광근육이 방광이 완전히 차지도 않았는데 수축을 시작해 소변을 흘리게 되며, 소변횟수가 잦아진다. 전반적으로 절박성 요실금은 종종 방광으로 가는 신경전달에 영향을 미치는 질환(예: 파킨슨병, 다발성 경화증, 뇌졸중, 치매)을 앓고 있는 노인에서 나타난다.

절박성 요실금의 치료를 위해서는 방광 재훈련이 필요하다. 정해진 시간에 소변을 보고 갑자기 생기는 요의를 참는 훈련을 한다. 치매 등 스스로 조절능력이 없는 환자의 경우에는 보호자가 시간을 정해서 소변을 보게끔 훈련시킨다. 이러한 비약물요법이 효과가 없을 때에는 약물요법을 사용한다.

(3) 역류성 요실금(overflow incontinence)

과도 팽창된 방광, 즉 무긴장성 방광의 기계적인 힘이 작용하여 요가 흘러나오는 것이다. 방광은 생성되는 소변을 저장할 수 없고 소변은 흘러내린다. 방광근육에 힘이 없어 팽창한 후에 수축하지 않거나, 방광출구가 전립선비대로 인한 폐쇄, 당뇨병 합병증 등으로 좁아져 방광이 소변을 저장하지 못하고, 넘쳐흐르는 요실금을 말한다.

역류성 요실금의 치료는 원인질환에 따라 달라진다. 예를 들어 전립선 비대증이 있으면, 약물치료나 수술을 하고, 방광근육 수축력이 없어졌을 때에는 정기적으로 튜브로 소변을 빼주어야 한다.

(4) 기능성 요실금(functional incontinence)

기능성 요실금은 정상적인 요관기능과 방광기능을 가진 노인에게서 나타나고, 노인의 능력과 환경 간의 관계형성이 불충분하여 야기된다. 예를 들어 화장실을 인식하거나 지퍼 사용 또는 속옷을 내리는 것 등에 대한 능력이 되지 않으면 기능적 요실금이 발생할 수 있다. 또한 기능적 요실금은 화장실 가기가 편하지 않거나 충분히 없을 때, 화장실에 위치나 높이 때문에 접근하기 어려울 때, 필요한 도움을 줄 간호제공자가 충분치 않을 때, 신체적 움직임이 자유롭지 못할 때 발생한다. 치매, 쇠약,

민첩성의 변화, 옷을 조작하는 능력의 감소가 기능성 요실금의 원인으로 작용한다.

기능성 요실금의 치료법은 치매환자의 경우에는 반복적인 훈련을 통해 화장실 사용법을 익히게 하고, 소변을 보는데 신체적 불편함을 가진 환자는 소변기를 침대 옆에 두는 등 소변보기에 편리한 환경을 만들어 준다.

3) 진단

요실금을 진단하기 위해서는 정신상태평가, 기능적 평가, 환경사정, 사회적 지원, 방광기록과 신체검진을 실시해야 한다.

① 병력: 발병일, 누출 여부, 속옷이 젖은 횟수, 일일 소변량, 배변습관, 실금 유발요인 등의 병력을 조사한다.
② 신체검진: 복부검진-방광 팽만, 골반상부 불편감, 압통, 덩어리의 존재 확인 신경학적 검진인 구해면체근반사-검사 실시한다.
③ 배뇨기록: 배뇨일지를 통하여 배뇨의 빈도, 시간, 배뇨량, 수분섭취 등을 파악한다.
④ 임상검사: 소변검사로 요실금을 유발할 수 있는 요로감염, 세균뇨를 확인한다.
⑤ 하부요로계 기능검사: 소변흐름 측정, 방광 요도경을 통한 방광검사, 요도압 측정 검사를 실시한다.

4) 원인

요실금이 노화의 불가피한 것은 아니지만 〈표 18-2〉와 같은 노화변화가 요실금의 원인이 된다(김영경 외, 2007).

표 18-2 • 요실금 원인이 되는 노화변화

여성	남성
· 에스트로겐 결핍 · 골반저부와 방광 출구 허약 · 배뇨근 강도 감소 · 질위축	· 전립선 비대 · 소변배출장애 · 요정체 · 배뇨근 불안정

출처: 김영경 외 (2007).

여성은 나이가 들수록 여성호르몬(에스트로겐)의 감소, 출산이나 수술에 따른 골반구조의 탄력저하, 근육약화 등의 이유로 방광출구와 요도의 압력이 감소하여 복압성 요실금의 발생가능성이 높다. 에스트로겐의 감소는 위축성 질염이나 요도염의 발생 위험을 높이기 때문에 배뇨 시 통증이나 소변을 참지 못하는 증상을 유발하게 되어 절박성 요실금의 원인이 된다. 남성에서는 전립선비대증이 요도를 막아 일류성 요실금이나 배뇨근의 운동 부전으로 절박성 요실금을 초래하기도 한다(조유향, 2008).

5) 관리 및 치료(윤숙 외, 2010)

(1) 행동요법

① 방광훈련

대상자가 배뇨 간격을 일정시간으로 유지하도록 하는 것이다. 일차 목표에 도달하면 간격을 점차 길게 하여 배뇨 간격과 방광 내 소변 보유량을 늘리는 훈련법이다.

② 골반근육 강화운동

골반근육 강화운동은 골반근육을 강화함으로써 요실금을 개선할 수 있는 훈련으로 복압성 요실금에 가장 효과적이다.

운동의 목적은 골반저근육과 소변 줄기를 회복시키는 것을 돕는 쥐어짜는 행동을 강화시키는 것이다. 이러한 운동이 증진되기 위해서는 3~4개월 동안 꾸준히 시행하는 것이 중요하다. 구체적인 방법은 다음과 같다.

가. 앉거나 선다. 다리, 엉덩이, 복부근육은 긴장하지 않고, 항문 주변의 근육을 단단하게 조이고 항문을 뒤로 잡아 올리도록 상상한다.
나. 소변을 볼 때 잠시 멈추었다가 다시 시작해 본다.
다. 매일 적어도 2분 동안 세 번 반복해서 시행한다.

(2) 약물요법

약물요법은 요실금의 유형에 따라 〈표 18-3〉과 같이 다양하다.

표 18-3 • 요실금 유형에 따른 약물요법

약제 종류	작용기전	요실금 유형
항콜린제 및 항경련제	방광 용적 증가, 방광 수축 저하	절박성 또는 복압성
α-아드레날린 촉진제	요도평활근 수축 증가	복압성
복합 에스트로겐	요도주위 혈류량 증가, 요도주위 조직 강화	복압성, 절박성
콜린성 자극제	방광 수축 자극	일류성
α-아드레날린 저해제	요도부 평활근 이완	일류성, 절박성

출처: 조유향 (2008).

(3) 수술요법

수술요법에는 방광요도 고정술, 방광경부 거상 수술법 등이 있다. 수술 후 일시적인 요저류가 발생할 수 있으나 단기간의 수시 도뇨관삽입치료로 해결 가능하다.

2. 전립선비대

전립선은 방광 아래에 위치하여 요도상부를 둘러싸고 있는 조직으로 섬유근으로 구성되어 사정과정에서 정액이 전립선 쪽 요도를 지나면 전립선이 수축하여 전립선액을 분비한다. 전립선액은 묽은 우유빛의 알칼리성 액체이고 정자가 여성생식기 안에서 살아 움직이도록 돕는다. 전립선의 뒤쪽은 직장벽 앞쪽과 인접해 있다. 전립선은 세 개의 엽으로 되어 있는데 두 개가 직장에서 만져진다.

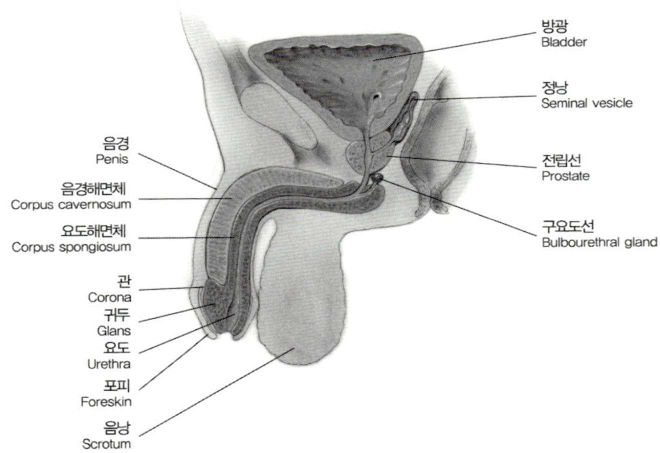

그림 18-1 • 남성생식기계

출처: Jarvis, C.(2008).

1) 정의

전립선비대증은 노년기 남성에게 가장 흔한 질환 중 하나로 전립선의 간질/상피조직에 양성증식을 의미한다. 이로 인하여 다양한 배뇨증상이 나타난다. 전립선의 증식은 전립선의 요도주위선에서 일어나며, 이것이 선을 외측으로 압박하여 외과적 피막을 형성하는데, 이 피막 때문에 증식이 외부로 커지는 것을 막고 요도의 안쪽으로 압력을 다시 증가시켜 요도저항을 증대시킨다. 이로 인하여 배뇨곤란 등의 배뇨 증상이 나타난다.

2) 진단

전립선비대의 진단은 하부요로증상, 방광출구폐색, 전립선의 용적 증가의 소견이 있는지를 직장수지검사, 요검사, 요속검사, 전립선 특이성항원(PSA) 등을 통해 검사하여 진단한다.

환자의 하복부 촉진을 통하여 간접적으로 배뇨상황을 관찰하고 배뇨장애를 일으키는 신경계 이상을 관찰하기 위하여 직장수지검사로 괄약근의 긴장도, 구해면체근 반사의 유무를 확인하고 전립선을 촉진한다. 또한 전립선의 크기를 대략 파악하고 결절이 촉진되거나 단단하며 비대칭적일 경우 암을 의심할 수 있다.

요검사는 전립선비대증과 증상이 유사하게 나타날 수 있는 질환을 감별하기 위하여 꼭 필요로 하는 검사이다. 요로폐색에 의한 신기능이 손상된 때에는 혈중의 BUN과 크레아틴 농도가 상승하고 대사성산증의 소견이 나타날 수 있다.

요속검사는 배뇨과정에서 요 속도를 기록하는 것으로 배뇨근의 배출력과 요도의 저항 사이의 상호관계를 나타낸다. 전립선비대증이 있을 경우 요 속도가 감소한다.

전립선 특이성항원검사는 전립선암, 방광종양 등의 질환과 전립선비대증을 감별하기 위하여 시행한다. 이는 종양이 있을 경우 수치가 상승하는 소견을 보인다.

3) 원인 및 증상

전립선은 방광 바로 앞에 위치하며, 방광경부와 요도의 심부를 둘러싸고 있으므로 전립선의 비대는 요도를 누르게 되어 배뇨곤란증상을 초래한다. 전립선비대증의 조직학적 변화는 30세 전후부터 나타나며 나이가 들어감에 따라 점점 증가한다. 전립선비대로 인해 소변을 본 후에도 잔뇨감이 생기고, 평소보다 소변을 자주 보게 된다. 또한 소변이 나오다가 중간에 그쳤다가 다시 나오거나 소변줄기가 가늘어지기도 한다. 증상이 심해지면 갑자기 요도폐쇄가 되어 소변을 볼 수 없게 되기도 한다.

4) 관리 및 치료

전립선비대증이 있다고 하여 반드시 관리가 필요한 것은 아니다. 이로 인하여 얼마나 불편을 느끼고 고통을 받고 있는지 여부와 전립선비대증의 합병증으로 인하여 신장의 손상 여부가 특별관리의 적용기준이 된다. 전립선비대증의 치료방법은 다음과 같다.

(1) 약물요법

먼저 전립선과 전립선 피막의 평활근을 이완시켜 요도의 구경을 늘여주는 약제를 사용한다. 평활근은 알파교감신경에 의하여 수축되므로 알파교감신경 차단제를 투여하여 평활근의 장력을 낮출 수 있다.

또 남성호르몬의 생산을 차단하여 전립선의 크기를 줄이는 방법이 있는데, 5-알파 환원요소억제제는 전립선에서 남성호르몬이 활동형의 남성호르몬인 디하이드로테스토스테론으로 전환하는 것을 차단하여 전립선 요도의 폐색을 완화한다.

(2) 수술요법

전립선비대증의 전통적인 수술요법은 경요도전립선절제술로 전신마취 후 요로를 통해 내시경을 삽입하여 전립선의 증식된 부분을 제거하는 수술이 있고 상치골 또는 후치골, 회음부 전립선적출술 등의 개복수술방법이 있지만 대부분은 내시경적인 방법으로 수술을 시행한다.

3. 폐경

1) 정의

폐경은 노화와 관련된 과정으로 난소의 여포가 고갈되어 월경이 멈추는 것으로 무월경이 되고 1년 후에 판정된다. 난소의 여포는 생식세포의 공급원일 뿐만 아니라 에스트로겐의 주요 공급원이므로 혈장 에스트로겐의 농도는 폐경 동안 현저하게 저하하여 호르몬 대치를 받지 않으면 저하상태가 지속된다. 에스트로겐은 생식호르몬으로서 뿐만 아니라 뼈와 무기질대사, 기억과 인지, 심혈관계 기능 및 면역계와 같은 광범위한 생식기 이외의 기능에도 역할을 하는 호르몬이다. 이에 에스트로겐의 저하는 여성에게 여러 생리적 영향을 초래한다.

2) 발생연령

우리나라 여성의 평균 폐경연령은 49세이며(여성건강간호교과연구회, 2006), 세계보건기구와 미국통계청에서는 평균 폐경연령을 51세로 제시하고 있다. 여성의 생식력

(임신 횟수, 배란 등), 인종, 영양상태, 결혼상태, 출산연령 등은 폐경연령에 영향을 주지 않는다.

3) 증상

폐경기증상은 개인마다 그 정도와 느끼는 것이 다르다. 그러나 대체로 혈관운동이 불안정하여 홍조증상을 경험하며 에스트로겐 수치의 감소로 질조직이 얇아짐으로써 질 건조증, 요로감염증상이 보인다. 아울러 수면장애, 골다공증, 심장질환의 증상이 있다. 구체적인 내용은 다음과 같다.

홍조는 폐경기 초기에 가장 흔한 증상이다. 홍조의 정도는 다양하여 일시적으로 온열감을 나타내는 정도에서 주기적 열감으로 수면장애, 피로, 및 과민함을 나타낸다. 홍조는 특히 얼굴, 목과 가슴에 두드러지고, 식은땀을 흘리고 빈맥이 나타나며, 쉽게 흥분하거나 불안해하는 증상이 나타난다.

질, 경부, 자궁 및 난관은 폐경 후에 위축된다. 질은 상피세포층, 혈류 및 분비물이 위축하면서 감염으로 손상받기 쉽다. 건조증은 성교 시 통증을 유발하고 성욕을 감소시킨다. 자궁은 무게와 부피가 감소하고 자궁내막층의 두께가 감소하며, 상피와 분비선의 위축이 일어난다.

4) 관리요법

지금까지 에스트로겐과 프로게스테론 대체요법이 폐경 후 여성의 호르몬 대체요법으로 광범위하게 적용되어 왔다. 그러나 여성호르몬의 투여가 오히려 심장질환과 뇌졸중위험을 증가시킨다는 연구결과가 발표되고 난 뒤, 2001년 미국심장협회는 심장보호를 위해 폐경기 이후 여성들에게 호르몬 대체요법 처방을 자제할 것을 권고하였다.

(1) 스테로이드 대체요법

스테로이드는 광범위하게 조직에 작용하여 건강과 안녕을 증진시키는 것으로 알려져 있다. 그러나 일부 여성에게는 에스트로겐이 금기된다. 에스트로겐 반응성 종양에 대한 가족력이나 혈전성 질환의 병력을 가진 여성에게는 지속적 에스트로겐 요법의 유전가능성이 제시되고 있다.

(2) 비스테로이드 요법

일부 여성에게는 스테로이드 호르몬 대체요법이 금기되므로 비스테로이드 대체요법을 고려하는 것이 중요하다. 최근에 조직특이성 에스트로겐 활성을 가진 약물이 개발되어 상당히 성공적으로 사용되고 있다. 선택적 스테로이드 수용체 조절제(selective estrogen receptor modulators: SERMS)는 에스트로겐으로 선택적으로 작용하고 나머지 조직에는 길항제로 작용하여 에스트로겐 대체요법에 내성이 있는 여성에게 사용된다.

참고문헌

고자경, 김계하, 김영숙, 김은심, 박미숙, 박정모 외 (2010). 노인간호학. 서울: 한미의학.
김승현 (2005). 노년기 건강가이드; 노인질환의 진단과 치료. 서울: 일조각.
김영경, 안도환, 조명옥, 김대란, 김명애, 김옥수 외 (2007). 노인 병태생리학. 서울: 현문사.
대한노인병학회 (2005). 노인병학. 서울: 의학출판사.
신경림, 고성희, 이영희, 김순이, 김정선, 박선영 외 (2010). 노인간호학 입문. 서울: 현문사.
여성건강간호교과연구회 (2006). 여성건강간호학 II. 파주: 수문사.
윤숙희, 김옥현, 김증임, 장미영, 채순옥, 최순영 외 (2010). 노인간호학. 파주: 수문사.
이경자, 김남초, 김연숙, 김춘길, 김희경, 공은숙 외 (2007). 핵심임상노인병학. 서울: 군자출판사.
조유향 (2008). 노인간호(제4판). 서울: 현문사.
Jarus, C. (2008). Physal Examination and Health assessment. Elgeier. Inc.

CHAPTER

19 기타 질환

학습목차

CHAPTER

19

HEALTH MANAGEMENT FOR THE AGED IN THE ERA OF HOMO-HUNDRED

기타 질환

1. 피부질환

1) 욕창

(1) 정의

신체의 어느 한 부위가 지속적이고 반복적으로 외부 압력이 가해지면 혈액순환이 잘 안되고, 피부 및 피하조직이 상하게 되고, 조직이 죽어 발생한 궤양을 욕창이라 한다. 욕창은 순환의 문제, 제한된 움직임, 의식수준의 변화, 변실금 또는 요실금, 영양문제로 고통을 받는 노인에게 잘 발생하는 피부통합성 장애로 압력이나 전단력으로 뼈가 돌출되는 피부 및 피하조직의 제한된 상해(The National Pressure Ulcer Advisory Panel, 2010) 상태이다. 과다한 압력에 취약한 조직은 적절한 산소나 영양분을 받지 못하고, 손상을 입도록 하는 허혈과 민감성의 증가를 초래할 수 있다. 조직이 장기간 동안 필수 영양소를 얻지 못하면 괴사와 조직파괴가 일어나기 쉽다. 위험을 나타내는 초기 위험 징후는 조직이 창백해지거나 붉어지는 것이다. 욕창은 신체활동이 불편한 환자에게 주로 발생하는데 일단 발생하면 치료가 힘들고 각종 합병증을 일으켜 사망에 이르게 된다.

(2) 원인

욕창은 주로 거동이 불편한 노인, 의식이 없는 환자, 뇌신경이나 척수신경 손상이 있는 환자, 만성적으로 쇠약해 있거나 침대에 누워서 지내야 하는 환자 등은 욕창의 위험도가 증가된다. 이러한 환자는 장기간동안 동일한 체위로 있어도 불편함을 느끼지 못하고, 불편함을 느낀다 해도 환자 자신이 체위를 바꾸기 어렵기 때문에 손상을 입기 쉽다.

움직임이나 활동에 제한을 받는 것 이외에도 제2단계 이상의 심한 욕창에 대한 위험인자로는 요실금, 영양상태 및 의식장애 등이 있다. 욕창의 발생과 관련된 영양학적 인자로 림프구 수의 감소, 저알부민혈증, 불충분한 식이, 체중감소, 삼두박 피부두께의 감소 등이 있다. 이밖에도 건조한 피부, 체온상승, 혈압저하, 연령과 관련이 있다.

욕창의 병인에는 압력, 응전력, 마찰력, 습도 등 네 가지 인자가 있다.

압력은 중력에 의해 피부에 영향을 주는 수직적인 힘으로 압력을 받으면 피부로 가는 산소공급이 거의 차단된다. 응전력은 압력과 마찰력이 합쳐진 물리적인 힘으로 조직의 한 층이 다른 층 위로 미끄러질 때 생기는 힘이다. 즉, 사람이 앉아 있거나 침대의 머리 부분을 높인 상태로 누워 있다가 바닥이나 침대 아래 부분으로 미끄러져 내려올 때 비스듬하게 가해지는 힘이다. 이때 천골 부위의 피부는 마찰력에 의해 그 자리에 있지만, 둔부의 혈관은 꺾이거나 늘어난 상태가 된다. 따라서 혈류를 차단하는 데 필요한 압력이 낮아지고 심부조직의 손상을 유발한다. 마찰은 두 표면이 서로 반대편으로 움직일 때 생기는 힘으로 상피층 내에 수포를 만든다. 습도가 아주 높거나 건조한 경우에는 두 표면을 비빌 때 생기는 마찰력이 적지만 중간 정도의 습도에서는 표면의 마찰력이 증가한다.

(3) 단계에 따른 증상

욕창은 그 외면과 조직 침투의 깊이에 따라 범주화되고 단계가 나뉜다. 단계에 따른 증상은 다음과 같다.

- 욕창 1단계: 피부발적이 초기증상으로 나타나며 발적부위는 압력제거 후에도 정상 피부색으로 회복되지 않는다. 체온이 상승하면 환자는 불편함을 호소한다.
- 욕창 2단계: 표피가 손상되어 궤양의 깊이가 매우 얇은 단계로, 피부가 헐고 물집이 생기며 궤양이 생기고 세포침윤으로 응집형성과 혈전 및 부종이 온다.
- 욕창 3단계: 피하지방층까지 궤양이 깊어진 단계로 피하조직으로 확대되고 인근조직의 피부가 깊게 파여 배액이 계속되며 감염이 유발된다.
- 욕창 4단계: 궤양이 근육과 뼈까지 파급되며 화농성 분비물과 악취가 있으면 감염을 의미한다.

욕창의 호발부위는 체중을 지탱하는 뼈 돌출부위로 피하지방이 적은 부위에 많이 발생한다. 전신 마비 환자 중에서 좌골, 대전자부, 천골부가 압박궤양이 잘 발생하는 부위이고, 다음이 복사뼈, 팔꿈치, 경골 등에서 발생하기 쉽다.

(4) 예방 및 치료

① 예방

욕창예방의 목표는 욕창 발생요인을 제거하여 욕창을 예방하는 것이며 조직에 대한 압력감소, 피부관리, 적절한 수분과 영양섭취 등이 적용된다.

가. 조직에 대한 압력감소

- 신체선열을 유지하면서 두 시간마다 체위를 변경한다.
- 체위를 변경할 때 마찰력과 응전력을 피하기 위해 잡아끌지 않는다.

- 압력감소 및 제거를 위하여 압력변환침대, 물침대, 양털침대, 공기침대 등을 사용한다.

나. 피부관리

- 피부탄력성을 강화하고 보호하기 위해 깨끗하고 건조한 상태로 피부를 유지한다.
- 매일 따뜻한 물과 비누로 목욕한다.
- 목욕 후에는 자극이 적은 로션으로 피부를 마사지하여 순환을 촉진시키며 허리, 둔부, 발뒤꿈치를 특별히 주의한다.
- 피부를 항상 건조하게 유지한다.

다. 적절한 수분과 영양섭취

- 탈수나 수분과다를 피한다.
- 충분한 단백질, 비타민C, 아연, 철분이 함유된 식사를 한다.
- 체중을 매일 측정하여 과체중이 되지 않도록 한다.

② 관리 및 치료

예방적 치료에도 불구하고 욕창이 발생한 경우 더 악화되지 않고 빨리 회복할 수 있도록 즉각적이고 효율적인 치료법이 필요하다. 이에 감염부위를 제거하고 순환을 촉진하며 조직이 재생되도록 한다.

가. 물리적 요법

열을 이용하여 조직을 건조하게 하는 가열기, 순환 촉진을 위한 마사지, 대사촉진으로 조직의 재생을 도모하는 고압산소요법, 연조직의 압력을 감소시키며 괴사조직을 제거하고 순환촉진을 위한 월풀도욕통 등의 기기들이 사용된다.

나. 피부소독 및 상처관리

자주 사용되는 소독용액은 베타딘, 과산화수소 등이며 효소제제는 콜라겐 분해효소(collagenase), 섬유소용해제제(fibrinolysin agent) 등을 이용한다.

- 드레싱: 분비물이 없는 표재성 욕창에는 별도의 드레싱 없이 공기에 노출시키는 것이 안전하다. 그러나 창상이 깊고 수포가 있으면 건조된 멸균드레싱을 한다.
- 항생제 요법: 욕창부위의 감염은 치유를 지연시킬 뿐만 아니라 골수염을 유발하기도 하므로 감염의 예방 및 치료가 중요하다. 감염치료를 위해 사용되는 항생제는 사용 전에 반드시 균배양검사를 하고 원인균에 효과적으로 작용하는 항생제를 선택해야 한다.
- 수술: 욕창부위가 광범위하고 근육, 뼈까지 파급되며 치유가 지연될 때에는 외과적 중재가 필요하다. 괴사조직은 세균성장이 유도하고 육아조직형성을 지연시켜 치유를 억제하므로 수술을 통해 제거해야 한다.

2) 대상포진

(1) 정의

대상포진은 수두-대상포진 바이러스가 보통 소아기에 수두를 일으킨 뒤 몸속에 잠복상태로 존재하고 있다가 활성화되면서 발생하는 질병이다. 대상포진은 주로 면역력이 떨어진 60세 이상의 성인에게서 주로 발생한다.

(2) 임상적 특성 및 원인

대상포진은 대상포진 바이러스에 의해 발생하는데 어릴 때 걸리는 수두바이러스와 동일하다. 소아기에 수두바이러스에 한번 감염되면 바이러스가 몸속에 완전히 사라지지 않고 신경을 따라 이동하여 신경절에 잠복해 있다가 신체의 면역이 약해지면 신경을 타고 다시 피부로 내려와 염증을 일으키고 심하면 전신에 퍼질 수 있다.

어렸을 때 수두바이러스에 감염된 경험이 있으면 수두바이러스에 대한 면역이 있으므로 대상포진 환자와 접촉을 해도 문제가 없으나 수두를 앓은 적이 없거나 수두예방접종을 한 적이 없는 사람은 대상프진 환자와의 접촉을 통해 수두를 앓을 수 있으므로 대상포진환자와의 접촉하지 않도록 주의한다.

(3) 증상

초기증상은 신체 오른쪽이나 왼쪽 중 어느 한쪽 피부에 날카롭고 타는 듯한 통증이나 저린 감각이 느껴지는데 일부 환자는 통증대신 심한 가려움 증상이 나타날 수 있으며, 전신에 두통이나 발열, 오한 등의 위장장애가 나타날 수도 있다. 이러한 증상이 나타난 뒤 2~3일 내로 피부발진이 띠모양으로 나타나고 발진부위에는 곧 수많은 수포가 생기는데 수포 내에는 처음에는 많은 액체가 보이나 2~3일 내로 곧 혼탁해지고 그 뒤로 수포가 터지고 마르면서 딱지가 생기고, 이러한 피부증상은 처음 피부발진이 나타난 시점으로부터 10~14일 정도 지나면 정상피부로 회복한다. 피부병변은 이렇게 1~2주면 사라지지만 피부통증은 보통 3~5주정도 지속된다. 통증은 노인환자의 약 30%에서 나타나고 진통제를 사용해야 할 정도로 통증이 심한 경우도 있다.

(4) 관리 및 치료

통증이 심한 질환이지만 대부분 특별한 치료 없이도 자연히 치유된다. 그러나 일부에서는 후유증이 장기간 지속될 수 있으므로 항바이러스제제를 조기에 처방받아야 한다. 항바이러스제제는 피부병변이 처음 나타난 시점으로부터 72시간 내에 사용해야 효과가 있으므로 발진과 피부통증이 함께 나타나면 즉시 병원으로 찾아가

진단을 확인하고 필요시 항바이러스제제를 조기에 사용해야 한다. 대상포진 통증은 일반 진통제로는 조절이 안 될 정도로 통증이 심하다. 대상포진에 의한 피부병변 부위에 국소적인 2차 감염을 막기 위해 항생제 연고를 사용한다.

2. 치아 및 구강 질환

노화에 따른 구강변화는 치주가 오그라들며 섬유화가 일어나고, 잇몸이 위축되며 치아가 마모된다. 구강점막의 변화는 주로 점막하 탄력섬유의 소실 때문이며 혀는 유두가 없어지면서 갈라지고 혀 밑의 혈관이 늘어나는 경향이 있다. 구강질환은 흔히 영양부족, 탈수, 위축, 탄력성 감소, 조직재생능력 감퇴, 고혈압, 순환감소와 같은 전신적 · 국소적 · 정신적인 변화에 의해 발생한다. 치아의 수는 노화에 따라 줄게 된다.

1) 구강건조증

(1) 정의

구강건조증은 침 분비가 줄어들거나 그 외 다양한 원인으로 인해 구강 내가 마르는 증상을 말하며 건강한 성인은 하루에 1~1.5L의 침이 분비되는데 이보다 적으면 건조하다고 느낀다. 보통 침의 분비가 0.2ml/min 또는 0.1ml/min 미만의 경우로 정의된다.

(2) 임상적 특성 및 원인

침은 세척기능으로 구강 내 조직을 촉촉하고 부드럽게 만들고, 뜨거운 것으로부터 보호한다. 또한 구강 내 세균번식을 조절하는 단백질을 제공하여 구강 내 질환을 조절하고 구강에서 비롯되는 전신질환을 예방하는 등 구강조직의 보호기능에 중요한 역할을 한다. 그리고 침의 성분은 분비물을 칼슘과 인으로 과포화시켜 구강에 미네랄을 공급하기도 하고, 미각을 자극하는 중개역할도 한다. 구강건조증의 주원인은 코막힘으로 인해 입으로 숨을 쉬거나 항콜린성 약제, 체액감소를 일으키는 약제, 비타민B 결핍, 당뇨, 불안, 공포, 폐경 등이 있다.

(3) 증상

구강 건조증이 심하면 음식을 씹고 삼키는 것이 힘들어지고, 말을 하기조차 어려워 질 수 있다. 구강 건조증으로 미각의 변화가 오고 구강점막이 쉽게 손상되면 세균을 제거하지 못한다. 또한 구강점막이 건조, 위축되고 염증이 생기고 창백해 보이며, 윤활작용의 결여로 의치를 걸었던 이가 헐게 되면 의치를 계속하기 어렵게 된다. 특히 침은 소화작용을 하기 때문에 소화장애가 생길 수 있으며, 치은염이나 충치가 더 잘 생긴다. 마른 입을 낫게 하려고 단단한 사탕을 빨면 치태나 충치가 더 잘 생긴다.

(4) 관리 및 치료

구강건조증 환자를 위한 관리법은 소량의 물을 자주 마시게 해서 구강점막이 마르지 않게 하고 설탕과 카페인이 들어간 음식을 피하며 밤에는 가습기를 이용하게 한다. 입술에는 보습제나 연하제를 사용하고, 인공타액도 사용할 수 있다. 또한 점막이 민감해지기 때문에 맵고 짠 음식은 피하게 하며, 고농도의 알코올이 함유된 구강세정제의 사용도 피하게 한다. 타액분비 기능이 일부 남아 있는 경우에는 껌이나 민트, 신맛이 나는 음식을 이용하여 타액분비를 증가시킬 수 있다. 또 수면 중 무호흡증이나 코에 이상이 있어 입을 벌리고 호흡하거나 수면을 취하지 않은지 점검하고, 당뇨병 등 관련 질환의 유무와 현재 복용 중인 약물을 점검해야 한다. 약물점검도 필요하며, 구강을 마르게 하는 항히스타민제, 진정제와 같은 약을 중지하고 대체

약물을 처방 받는 것이 도움이 된다.

2) 치주질환

(1) 임상적 특성 및 원인

노인의 치아손실의 주원인은 치주염이나 치은염과 같은 치주질환이다. 이는 염증으로 치아를 지지하는 뼈가 파손되어 치아가 점점 흔들리게 된다.

치은염은 치아를 둘러싸는 연조직에 영향을 미치는 염증과정이다. 염증을 일으키는 과정이 치주인대, 치조골, 백악질에까지 확장되지는 않는다. 치은염의 주요한 요소는 세균성치태이다.

치주염은 치은과 치조점막 그리고 치주인대, 치조골, 백악질에까지 미치는 감염으로 정의된다. 치주염은 임상적으로 부착치은의 상실과 방사선학적으로 치조골의 상실을 수반한다. 치은염으로부터 치주염으로 진행되는 이유는 명확하지 않지만, 치태감염에 대한 숙주세포 반응이거나 병적인 치태세균에 의한 군집과 감염 때문이라고 볼 수 있다. 그 외 치주질환의 원인으로는 구강호흡, 청결하지 않은 음식섭취, 구내염, 부정교합, 영양부족, 내분비질환, 당뇨, 비타민 부족, 괴혈병 등이 있다.

(2) 관리

치은연하 치석제거와 치근활택술은 염증을 제거하고 치주낭을 감소시키는 데 효과적이다. 노인환자의 치료계획에는 여러 요소가 고려되어야 한다. 일반적으로 노인에게서의 치주질환은 급속히 진행되는 질환이 아니다. 성인 치주질환의 시작은 청년기나 장년기이다. 나이가 들면서 치주질환은 오래 지속되는 만성질환으로 나타난다. 치주질환은 주기를 가지기 때문에 활동기인지 휴지기인지 이해하고 기술하는 것이 치료계획과 예후를 형성하는 데 필수적이다. 칫솔질에 의한 치태제거는 물리적 치태조절에 속하고, 클로르헥시딘(chlorhexidine)을 이용한 치태조절이나 불소도포의 사용은 화학적 조절에 속한다.

3) 측두하악관절의 기능저하

(1) 임상적 특성 및 원인

측두하악관절은 턱의 운동에 중요한 기능을 한다. 이를 갈거나 턱이 잘못 닫히거나, 딱딱한 음식을 씹거나, 국소적으로 머리나 목 부위에 생긴 질환, 외상, 크게 고개를 기울이는 행위 등이 수년에 걸쳐 반복되면 관절에 이상이 생긴다. 이러한 변화는 부분적이거나 전체적인 치아결손으로부터 생길 수도 있다. 골관절염과 다른 퇴행성관절질환이 이 관절을 침범하면 입을 크게 벌릴 수 없거나 턱에서 소리가 나고 귀가 아프며, 근육의 경련과 청력의 장애를 초래하기도 한다.

(2) 관리

퇴행성관절질환이 원인인 경우, 치료는 보통 진통소염제를 주로 사용하며 아스피린, 이부프로펜, 나프록센 등이 효과가 있다. 물리치료는 다소 도움이 되지만, 수술요법은 노인에게 바람직하지 않은 방법이다.

참고문헌

김승현 (2005). **노년기 건강가이드: 노인질환의 진단과 치료**. 서울: 일조각.

대한노인병학회 (2005). **노인병학**. 서울: 의학출판사.

신경림, 고성희, 이영희, 김순이, 김정선, 박선영 외 (2010). **노인간호학 입문**. 서울: 현문사.

이향련, 최철자, 박오장, 김영숙, 최경옥, 김금순, 현경선, 윤은자 외 (2010). **성인간호학** I(6th ed.). 파주: 수문사.

Levis, S. L., Heitkemper, M. M., Dirksen, S. R., O'Brien, P. G., & Bucher, L. (2007). *Medical- Surgical Nursing*, 7ed. NY: Elsevier Inc.

찾아보기

저자 약력

■ 김혜경

일본 동경대학교대학원 국제보건학 전공(보건학박사)

현 나사렛대학교 사회복지학부 부교수

최근 저서 및 연구논문

- 노인장기요양 재가 서비스 이용 주수발자의 수발부담감과 우울에 관한 연구, 대한보건연구 2017.
- 노인장기요양보험제도의 복지용구대여제에 관한 연구: 서비스 이용자와 제공자의 표적집단면접조사(FGI)를 중심으로, 보건사회연구 2017.
- 노인복지 실천을 위한 노인케어의 이론과 실제(공저). 어가, 2017.

■ 백경원

이화여자대학교 보건교육과 학사 및 석사

아주대학교 의과대학 예방의학과 박사

현 백석대학교 사회복지학부 부교수

주요 연구논문

- Factors Contributing to Increases in Prescription Drug Expenditures Borne by National Health Insurance in South Korea. YMJ. 2016.
- Cost-effectiveness of drug-eluting vs. bare-metal stents in patients with coronary artery disease from the Korean National Health Insurance Database. YMJ. 2014.

100세 시대의 **노년기 건강**

2018년 8월 17일 1판 1쇄 인쇄
2018년 8월 22일 1판 1쇄 발행
2021년 1월 4일 1판 2쇄 발행
2024년 9월 10일 1판 3쇄 발행

지 은 이 김혜경 백경원
펴 낸 이 최용구
펴 낸 곳 도서출판 신정

주 소 (04316) 서울시 용산구 원효로 89길 19 (원효로1가)
전 화 3211-4782, 0266(영업부), 3211-4783(편집부), 3211-4784(팩스)
이 메 일 shinjeong72@naver.com
홈페이지 www.sjbook.co.kr
등 록 2001년 5월 11일 제13-702호

기획마케팅 최용구 장만동 최충구 송대용
책임편집 석기은 황가연
표 지 SDY

ISBN 978-89-5912-471-8 93330

정가 20,000원